Katharina Pommer

Vom Umtausch ausgeschlossen

W0197728

KATHARINA POMMER

VOM UMTAUSCH

AUSGESCHLOSSEN

WAS ELTERN NICHT ZU SAGEN WAGEN
UND WARUM SIE TROTZDEM DIE BESTEN
ELTERN DER WELT SIND

GOLDEGG
VERLAG

Rechte Umschlag: Hauptmann & Kompanie Werbeagentur AG, Zürich
Fotorechte Autorinnenfoto: Markus Brönner
Lektorat: Rebekka Haindl/woertereule.at

Der Verlag und seine Autoren sind für Reaktionen, Hinweise oder Meinungen dankbar. Bitte wenden Sie sich diesbezüglich an verlag@goldegg-verlag.com.

Der Goldegg Verlag achtet bei seinen Büchern und Magazinen auf nachhaltiges Produzieren. Goldegg Bücher sind umweltfreundlich produziert und orientieren sich in Materialien, Herstellungsorten, Arbeitsbedingungen und Produktionsformen an den Bedürfnissen von Gesellschaft und Umwelt.

ISBN: 978-3-99060-244-7

© 2021 Goldegg Verlag GmbH
Unter den Linden 21 • D-10117 Berlin
Telefon: +49 800 505 43 76-0

Goldegg Verlag GmbH, Österreich
Mommsengasse 4/2 • A-1040 Wien
Telefon: +43 1 505 43 76-0

E-Mail: office@goldegg-verlag.com
www.goldegg-verlag.com

Layout, Satz und Herstellung: Goldegg Verlag GmbH, Wien
Printed in the EU

INHALTSVERZEICHNIS

VORWORT

»Jetzt chillt mal, Mama und Papa, ich kann schon auf mich selbst aufpassen!«
Logisch, bis zwei Uhr nachts auf einer Party abhängen ist doch total easy, mein Kind. Was soll da schon passieren? K.-o-Tropfen, Joints, Alkohol, notgeile Kumpels und dann noch den letzten Bus verpasst – das hast du sicherlich mit 15 alles schon alleine im Griff und zur Not klingelst du um halb drei Uhr morgens einfach bei uns durch. Wir sind ja da und haben sonst sowieso nichts zu tun, Schlaf wird bekanntlich überbewertet.

Und du, kleiner Jonas? Bist gerade mal zwei Jahre alt und hast es bis dato geschafft, die Welt von Mama und Papa komplett auf den Kopf zu stellen. Nicht immer nur positiv, so viel ist sicher. Hier Notkaiserschnitt, dort Schreiambulanz, dann noch deine ständigen Wutanfälle und die Tatsache, dass du jeden Babysitter verweigerst, damit die Eltern ja keine Verschnaufpause haben. Aber was solls: *»So ist das halt mit Kindern, oder nicht?«*

»Gute Eltern tun doch alles für ihre Kinder, egal wie sehr sie das Kind auch auf die Palme bringt. Das ist nun mal deren Job!«, schallt es aus den verstaubten Gedankengängen.

Was für ein hartnäckiger Mythos, der sich unerbittlich hält und dabei ist, der modernen Elternschaft schleichend das Genick zu brechen.

Der Mythos entspringt nicht nur irgendeiner idealistischen New-Age-Parole, sondern auch dem zutiefst menschlichen Bedürfnis, jenen, die wir am meisten lieben, das Beste zu ermöglichen: unseren Kindern.

Als Bindungs- und Familientherapeutin, aber vor allem als Mama von fünf Kindern, weiß ich nur zu gut, wie uns der Anspruch an die bedingungslose Liebe zwischen Eltern und Kindern im Alltag vor die Füße spucken kann.

Wenn klein Evi nachts gefühlt hundertmal wach wird und die Eltern gar nicht mehr wissen, wie durchschlafen überhaupt buchstabiert wird.

Wenn Adam sich ab fünf Uhr abends die Seele aus dem Leib brüllt und die Eltern die teuren Meditations- und Yogastunden verteufeln, weil das entspannte Gesäusel aktuell original gar nichts bringt.

Wenn klein Kleo so oft den Sohn der besten Freundin gebissen hat, dass diese nun endgültig die Freundschaft kündigt und wir plötzlich unsere Tage nur noch mit einem Eineinhalbjährigen verbringen und sogar die Selbstgespräche schon in Babysprache ablaufen.

Wenn Noahs Lehrerin anruft und zu einer ADHS-Untersuchung beim Psychiater rät und Sybille mit fünf noch immer einnässt, fragen die überaus engagierten und liebevollen Eltern: »*Sag mal, was machen wir eigentlich falsch? Sind wir wirklich so schreckliche Eltern, dass unser Kind sich nicht ›normal‹ entwickelt?*«

Und wenn Josef seinen ersten Rausch ausgerechnet an Omas 70. Geburtstag hat und lallend vor der versammelten Familie damit prahlt, wie viel er saufen kann und Liam Marihuana für eine Heilpflanze hält, ist der Zeitpunkt gekommen, an dem die humorvolleren Eltern am liebsten eine Runde mitkiffen würden.

Doch was passiert mit dem Rest der Eltern? Was machen die, die wissen, dass weder ein Joint noch durchdrehen eine passende Lösung sein können, gleichzeitig aber schier daran verzweifeln, dass der Sprössling so aus der Reihe tanzt und das, obwohl sie wirklich alles geben?

Die modernen Eltern sind bedacht, liebevoll, engagiert und reflektiert, sie lesen, lernen und entwickeln sich weiter, und dann das! Ein Kind, das schreit, kratzt, beißt, wütend in der Ecke sitzt, Alkohol trinkt, mit 15 die Pille will, in der Schule nur Ärger macht und tut, was es will! Umtauschen geht ja schließlich nicht mehr. Die Bestellung wurde mit einer heißen Liebesnacht aufgegeben und mit freudigem Schwangerschaftstest, spätestens aber mit der Geburt unterschrieben und angenommen. Kinder sind nun mal vom Umtausch ausgeschlossen und alles andere als ein »Gegenstand«, der sich wieder stornieren lässt, sie sind auch kein unliebsamer Partner, von dem man sich nach einem halben Jahr »Austesten«, wieder trennen kann. Also müssen wir da jetzt durch, egal was ist. Die gute Nachricht ist, dass gerade die modernen Eltern unglaublich hartnäckig und zäh sein können, wenn es darum geht, das morgendliche Kindergebrüll geduldig und sanft auszuhalten. Sie lesen viel, kennen sich mit bedürfnisorientierter Erziehung aus, reflektieren, machen Yoga, trinken Bachblütentees, meditieren und sind vertraut mit positiven Affirmationen. Die schlechte Nachricht ist, dass das Ganze im Alltag zwischen Tobsuchtsanfall der Vierjährigen und Corona-Homeschooling im Lockdown dann doch an die Grenze der Umsetzbarkeit stößt. Denn eines ist sicher: Selbst die gelassensten Eltern flippen ab und an mal aus, kommen an ihre Grenzen, haben keine Lust auf noch eine Runde Barbiehaarflechten und Durchs-Klettergerüst-krabbeln und schon gar nicht, die Reste der Party aus dem Autorücksitz zu pulen.

Liebe moderne Elternschaft, dieses Buch ist ein Hoch auf euch, denn ihr habt vor allem in den letzten eineinhalb Jahren Großes geleistet, und nein, ihr seid sicher keine schlechten Eltern, weil ihr ab und an mal Umtauschgedanken habt. Das Buch, das du in deinen Händen hältst, ist die erste Sammlung von Elternberichten, die Umtauschgedanken ehrlich und offen äußern, aber es ist auch vollgepackt mit Lösungen. Denn eines ist sicher:

» WIR MÜSSEN UMTAUSCHGEDANKEN ZULASSEN, UM SIE WIEDER LOSZULASSEN.

Das geht dann am besten, wenn wir ihnen schamlos in die Augen sehen können.

Ein wichtiger Hinweis: Alle Eltern, die sich in diesem Buch öffnen, lieben ihre Kinder und wollen nur das Beste für sie. Also keine Sorge, keiner will auch nur eines davon wirklich hergeben oder sieht sein Kind als Ding oder Umtauschobjekt an. Keiner dieser Eltern hat dem eigenen Kind je ein Leid zugefügt, im Gegenteil, es sind Eltern, die grundsätzlich enorm bedacht, behütend und bedürfnisorientiert erziehen. Aber eben auch »nur« Menschen sind und sich genau deshalb eingestehen, davon zu träumen, Elternurlaub ohne Schuldgefühle nehmen zu können. Alle Elternberichte sind entweder mit deren Einverständnis freigegeben worden oder so massiv abgeändert, dass eine Identitätszuordnung gänzlich unmöglich ist. Die Fallbeispiele stellen Alltagssituationen dar, wie sie Millionen von Haushalten mit Kindern täglich kennen und sollen verdeutlichen, dass niemand von uns mit Problemen allein ist.

ICH LIEBE MEINE KINDER, ABER MANCHMAL MÖCHTE ICH SIE AUF DEN MOND SCHIESSEN

Natürlich lieben wir unsere Kinder. Ist doch klar. Wie kann es denn auch anders sein? So ein süßer kleiner Fratz liegt plötzlich oder auch nach langem Ersehnen in unseren Armen. Schaut uns liebevoll an, gluckst niedlich vor sich hin und kuschelt sich an uns. Wie soll dieses kleine Zwergerl es jemals schaffen, uns den letzten Nerv zu rauben? Einfach unmöglich! So der naive und durchaus sinnvolle Gedanke von frischgebackenen Eltern, unter dem Einfluss eines ordentlichen Hormoncocktails. Ein Hoch auf die Natur, die hat es richtig drauf! Immerhin sorgt sie dafür, dass wir als gesunde Eltern unser Kind annehmen, egal wie es ankommt.

Die Erwartungen an dieses kleine Bündel Liebe sind aber auch von Eltern hoch. Manchmal weil der Zwerg der Hoffnungsträger der frischen Liebe, der Messias für pures Lebensglück oder die »Vollendung unserer Liebe« ist, andere Male deshalb, weil es einfach dazugehört, ein Kind zu bekommen. Am »besten«, so wurde es im Volksmund lange vermittelt: *»Zuerst einen starken Jungen und dann ein süßes, kleines Mädchen«* – da schwebt das Mainstream-Herz schon mal im siebten Himmel.

Egal ob Hetero, Homo, Single oder Patchwork. Kinder sind nach wie vor ein Teil dessen, was wir uns von einem glücklichen Leben erwarten und für die meisten Eltern ist es die pure Erfüllung, ein kleines Menschlein im Arm zu halten.

Doch was, wenn der kleine Messias ein Schreihals, Miesepeter, verzogener Quälgeist, Tyrann oder Zappelphilipp ist? Was, wenn die erwartete makellose Lieferung alles andere als Glück beinhaltet, sondern den letzten Nerv raubt? Wenn aus dem Projekt Kind ein geplatzter Traum mit Albtraum-Charakter wurde und du als Elternteil plötzlich an einem Punkt stehst, an dem du einfach nur noch denkst: *»Oh mein Gott, was hab ich mir dabei bloß gedacht?«*

Eine Mutter sagte mir mal: »Ich liebe meine Kinder abgöttisch und will sie nie mehr missen. Manchmal aber träume ich davon, einfach die Zeit vorspulen zu können, wie bei einem Film, der zu lange dauert. Zack sind sie groß, ausgezogen und selbstständig. Oder ich könnte mir so einen Rückgabeschein, wie bei Amazon, nur eben fürs Leben als Eltern, ausdrucken und keiner würde eine doofe Frage stellen, es wäre einfach ok zu sagen: ›Ne du also das tägliche Geschrei halt ich nicht aus, komm bitte in mein Leben, aber ohne ständig rumzubrüllen.‹ Ich träume sogar davon, dass ich die Macken meines Kindes stornieren könnte. Sie umzutauschen und ›Nein‹ zur Lieferung zu sagen, wäre keine Schandtat, sondern etwas, das erlaubt ist. Kurz nach diesem Gedanken fühle ich mich aber so dermaßen mies, dass ich denke, ich wäre gestört oder unheilbar krank. Ich sollte es doch genauso lieben, wie es ist, oder? Bin ich eine Rabenmutter, oder darf ich mich auch mal so fühlen?«

Dürfen liebende Eltern so etwas »Böses« denken, oder schaufeln sie damit das Grab der modernen Elternschaft?

» SIND UMTAUSCHGEDANKEN DAS VERBOTENE, DOCH HEIMLICH KONSUMIERTE RAUSCHGIFT ALLER ELTERN ODER NORMAL, ABER KEINER SPRICHT DARÜBER?

Sind sie die Schlange, die Eva im Paradies in Versuchung trieb und ist die Elternschaft per se, wie Adam, ein armer, unschuldiger Trottel, bei dem es heißt:»mitgegangen, mitgefangen«?

Vielleicht stockt dir beim Lesen der gerade erwähnten Umtauschgedanken der Atem, vielleicht seufzt du auch insgeheim erleichtert und denkst:»*Ich bin nicht allein, Gott sein Dank!*«

In diesem Buch sprechen wir Tacheles. Wir reden schonungslos über Umtauschgedanken, Hoffnungslosigkeit, Ohnmacht, Kinder, die einem den Verstand rauben und Eltern, die nicht mehr weiterwissen. Dieses Buch ist vermutlich der einzige Ort, an dem sich Eltern trauen, ehrlich auszusprechen, was sie denken, ohne dabei an den Pranger gestellt zu werden:»*Darf ich mein Leben bitte wieder umtauschen?*« Eine Frage, die wir alle kennen, nicht wahr?

Wenn, dann ...

Viele Eltern erinnern an Menschen, die alles auf später verschieben.»*Wenn ich mal in Rente bin, dann ...*« wurde zu: »*Wenn die Kinder mal größer oder aus dem Haus sind, dann ...*« Die meisten unserer Generation belächeln jene, die ihr Leben auf später verschieben, weil sie Wege gefunden haben, sich ihre Träume schon vor 60 zu erfüllen. Für Eltern scheint da noch einiges zu blockieren, ich kenne kaum Eltern, die sagen:»Juhu! Ein Schreikind, mit dir wird das Leben so richtig genial! Lass uns nach Hawaii fliegen, die 29 Stunden Flug werden ein Fest!« Das sieht dann wohl eher so aus:»*Wenn das Kind größer ist, dann können wir ja nach Hawaii fahren.*«

Viele Eltern teilen sie sich die Zeit mit dem Kind so ein,

dass immer »einer von ihnen Dienst« hat und der andere »frei«. Man verschiebt sein Leben auf später – endlich frei – sobald die Kids aus dem Haus sind. Genau das ist das neue Hamsterrad, über das nicht gesprochen wird. Es gilt als normal, dass Eltern für sich einen Weg finden müssen, damit klarzukommen: »Selbst schuld«, ist die hartherzige Antwort von außen.

»Wenn die Kinder mal aus dem Haus sind, dann schreib ich mein Buch ...«

»Wenn die Kinder endlich keine Windeln mehr brauchen, dann fahren wir mit dem Wohnmobil weg ...«

»Wenn wir mit dem Knirps mal vernünftig sprechen können, dann wird's leichter, dann versteht er endlich mehr und wird nicht wegen jeder Kleinigkeit losbrüllen.«

»Wenn das Baby endlich durchschläft, können wir wieder Sex haben.«

»Wenn das erste Jahr erstmal rum ist, bin ich wieder besser gelaunt.«

»Wenn das Kind endlich gute Noten schreibt, dann können wir auch wieder mehr unternehmen.«

» BIS DAHIN ... MÜSSEN WIR HALT DURCH!

Verständlich, dass viele Umtauschgedanken in der Luft liegen und der Wunsch, dass das eigene Kind, am besten frei von Macken, erneut geliefert werden könnte, ist nicht weit hergeholt. Immerhin ist Elternschaft mit einem gewissen Verzicht verbunden, doch wie viel davon ist normal und was ein No-Go?

Immerhin beeinträchtigen die Macken des Kindes das eigene Leben in ungeahnten und scheinbar nicht zu kontrollierenden Dimensionen. Eltern fühlen sich nicht nur im Angesicht von Diagnosen oder unliebsamen Verhaltensweisen ohnmächtig und hilflos, sondern auch im Alltag. Meist wird ihnen diese Hilflosigkeit noch vorgeworfen und sie hören nicht selten: »*Warum hast du dein Kind nicht im Griff? Erziehe es doch endlich vernünftig!*«»*Wieso setzt du Kinder in die Welt, wenn sie dir dann über den Kopf wachsen?*«

Diese unachtsamen Kommentare machen mehr kaputt als viele ahnen. Sie geben Eltern das Gefühl zu versagen, etwas falsch zu machen, und letzten Endes auch den Kindern vermitteln, dass sie, sobald sie nicht »funktionieren«, für die Eltern eine Last sind, die so schnell wie möglich wieder repariert werden muss.

Ich möchte in diesem Buch sowohl über die Konsequenzen, die Hilflosigkeit, als auch über Lösungen und Möglichkeiten aufklären, wie Elternschaft, vor allem in schwierigen Situationen wieder leichter laufen kann und vor allem, wie Eltern ihre intuitive Kompetenz aufwecken, die in uns allen schlummert. Denn eines ist sicher: Die Welt da draußen lässt sich nur dann stabilisieren, wenn wir lernen, das Zuhause zu stabilisieren. Eltern und Kinder sind die Basis der Generation, die vor uns liegt und somit auch besonders schützenswert.

Vom Umtausch ausgeschlossen

Eva und Peter sind verheiratet und haben drei gemeinsame Kinder. Ihr zweiter Sohn ist … naja, sagen wir mal »anders«. Peter sagt:»Am liebsten würde ich mein Leben manchmal tauschen.« Eva schaut beschämt zu Boden und nickt. Sie traut sich nicht, dasselbe auszusprechen, doch ihr Gesicht zeigt Zustimmung.

Einige Minuten später flüstert sie:»Ich liebe ihn. Wirklich. Muss ich ja irgendwie auch, ich bin ja schließlich seine Mama. Aber manchmal würde ich ihn am liebsten zum

Mond schießen. Ich träume sogar schon davon, dass er einfach normal ist, wie seine Geschwister, oder aber Mary Poppins vor meiner Tür steht und sagt: ›Geh in den Urlaub und wenn du zurückkommst, ist alles wieder gut‹.«

Ihr Sohn hat mit vier Jahren gleich zwei Diagnosen bekommen. Nachdem er ein Kind nach dem anderen biss, schlug und einem sogar die Hand brach, waren sie plötzlich da. Und beide haben es in sich. ADHS und ODD. Alles andere als eine leichte Kost.

Es gibt keinen Tag, an dem er die Eltern nicht mit den miesesten Schimpfwörtern anpöbelt, sie schubst, bespuckt oder lauthals im Supermarkt schreit: »Ich hasse dich, Mama! Ich wünschte, du wärst tot!«»Dabei war er mal so süß«, seufzt Peter.

Dann fügt er unter Tränen hinzu: »Als ich von deinem Buch erfuhr, wusste ich, ich möchte dabei sein. Denn es ist wahr: Unser Kind ist vom Umtausch ausgeschlossen. Aber manchmal würde ich ihn am liebsten gegen ein Kind austauschen, das mich einfach lieb in den Arm nimmt und sagt: ›Papa, du bist der Beste‹.«

Bedingungslose Elternliebe versus Regret-Parenthood trifft hier voll ins Schwarze. Eva und Peter sind wunderbare Eltern und Menschen. Sie geben täglich alles, mehr als das.

Eltern kommen täglich aus unterschiedlichen Gründen an ihre Grenzen. Nicht nur wenn ihr Kind eine Diagnose wie Evas und Peters Sohn hat, sondern auch im Alltag. Mit ganz »normalen« Kindern, die als »regelkonform« »brav« oder »gesund« gelten. Doch wie kann man das definieren?

Auch mit ihnen können 24 Stunden ganz schön lang und zäh werden. Gerade im Lockdown waren Eltern enorm gefordert, doch keiner stand für sie am Balkon und klatschte, weil es in der Gesellschaft »normal« ist, für seine Kinder zu sorgen und offenbar keinerlei besonderer Anerkennung bedarf. Ich kenne keine Talkshow, in der ernsthaft während dieser Zeit mit Politikern darüber diskutiert wurde, wie Eltern rasch entlastet werden könnten. Wie traurig und bedauernswert, vor allem wenn wir doch genau wissen, wie relevant und wichtig ausgeglichene Eltern für so vieles in unserer Gesellschaft sind.

Außerdem denken sich viele: *»Ja wenn euer Kind ADHS oder ODD hat, dann tut halt etwas dagegen! Gebt ihm Pillen oder macht eine Therapie! So schwer kann das doch nicht sein?«*

Doch, ist es. Die »Lösungen« sind für Eltern oft enorm hart, anstrengend und weit weg von dem, was sie sich für ihr Kind und sich selbst gewünscht hatten, als sie damals den positiven Schwangerschaftstest in ihren Händen hielten. Damit klarzukommen, braucht Zeit, Verständnis und Mitgefühl. Das geht nicht einfach so, von heute auf morgen.

Vor einigen Jahren las ich ein Buch, das hieß: »Männer sind vom Mars, Frauen von der Venus«. In dem Moment dachte ich: *»Kinder sind das auch. Irgendwie kommen sie von woanders. Als wären sie von einem anderen Planeten, plötzlich hier gelandet, zwar abhängig von unserer Fürsorge, aber dann doch schon irgendwie ›fertig‹.«*

Als ich selbst ein Kind war, sehnte ich mich nach einem Dolmetscher. Jemandem, der meinen Eltern erklären konnte, warum ich war wie ich war und jemandem, der mir erklären konnte, warum sie so völlig anderes waren als ich und warum wir trotzdem irgendwie zusammengehören.

Und ich glaube, ich bin nicht die einzige Erwachsene, die wissen wollen würde, was in so einem kleinen Menschlein vor sich geht, vor allem dann, wenn es sich brüllend am Spielplatz vor die hilflosen Elternfüße wirft, unbedingt zum gefühlt 1324. Mal geschaukelt werden möchte und partout nicht nach Hause gehen will.

Eltern lieben ihre Kinder auch, wenn sie manchmal mit dem Gedanken spielen, einfach mal abzuhauen, durchzubrennen, es am Straßenrand auszusetzen oder insgeheim um eine Rückgabestelle beten. Mit dem nötigen Wissen fällt es zwar leichter, deren Sprache zu verstehen, das heißt aber nicht, dass es weniger anstrengend ist, 24/7 mit einem Kleinkind zu verbringen.

Doch kaum ein Elternteil traut sich, das auszusprechen. Logisch. Ich meine, wem kann man sowas eigentlich erzählen? Anonym, hinter verschlossener Tür, vielleicht. *»Das machen doch nur die Eltern, die sowieso einen an der Klatsche haben oder ihre Kinder vernachlässigen«*, sagen mir viele Eltern bei der Recherche zu meinem Buch und fügen hinzu: *»Ich würde so etwas niemals auch nur ansatzweise denken. Natürlich liebe ich alle Macken an meinem Kind! Es ist ja schließlich auch meines!«*

Ist das wirklich wahr? Nehmen wir die Macken der Kinder wirklich bedingungslos an? Existiert bedingungslose Liebe überhaupt oder ist sie reine Biochemie oder eine bloße Erfindung der New-Age-Bewegung?

Wenn ein Kind ins Wasser springt (Drogen nimmt, ein Schreikind ist, verhaltensauffällig ist oder permanent Unfug macht) und dabei ist unterzugehen, ist es ein natürlicher Instinkt nachzuhüpfen und alles dafür zu tun, es zu retten. Doch was passiert, wenn die Eltern erschöpft, müde und ausgelaugt sind und das Kind aus lauter Angst vor dem Ertrinken wild um sich schlägt? Die Eltern werden mit dem Kind untergehen. Ab wann also können, müssen und sollen wir nachspringen, und wann ist es an der Zeit, am Rand stehen zu bleiben und woanders Hilfe zu suchen?

Ich gehe diesen und weiteren Fragen im Buch auf den Grund und zeige Wege, wie wir trotz aller Menschlichkeit, mit allen dazugehörigen Fehlern und Unzulänglichkeiten, Elternschaft langsam aber doch genießen lernen können.

» SCHRÄGE BLICKE LÖSEN BEI ELTERN OFT SCHAM AUS.

Scham geht mit einem vagen Gefühl einher, ein schlechter Elternteil zu sein, zu versagen und nicht zur Gemeinschaft dazuzugehören. Sie ist nicht nur bei unseren Kindern und Jugendlichen weitverbreitet, mit großen Risiken für die weitere Entwicklung, sondern eben auch bei immer mehr Eltern. Scham ist ein alter und stark unterschätzter Begleiter unserer Entwicklung.

Immer mehr Eltern geht es ähnlich. Sie sagen: »*Ich bin sicherlich schuld daran, dass mein Kind cholerisch reagiert, wenig isst, kaum schläft, als BEL geboren wurde, oft schreit oder eine ADHS-Diagnose hat.*« Scham und Schuld sorgen dafür, dass Eltern die kuriosesten Ideen über ihren elterlichen Einfluss haben. Natürlich haben Eltern Einfluss, aber eben nicht auf alles!

Da Scham enorm erdrückend sein kann, behalten sie Eltern meist für sich. Schlucken diese verzweifelten Gedanken hinunter, geben, um sie zu kompensieren, alles im Job und im Sport, machen Karriere, tragen immer das neueste Handy in der Tasche oder, auch eine Form der Kompensation: »*Wir lassen uns scheiden. Vielleicht gibt es dann etwas mehr Luft und der Abstand wird uns guttun.*« So der erste etwas naive, aber durchaus verständliche Gedanke.

Manche lassen ihre Wut und Verzweiflung, die Angst, den Frust und die Enttäuschung über das mögliche Versagen auch an den Kindern aus, andere an sich selbst. Sie werden womöglich depressiv, schlucken Tabletten, trinken Alkohol oder gehen notorisch fremd, um sich irgendwie wieder zu fühlen.

Das ist tragisch. Aber irgendwie, bei all dem Druck und den vorherrschenden Irrtümern über Kinder und Elternschaft, bis zu einem gewissen Punkt auch menschlich, nicht wahr?

Denn es zeigt im Grunde, wie sehr Eltern, aber auch Kinder in Not sind. Denn was passiert, wenn wir zu lange runterschlucken, was wir wirklich denken und fühlen? Wir werden nach und nach zu jemanden, der wir nicht sind. Wir entfernen uns von unserer Natur und mutieren zu einer billigen Kopie, die eines Tages hüllenlos auf dem Sofa sitzt und irgendwann sich selbst und die Beziehung zu den Kindern aufgegeben hat.

Bin ich zu dick oder zu dünn? Finden andere mich cool? Gehöre ich dazu? Bin ich peinlich? Das sind Fragen, die vielen Teenagern ständig durch den Kopf kreisen, sie sind eine Quelle von schlechten Gefühlen und auch von schlechtem Gewissen. Eltern fragen sich Ähnliches: *»Bin ich gut genug? Bin ich zu laut? Zu wenig konsequent? Bin ich zu ängstlich, einengend oder gar zu frei in meiner Erziehung?«*

Wie oft liegen die Eltern abends ausgelaugt im Bett und die Kids toben hüpfend auf ihren Betten? Vielfach heißt es dann:»Ich bin ja schon 40. Logisch, dass ich weniger Power als mein Vierjähriger habe.« Doch ist das wirklich wahr? Ich weiß nicht, wie es dir geht, aber ich kenne 60-Jährige, die so fit sind, dass sie es locker mit unseren Vierjährigen auf der Hüpfburg aufnehmen können.

Elternsein in der heutigen Zeit ist einfach enorm herausfordernd geworden. Hier Karriere im Job, dort bedürfnisorientierte Elternschaft, den fitten Body, das extravagante Hobby, Freizeit mit Freunden, Pflege der Eltern, Weltreise in der Elternzeit, soziales Engagement und Social-Media-Aktivität nebst Expertise in veganer Ernährung stehen noch auf der Liste.

Stell dir mal vor, heutzutage würden Eltern ihre Babys, wie damals in der DDR, von 7:00 bis 17:00 Uhr, oder gar die ganze Woche über, in der Kita abgeben, abends dann vielleicht noch zum Sport gehen, während Baby im Kinderwagen vor dem Fitnesscenter schläft, am Wochenende bei den Großeltern abgeben und zwischendrin mal abends allein zu Hause lassen, um essen zu gehen. Da wäre das Jugendamt ziemlich schnell vor der Tür, weil irgendjemand Anzeige erstattet hat, oder etwa nicht? Trotzdem wird die »gute alte Zeit« immer wieder als Killerargument für die Überlastung der modernen Eltern ausgepackt. Längst überholte Argumente, oder? An die Elternschaft werden völlig andere Erwartungen gestellt als noch vor 20, 40 oder gar 60 Jahren, das ist Fakt. Doch haben wir die Erwartungen auch an die menschlichen Leitungskapazitäten der Eltern adaptiert?

Dazu zählt im Übrigen auch der Ratschlag: *»Lass es halt mal schreien, aus euch ist auch etwas geworden und wir haben nicht so rumgemacht! Ignorier es halt einfach und mach dein Ding!«*

Wir als Gesellschaft sind dazu aufgefordert, genauer hinzusehen, welche Erwartungen wir an die Elternschaft im 21. Jahrhundert haben und müssen neue Wege finden, Eltern deutlich mehr zu unterstützen. Sei es dadurch, dass wir damit aufhören, diese ohne konkrete Lösungen zurechtzuweisen, zu kritisieren oder indem wir auch in der Politik dazu anregen, mehr finanzielle Unterstützung mindestens in den ersten drei Jahren und nicht nur im ersten Jahr anzubieten.

Das ist nicht nur deshalb wichtig, weil Kinder sich an Eltern und dem Umgang untereinander orientieren. Sie ahmen in der Regel das elterliche, aber auch das gesellschaftliche Verhalten deutlich mehr nach als unser aller Worte und sie werden sich genauso wie diese sich vielleicht selbst fragen: »Bin ich schuld daran, dass es Mama und Papa so mies geht? Störe ich wirklich? Wenn ich nicht mehr so bin, wie ich eben bin, vielleicht geht es den anderen dann besser. Vielleicht ist es aber auch besser, wenn ich später mal keine Kinder in die Welt setze, immerhin strengen die sowieso nur alles und jeden an!«

Von Erwartungen, die letzten
Endes nur enttäuschen

Ich erinnere mich an den Anruf einer Lehrerin im Jahr 2009, die mir mitteilte: »Frau Pommer, ich brauche Ihre Hilfe. Ich habe das Pech, gleich 17 Kinder mit ADHS in meiner Klasse zu haben. Sie müssen kommen und den Eltern erklären, dass sie da etwas tun müssen!«

Die Lehrerin war verzweifelt, das hörte ich sofort heraus, aber ihre Annahme, gleich 17 ADHS-Kinder in ihrer Klasse zu haben, war absurd. Vielmehr löste sie durch ihr unsicheres Verhalten und ihre mangelnde Empathie und Führungsqualitäten in den sechsjährigen Erstklässlern aus, dass diese einfach das taten, wozu sie Lust hatten und nicht, wozu ihre Lehrerin sie anhielt. Besonders tragisch war, dass diese Lehrerin bereits zuvor alle Eltern zu sich bestellte und ihnen dazu riet, den Kindern vom Arzt Ritalin verschreiben zu lassen. Ich fand also eine völlig überforderte Lehrerin und verunsicherte Eltern vor, samt 22 Kindern, die allesamt, wie sich ärztlich zugesichert herausstellte, völlig gesunde Erstklässler waren.

Für die Lehrerin wäre die Diagnose ADHS eine Erleichterung gewesen. Sie hätte keine Verantwortung für das Verhalten ihrer Zöglinge gehabt, sondern die Kinder und Eltern. In Wahrheit lag es jedoch an ihr, ihr Verhalten zu überdenken. Es war zu kurz von ihr gedacht, den Fehler im Außen zu suchen, aber menschlich. Denn der Mensch sucht gern Wege des geringsten Widerstandes. Wir möchten am liebsten minimalen Aufwand und maximalen Ertrag. Das bedeutet, dass wir stets danach Ausschau halten, wo es die nächste Abkürzung für unser Dilemma gibt. Auch in der Elternschaft handhaben wir das so. Wenn unser Kind sich danebenbenimmt, sagen wir schnell: »*Hör auf damit*«, »*Lass das*«, »*Warum bist du immer so?*« oder »*Von wem hast du denn das gelernt?*«

Der kürzeste Weg zurück zur Harmonie, so denken wir, ist die Änderung des Verhaltens beim anderen.

>> **WIR ELTERN SIND MENSCHEN UND MENSCHEN WOLLEN IN ERSTER LINIE ALLES DAFÜR TUN, DAMIT ES UNS GUT GEHT.**

Wenn ein Kind durch sein Verhalten oder seine Laune dazu beiträgt, ist es gesellschaftlich anerkannt und »ein ganz ein braves und liebes Kind, die Eltern machen einen tollen Job!« Tanzt es hingegen aus der Reihe, schreit viel, hört nicht, tut was es will, fällt auf, ärgert andere oder quengelt ständig, ist es »ein schlimmes, unerzogenes, unausgeglichenes oder freches Kind, die Eltern machen aber einen schlechten Job!« Das Spiel ist im Grunde recht einfach.

Tut ein Kind, was von ihm verlangt oder erwartet wird, ist alles gut. Erwartungen spielen in der Beziehung zwischen Eltern und ihren Kindern, aber auch im persönlichen Empfinden eine große Rolle.

Je mehr Erwartungen Eltern haben oder extern auf ihre Schultern gelegt werden, desto eher bildet sich eine Art Schlucht in der Beziehung zwischen den Generationen. Eltern (aber vor allem die Gesellschaft) denken, Erziehung würde bedeuten, das Verhalten des Kindes müsse kontrolliert oder zurechtgebogen werden. Ein genereller Denkfehler, der nicht nur Eltern betrifft, sondern die Gesellschaft per se. *»Je mehr wir einander anpassen und kontrollieren, desto leichter haben wir es miteinander.«* Eine Denkweise, die unbewusst in vielen vorhanden, zeitgleich, aber völlig veraltet ist.

Viele haben den Fehler hinter dieser Denkweise erkannt und steuern nun dagegen, indem sie »bedürfnisorientiert« erziehen oder die Kinder in »freie Schulen« geben. Viele scheitern dann aber am Umfeld und erkennen an irgendeinem Punkt, dass eine gewisse Form des Kampfes notwendig ist, um aus dem alten Hamsterrad der Erwartungen an ihre Erziehung zu entfliehen. Denn was machen Eltern, wenn sie ihr Kind in eine alternative Schule geben und Oma oder andere Verwandte täglich nachfragen, ob es denn auch in der Lage sein wird, mal lesen und schreiben zu lernen? Sie erklären und rechtfertigen sich. Wenn das nicht hilft, wird hitzig diskutiert und nicht selten der Kontakt abgebrochen.

Ein Vater sagte mir mal: »*Irgendwann geht einem einfach die Kraft aus, ständig gegen den Strom zu schwimmen.*«

Es gibt, vor allem wenn es um Kindererziehung geht, ein gesellschaftliches »Normraster«, in das man entweder hineinpasst oder eben nicht. Der einfachste Weg der Gesellschaft, sobald das Kind aus diesem heraustanzt, ist, die Eltern dafür verantwortlich zu machen. »*Erzieht es halt besser!*« oder »*Na, dann hättet ihr halt keine Kinder in die Welt setzen dürfen, wenn ihr sie nicht im Griff habt!*«

Der einfachste Weg für die Eltern ist wiederum, ihre Kinder dafür zur Verantwortung zu ziehen. »*Jetzt benimm dich doch endlich!*«, »*Warum machst du nie, was ich dir sage?*« oder »*Du machst es mir so schwer!*«

Dieses Verhalten ist menschlich und keineswegs zu verurteilen oder verwerflich. Aber ist es deshalb auch nützlich und sinnvoll? Keineswegs.

Es ist nur eines: der Weg des geringsten Widerstandes. Dabei wissen wir reflektierten Menschen durchaus, dass diese Denkweise etwas zu kurz gedacht ist. Wir wissen, dass Beziehung und das Verhalten von Menschen immer auch etwas mit allen Beteiligten, also dem Umfeld und den Umständen, zu tun hat.

Es ist uns bewusst, dass es unmöglich ist, das Verhalten anderer zu kontrollieren und dennoch versuchen wir es, sobald wir nicht mehr weiterwissen, immer und immer wieder. Dabei sind Kinder *vom Umtausch ausgeschlossen*. Die

Beziehung zu ihnen ist anders als zu unserem Partner, nicht stornier- oder kündbar. Wir müssen einen Weg finden, mit ihren Macken, ihrer Schrulligkeit, ihren Andersartigkeiten und Launen klarzukommen. Früher dachten wir, das gelänge dadurch, dass man besonders autoritär und dominant erzieht und das Kind unserem Willen unterliegen müsse. Es gab auch eine Zeit, in der tatsächlich gedacht wurde, ein Neugeborenes hätte weder Gefühle noch Schmerzempfinden und es könne einfach die meiste Zeit des Tages sich selbst überlassen werden. Es ging sogar so weit, dass Neugeborene ohne Narkose operiert wurden, weil angenommen wurde, sie würden sowieso nichts fühlen. Das würde heutzutage nicht mehr passieren.

Wie reagieren wir heutzutage, wenn Eltern zu streng mit ihren Kindern sind? Selten mit Verständnis, meist mit Zurechtweisung, Besserwisserei und Abstand. Selbstverständlich! Immerhin haben wir uns belesen und wissen, wie viel seelisches Leid aufgrund der damaligen Erziehungsformen entstanden ist.

Heutzutage gibt es auch den Trend, dass Eltern sich enorm zurücknehmen und davon ausgehen, dass Kinder schon selbst wissen, was das Beste für sie ist und sie großteils einfach mal machen lassen. Selbstbestimmung ist eines der neuen Trendwörter. Doch was bedeutet das genau? Wann ist die Grenze erreicht und gibt es diese überhaupt? Dürfen Eltern noch intervenieren oder betrachten wir zukünftig Kinder den Erwachsenen in der Entwicklung ebenbürtig?

Die moderne Elternschaft ist durch die Bank verunsichert. Moderne Eltern lesen viel, reflektieren, wollen das Beste für ihre Kinder und stoßen dabei doch an ihre Grenzen. Sie möchte es anders machen als die eigenen Eltern und Großeltern, doch wie sieht das aus?

Eltern sind gefordert, sich zu fragen:

- Erlaube ich meinem Umfeld, mich für einen schlechten Elternteil zu halten, nur weil mein Kind nicht in deren Raster passt?
- Erlaube ich ihnen und mir selbst, so weit zu gehen, dass ich mich als Versager fühle?
- Gebe ich mich und mein Kind auf, weil andere es tun?
- Treibe ich mich zu sehr an, aus Sorge, etwas falsch zu machen oder nicht mithalten zu können?
- Welchen Werten möchte ich treu bleiben und welchen Erziehungsstil verfolge ich?

Um Kinder großzuziehen, braucht es ein Dorf

Es gab einen Tag, ich glaube es war der 74. Homeschooling-Tag – ich stand am Montagmorgen um 07:00 Uhr vor dem Drucker, um die 144 Seiten PDF, die die Lehrer meiner vier Homeschooling-Kids freundlicherweise in aller Herrgottsfrüh schickten, auszudrucken. Ich hatte bereits die dritte Tasse »Gelassenheitstee« intus, in der Hoffnung, er würde sein Versprechen halten. Direkt neben mir saß meine Zweijährige am Boden und kritzelte mit dem Edding die frisch ausgedruckten Blätter voll. Und dann passierte es. Ich wollte gerade sagen: »Nein, Schatz, bitte nimm ein anderes Blatt, das sind sehr wichtige Unterlagen für deine Geschwister!«, doch ich hielt inne.

Denn als ich verzweifelt zu Boden sah und ihr Werk betrachtete, dachte ich einfach nur: »*Shit, ich bin zu erledigt, um ihr zu erklären, dass das enorm wichtige Unterlagen sind.*« Und dann kam der Erleuchtungsgedanke:

Ich hatte keine Lust mehr darauf, einen Job zu machen, für den ich mich niemals freiwillig entschieden hätte: Lehrerin zu sein. Es reichte mir, neben Homeschooling, Kleinkind, Kochen und Aufräumen, meinen Kunden zu erklären, warum sie doch erst morgen eine Antwort auf ihre Mail bekommen würden, und ich hatte keine Lust mehr darauf zu hören:»Es wird bald besser!«

An diesem Punkt erkannte ich, dass es einfach zu viel war. Daran würde auch eine weitere Tasse Tee nichts ändern können. Es geschehen im Leben immer wieder Dinge, die wir nicht ändern oder einfach umtauschen können, die wir tun müssen, aber dieses»Ding« war schon zäh und saugte an mir. Ich musste eine Lösung finden, mit der ich mich wieder fühlen konnte und nicht wie eine Marionette von To-do zu To-do hetzte, nur um allen Anforderungen gerecht werden zu können.

Eltern sind sowieso Meister darin, Unvorhergesehenes zu managen und gerade deshalb sind die die Helden des Alltags. Immer, auch außerhalb einer Pandemie.

Ich überließ den Drucker sich selbst, packte meine Kids ein und fuhr verbotenerweise zum Spielplatz und anschließend in den Wald, um einfach nur spazieren zu gehen und nichts anderes zu tun, als das grüne Moos zu betrachten. Ach, war dieses Moos herrlich. So simpel und entspannend. (Übrigens: Ich glaube, Gelassenheitstees zeigen nur in Kombination mit grünem Moos ihre volle Wirkung.)

Plötzlich wurde das Moos zum Highlight und abwechslungsreichen Freizeitevent – für uns alle! Es zeigte mir, wie notwendig eine Pause war und wie gut es tat, einfach mal nichts tun zu müssen. Ich kam mir selbst und meinen Werten wieder etwas näher und erkannte, dass ich da so reingerutscht war – ins Anforderungsprofil Elternschaft 2.0 der Pandemie.

Nachmittags wieder zurück, begann ich, mir dieses Buch von der Seele zu schreiben, als eine Art Hommage an alle Eltern.

Denn mir ging das sowas von auf den Senkel, dass Eltern völlig selbstverständlich den Job von Lehrern, pädagogischem Fachpersonal, Psychologen und Freizeitgestaltern übernehmen mussten, ohne Pause, Lob oder finanziellen Ausgleich zu erhalten und es zeitgleich hieß: »Ist doch normal!« (Na gut, insgesamt erhielten Eltern pro Kind 450 € für 18 Monate 24/7 schuften – vielen Dank für die Lorbeeren.) Kein Wunder also, dass immer mehr Eltern nach Wegen Ausschau halten, aus diesem Rad der Erwartungen auszubrechen.

Die Ketten des Alltags zu sprengen, was bedeutet das? Ich sprach mit Eltern, die mir sagten, dass sie auswandern wollten, um endlich ihre Freiheit und ihren Frieden zu finden. Ich sprach aber auch mit welchen, die darüber nachdachten, ihren Job zu kündigen und einfach mal nichts zu tun. Ich sprach mit Eltern, die so ausgelaugt waren, dass sie nicht mehr wussten, wo ihnen der Kopf stand und mit welchen, die tapfer einfach weitermachten, was verlangt wurde.

» IMMERHIN SIND ES JA AUCH MEINE KINDER, WER SONST SOLLTE MIR DIESEN JOB ABNEHMEN?

Ja! Wir Eltern wissen das doch. Aber wir müssen auch weiterhin unsere Rechnungen bezahlen, damit wir niemandem auf der Tasche liegen und wir müssen und wollen gelassene Vorbilder sein, wir wollen entspannt leben und dennoch alles richtig machen. Wir wollen auch in einem sauberen

Haushalt leben und gesundes Essen auf den Tisch bringen, außerdem möchten wir unseren Kindern das Beste an Bildung mitgeben.

Natürlich haben wir Abitur oder einen Uniabschluss oder zumindest eine tolle Ausbildung und einen Job, den wir gern machen, aber wann der Punische Krieg war und wie die chemische Formel von Hopfen ist, müssen auch wir googeln. Mensch, wie oft hab ich mir auf YouTube Lernvideos reingezogen, nur um dafür zu sorgen, dass meine Kinder sicher nichts durchs Homeschooling verpassen. Hätte man da nicht einfach sagen können: »*Liebe Kinder, liebe Eltern, jetzt wiederholen alle mal das Jahr, geht aufs Haus, stresst euch nicht so*«?

Stattdessen wurden wir dazu angehalten, täglich mehrere Stunden den Job von Menschen zu machen, die dafür mehrere Jahre studiert haben. Logisch, dass man das von Eltern erwarten kann, sind ja schließlich die eigenen Kinder.

Trotz allem, Pandemie hin oder her, braucht es ein ganzes Dorf, um Kinder großzuziehen!

Es gibt so viele großartige Eltern und Kinder in der Welt, die sich mit unangenehmen Diagnosen, Macken oder sonstigen Etiketten und Schubladen herumschlagen müssen. Es gibt Kinder, die einfach so durchs Systemraster plumpsen und Eltern sind gefordert, Lösungen zu suchen. Weglaufen kann keiner von ihnen. Denn es gibt nun mal Ereignisse und Diagnosen im Leben, die vom Umtausch ausgeschlossen sind. Wir müssen lernen, mit ihnen zu leben.

Aber wir haben eine gewisse Lebensqualität verdient und wir möchten auch sagen können: »*Ich bin trotz allem glücklich.*«

Die Zeit, in der wir einander sagen: »*Stell dich nicht so an, früher haben wir es auch hinbekommen*« muss ein Ende nehmen. Wir wollen uns und unsere Kinder dabei weder zu sehr verbiegen noch anpassen, wollen aber auch nicht aufgrund unserer Andersartigkeit ausgegrenzt werden.

Franny, Mama eines Transgenderkindes, sagte zu mir: »*Mein vermeintlicher Sohn ist ein Mädchen. Sie kann einfach kein Junge mehr sein, weil sie es aus ihrer Sicht auch nie war. Was sollte ich anderes tun, als alles dafür zu geben, dass sie glücklich ist? Fallen wir aus dem Raster? Ja! Bekamen wir Ärger? Ja! War das anstrengend? Ja! Bereuen wir es? Nein!*« Dieses Buch ist voll mit Umtauchsituationen und gesammelten Lösungen für Eltern. Ich finde, dass weder Eltern noch Kinder ein Leben führen müssen, in dem sie sich weder wohl noch zu Hause fühlen. Dafür werde ich bestimmt auch Widerstand und Gegenwind bekommen, aber was solls. Die Elternschaft steckt in einer Krise und es wird Zeit, das offen anzusprechen!

Darf ich Fehler machen?

Eltern müssen mit der Geburt eines jeden Kindes erneut ins kalte Erziehungswasser springen. Das ist nicht nur aufregend, freudig und glückselig, sondern auch mit Sorgen, Ängsten, Frust, Hilflosigkeit, Überraschungen und Ohnmacht verbunden. Wir stehen der Erziehung mit einer gewissen Ambivalenz gegenüber und fragen uns:

- Was genau ist die richtige Erziehung?
- Gibt es diese überhaupt?
- Sind Eltern wirklich dafür verantwortlich, wenn das Kind sich auffällig verhält?
- Kann ich beim Kind durch mein Verhalten etwas kaputtmachen? Was genau und wodurch?
- Kann ich mich dafür überhaupt wappnen?
- Gibt es Tipps, die für alle funktionieren oder ist Erziehung individuell?

Da diese Fragen erschlagend auf uns Eltern wirken können, denken wir: »*Es wird schon warm werden, wenn wir schwimmen. Lass uns einfach mal machen, so schwer kann das doch nicht sein.*«

Anderes bleibt uns, wenn wir ehrlich sind, sowieso oft nicht übrig. Denn wer kann schon in so ein kleines wachsendes Bauchwunder hineinschauen und weiß von vornherein, was es so an Macken und Eigenheiten mit sich bringt. Wir müssen diese Storchenlieferung genauso annehmen, wie sie herauskommt.

Das tun gesunde Eltern in der Regel auch, aber nicht ohne Wenn und Aber. Viele sind überfordert, wenn das Kind aus der Reihe tanzt oder unberechenbar im Verhalten ist. Wir fühlen uns hilflos, wenn das Zwergerl mit vier Kilo permanent schreit und wenn ein Kleinkind wütend gegen unser Schienbein tritt, weil etwa der Lolli in seinen Haaren seine Welt durcheinandergebracht hat. Noch spannender wird es, wenn der Teenager Marihuana für ein Heilmittel hält oder die Tochter die Pille will.

Wir werden nie komplett mit uns in der Elternschaft zufrieden sein oder alles wissen, weil das Leben mit Kindern größtenteils einfach unberechenbar ist. Wir machen Fehler, die unvermeidbar sind, weil sie zum Leben dazugehören.

> **》 DIE ART, WIE WIR MIT FEHLERN UMGEHEN, IST, AUF DIE ES ANKOMMT.**

Wir wissen nicht, wie sich dieses kleine Bündel Liebe entwickeln wird, selbst wenn wir unser Bestes geben.

Und auch wenn wir Pädagogik und Psychologie studiert haben, werden wir vor unserem zweijährigen Stöpsel mit Wutanfall stehen und uns hilflos und ohnmächtig fühlen, wenn das morgens um fünf nach einer schlaflosen Nacht passiert.

Wir sind nur Menschen, und Menschen sind weder perfekt noch fehlerfrei oder emotionslos. Wir haben eine Geschichte und bestimmte Erlebnisse, die uns unterschiedlich mit Situationen umgehen lassen. Es gibt Eltern, die entspannt den schreienden Säugling Nacht für Nacht auf und ab tragen und andere, die beim ersten Quietschen nervös werden und deren Nervenkostüm keine 20 Minuten Geschrei aushält. Beide lieben ihr Kind. Beide wollen das Beste und geben es auch. Eltern, die entspannt bleiben können, sind deshalb nicht zwangsläufig die besseren Eltern und alle, die mal ab und an pädagogisch weniger wertvoll reagieren, nicht gleich die schlechteren. Alle gesunden Eltern möchten prinzipiell, dass ihre Kinder es gut haben. Das ist allein evolutionsbedingt schon so angelegt, sonst wären wir schon längst ausgestorben. Denn nur wenn es den Kindern gut geht, sind diese auch eines Tages in der Lage, für die gebrechlichen Eltern sorgen zu können – so simpel denkt das Neandertalerhirn in uns nach wie vor.

Darüber hinaus ist es in uns angelegt, dass wir uns weiterentwickeln und wachsen wollen und müssen. Das geschieht einzig und allein durch das Trial-and-Error-Prinzip, deshalb fragen wir Eltern uns permanent: »*Was könnte ich besser machen?*«

Das klingt im ersten Moment vernünftig, im zweiten allerdings scheitern wir Tag für Tag an der Umsetzung. Mal können wir besser bedürfnisorientiert, bindungsorientiert, reflektiert, einfühlsam und wertschätzend reagieren, mal schlechter und das ist völlig okay. Unsere Kinder sind nicht die rohen Eier, für die wir modernen Eltern sie oftmals halten. Sie wissen, dass Mama und Papa auch mal schlechte Tage haben, und sie wissen ab einem bestimmten Alter auch ganz genau, wenn sie unsere Nerven kitzeln. Sind wir deshalb schlechte Eltern, weil wir ab und an mal erschöpft, müde, ausgelaugt und lustlos sind? Nein! Wir machen beim Kind nichts kaputt, wenn wir sagen: »*Schatz, ich spiele supergern mit dir, aber heute bin ich richtig müde und habe keine Lust mehr!«* Wenn ich mich in Social-Media-Gruppen umsehe, in denen sich Eltern scharen, die bemüht sind, das Richtige in der Erziehung und im Umgang mit ihren Kindern zu tun, habe ich oftmals den Eindruck, es handelt sich um eine neuartige High-Performance-Elternschaft, die sich gegenseitig im »richtigen« Umgang übertrumpfen will.

Es ist vielmehr so, dass immer mehr Eltern im Umgang mit ihren Kindern supergestresst sind, dies aber nicht zeigen. Dass ihnen sowohl die Kraft als auch der Elan, die Fantasie und Kreativität im Alltag so langsam ausgehen und sie dabei aber noch lächelnd vorm Kind sitzen und zum hundertsten Mal der Barbie das Haar flechten, sei am Rande erwähnt.

Ich habe mit Eltern gesprochen, die nachts nicht schlafen können, weil sie darüber grübeln, warum es ihnen wieder nicht gelungen ist, 24 Stunden durchgängig »bedürfnisorientiert« auf ihr Kind einzugehen, obwohl sie schon so viele Bücher darüber gelesen haben. Ich habe mit Eltern gesprochen, die täglich bei sich den Fehler suchen, weil das Kind sich offensichtlich danebenbenimmt oder ihnen mal ein etwas lauteres Wort ausgekommen ist und sie nicht in der Lage sind, sich das zu verzeihen.

Eltern sind zunehmend erschöpft, gerade nach dem letzten Jahr, zeitgleich aber auch so verunsichert, etwas falsch zu machen, dass sie oft nicht wissen, wo ihnen der Kopf steht. Gerade deshalb sollten wir Eltern uns nicht länger vormachen, eines Tages alles richtig machen zu können.

》 »ALLES RICHTIG« EXISTIERT IN DER ERZIEHUNG NICHT!

Der Tag, an dem wir uns endlich entspannen können, kommt spätestens, wenn wir unsere Fehler umarmen und annehmen lernen.

Wenn wir realisieren, dass einzig und allein die Absicht, es besser machen zu wollen, ein wundervolles Geschenk an unsere Kinder ist und erzieherische Ausrutscher und Fehler zu etwas Menschlichem und Verzeihbarem werden.

Unsere Kinder können uns mehr verzeihen als wir denken, ohne daran zu zerbrechen!

Darf ich zornig sein?

Liana, Mama von zwei Töchtern, erzählt: »Gestern schrie ich meine Tochter an und sagte zu ihr, sie sollte doch besser in die Förderschule gehen, weil sie offenbar zu dumm ist, um ordentlich die Matheaufgaben zu machen.«

Hinterher tat ihr das fürchterlich leid und sie schämte sich für diese in ihren Worten »unnötige und gemeine Aussage«. Sie war überlastet mit dem Corona-Homeschooling und wusste nicht mehr, wie sie neben ihrem Job noch ihre Zwillinge zu Hause unterrichten und mitten im Winter ein Insektenhotel für die Schule basteln sollte. Sie war wütend und am Ende.

Erstmal ist es superwichtig zu wissen, dass wir auch mal zornig sein dürfen und können. Wir Eltern sind keine Maschinen, sondern Menschen.

Sobald es in unserem Leben ein Problem gibt, wollen wir dafür auch eine Lösung finden. Gerade als Eltern tun wir viel dafür, rasch Lösungen für die Probleme mit den Kindern zu finden.

Wenn etwa die zweijährige Tochter vor uns steht und damit kämpft, ihre Socken eigenständig anzuziehen, möchten wir eingreifen und ihr behilflich sein. Wenn wir dann anschließend dafür eine geknallt bekommen (Zweijährige können ihre Impulse noch nicht kontrollieren, also keine Sorge), dann kann das durchaus vorkommen, dass wir so etwas wie Zorn fühlen und sagen:»*Ja, dann mach es halt alleine!*«

Anschließend bittere Reue:»*Oh mein Gott, jetzt war ich alles andere als bedürfnisorientiert, verständnisvoll und erwachsen.*« Ja, klar. Wir hätten hier anders reagieren können, indem wir sagen:»*Schatz, wie ich sehe, möchtest du deine Socken selbst anziehen. Ich wollte dir nur kurz dabei helfen, bitte lass meine Nase dabei aus dem Spiel.*«

Tief durchatmen und Geduld haben, ist immer die bessere Variante. Allerdings kann so ein Tag mit einem Zweijährigen ganz schön lang werden, da reißt der Geduldsfaden einfach ab und an. Ist das ein Drama? Nein. Du darfst auch mal zornig sein. Die Frage ist nur: Wie gehst du damit um, und wer bekommt diesen Zorn in welcher Form ab?

Doch warum empfinden wir so etwas wie Zorn? Wenn wir Erwachsene nicht gleich eine Lösung finden, reagiert ein ziemlich alter Teil unseres Gehirns, das ähnlich wie das der Affen funktioniert, recht pragmatisch.

Sobald Mr. Neandertaler ein Problem vor sich hat, will er es eliminieren und macht dabei auch nicht lange rum. Probleme sind in der Welt der Affen und Neandertaler»Säbelzahntiger« und gegen diese Typen müssen wir klar und pragmatisch vorgehen. Wir reagieren weder zimperlich noch schonend, reflektiert oder irgendwie bedürfnisorientiert. Nein, der Neandertaler tut, was er tun muss.»*Zieh diese Socken an, oder ich mach es!*«

» MR. NEANDERTALER IN UNS IST EINE ART BODYGUARD, DER UNS BESCHÜTZEN MÖCHTE.

35

Das macht er auf vier verschiedene Arten, die der Grund dafür sind, warum wir nicht immer relaxed und wie im Buche reagieren können.

ERSTENS: Mr. Neandertaler lässt uns vor dem Problem flüchten. Das sieht konkret so aus, dass wir zum Siebenjährigen sagen:»*Weißt du was? Dann gehst du halt in die Förderschule, mir doch egal, was aus dir mal wird. Wirst schon sehen, wie weit du damit kommst.*« Oder zur Zweijährigen:»*Ich habe überhaupt keinen Bock mehr auf das ganze Theater, zieh dir die Socken allein an oder geh einfach ohne raus, dann frierst du halt.*«

Der reflektierte Teil des Gehirns weiß natürlich, dass das Gesagte völliger Unsinn ist, doch für unseren Bodyguard ist der Gedanke:»*Oh mein Gott, mein Kind wird ein Schulversager und dann muss ich es ein Leben lang durchfüttern!*« Oder:»*Wenn es mich noch einmal so wegen einer Socke haut, dann blutet vielleicht meine Nase!*« Eine ziemliche Bedrohung, für die schnell eine Lösung gefunden werden muss. Man möchte das »versagende Kind« reflexartig loswerden. Klingt hart, vor allem für uns liebende Eltern.

Wir müssen den Bodyguard in uns erstmal richtig kennen- und verstehen lernen. Wir müssen erkennen, warum er so drauf ist, ehe wir ihn in Rente schicken und bedürfnisorientiert erziehen können. Wenn wir ihn nämlich mit Techniken wie etwa Durchatmen, Meditation oder Schöne-Momente-vorstellen übergehen wollen, wird er ziemlich ungemütlich. Das sind dann genau die Situationen, in denen wir lautstark losbrüllen oder dem Kind unreflektiertes Zeug entgegenwerfen und uns danach schämen oder fragen, ob all die Bücher und Kurse nichts genutzt haben. Wenn wir nicht lernen zu akzeptieren, dass in uns ein Neandertaler steckt, der das quengelige, nervige Kind ohne zu zögern umtauschen würde, können wir ihn nie wirklich besiegen und annehmen.

Deshalb ist es wichtig, den in seinen Augen sinnvollen Vorschlag erstmal stehen zu lassen. »*Schau, dass du bockiges Kind allein zurechtkommst, ich steige aus!*«

Natürlich fühlen wir uns, sobald wir uns beruhigt haben und der Säbelzahntiger auf dem Zimmer ist, schlecht wie Bolle. Um den Teil, der dich nur vor den Säbelzahntigern schützen will, zum Schweigen zu bringen, brauchst du Geduld, Zeit und Übung. Deshalb sind wir beim vierten Kind deutlich routinierter als beim ersten und als Großeltern noch gechillter denn als Eltern. Warum? Mr. Neandertaler weiß dann, dass das Kind schneller groß und eigenständig wird, als wir denken. Etwas, wovon wir beim ersten Kind nur träumen. Deshalb, liebe Erstlingseltern, seid geduldig mit euch. Euer Kind kommt als Erstes, weil es sicherlich eine extra Portion Geduld für euch mitgebracht hat, haltet euch das zwischendurch einfach vor Augen.

ZWEITENS: Eine andere Variante, auf Probleme zu reagieren, ist vor dem Problem einzufrieren und zu erstarren. Wir stehen völlig hilflos da und können überhaupt nichts mehr sagen oder tun, außer die Situation über uns ergehen zu lassen. Wenn das Kleinkind einen Wutanfall hat, Sachen durch die Gegend wirft, die kleine Schwester beißt und kratzt oder wild auf uns einhaut oder spuckt, nur weil der Duplo-Turm gerade umgefallen ist, dann steht Papa schon mal wie angewurzelt vor dem Kind und lässt das über sich ergehen.

Als Beobachter denkt man sich: »*Warum weist er das Kind nicht zurecht? Wieso lässt er sich das gefallen?*« Die Antwort ist ganz einfach:

》 MR. NEANDERTALER STELLT SICH TOT UND HOFFT, DASS DAS VORBEIGEHT.

Der Totstellreflex des Bodyguards hat dafür gesorgt, dass Papa erstmal stillhält – das Neandertalergehirn denkt, dass alles schon irgendwann vorübergehen wird, Hauptsache man überlebt die Situation und stirbt nicht.

Der reflektierte Teil des Gehirns weiß natürlich, dass das nicht zielführend ist. Das Kind braucht ein klares Gegenüber, das ihm Halt, Sicherheit und einen Rahmen gibt und sein Verhalten auf geschulte Weise korrigiert. Es weiß, dass ein so kleines Kind durch unsere Antwort lernt, wie es die eigenen überwältigenden Gefühle steuern und regulieren kann. Wenn wir erstarren, laufen die Gefühle des Kindes ins Leere mit dem Ergebnis, dass wir irgendwann den berühmten kleinen Tyrannen vor uns stehen haben. Alle anderen finden das Kind doof und den Papa arm, weil er sich nicht mehr zu helfen weiß. *»So ein bockiges Kind, das braucht mal Grenzen!«* heißt es dann.

Im Grunde braucht es aber jemanden, der ihm zeigt, wie es sich selbst beruhigen kann, ohne dabei andere zu verletzen, und da ist Papa die Ansprechperson.

DRITTENS: Diese Situation kommt dir vielleicht bekannt vor. Mit ihr haben wir am meisten zu tun, denn sie lässt uns richtig wütend und aggressiv werden. Das bedeutet etwa, dass Mama anfängt zu schreien, weil der Sprössling zum wiederholten Mal eine Packung Zigaretten in der Tasche hatte und doch nicht rauchen sollte! Oder weil das Baby mitten in der Nacht schreit und das, obwohl es gerade gefüttert und gewickelt wurde. *»Lass mich verdammt nochmal schlafen! Ohne Schlaf kann ich nicht lange überleben!«*

Das Neandertalergehirn geht schnaubend auf den Teenager los und »kotzt« sich so richtig aus. Meist mit dem Ergebnis, dass Türen knallen und tagelang nichts gesprochen wird oder das kleine Häufchen Elend mit sieben Monaten sich die Seele aus dem Leib brüllt, weil Mama nun motzt und sowieso kein Auge mehr zu tun kann.

Der Bodyguard hat seinen Job getan und bleibt »hart«. Rauchender Teenager ist gleichzusetzen mit Säbelzahntiger. Schreiendes Baby genauso. Immerhin weiß er, dass ein rauchender Teenager nicht die beste Altersvorsorge ist und schreiende Babys zwar andere Säbelzahntiger verjagen, aber seinem Frauchen so viele Energiereserven kosten, dass es irgendwann am Zahnfleisch nagt.

Der reflektierte Teil des Gehirns weiß natürlich, dass es deutlich besser gewesen wäre, das Gespräch zu suchen, und wenn Mama den Sohn gefragt hätte, woher die Zigaretten stammen und warum er sich dazu entschieden hat, sich diese schädlichen Dinger in den eigenen Mund zu schieben, wäre sicherlich eine gemeinsame Lösung aufgetaucht. Oder auch nicht, dann muss Mama eben akzeptieren lernen, immerhin ist der Sohn schon fast erwachsen.

Und das Baby? Klar muss es getröstet werden, selbst wenn es gestillt und gewickelt ist, es braucht Nähe, Halt und liebevolles Schunkeln. Vielleicht hat es Angst, wird krank, hat einen Entwicklungsschub oder das Zähnchen bricht durch. Das ist zwar dem Teil des Gehirns durchaus bewusst, der uns Sport machen lässt, uns dazu bewegt, gesundes Zeug zu kaufen und vernünftig auf Idioten reagiert, aber eben nicht dem Teil, der wie ein Gesprächs-Terminator alles verbal niedermäht, was ihm in die Quere kommt.

Wir Eltern pendeln stets zwischen diesen Teilen in uns hin und her. Das Ergebnis nennen wir auch Konflikt. »*Soll ich es nun trösten oder schreien lassen?*«

Die Frage nach dem »Warum trösten?« stellt sich der Bodyguard in uns natürlich nicht – der ist ja noch ein Affe und will das Problem einfach nur loswerden. Erst wenn dieser meint, dass wir wieder in Sicherheit sind, reflektieren wir.

VIERTENS: Die letzte Variante ist auch nicht so der Renner, aber in der Welt der Affen wieder völlig normal. Er lässt uns unterwerfen. Das bedeutet, dass Papa zu allem Ja und Amen sagt, was Töchterchen so anstellt.

Ob es um Mitternacht noch Eis essen, um vier Uhr morgens Schlitten fahren, mit 13 voll geschminkt in die Disco möchte oder mit 15 per Anhalter nach Amsterdam zum Kiffen fahren will – Papas Neandertalergehirn will es dem Kind recht machen. Immerhin ist das, so hat sich das Papas Gehirn zusammengereimt, der einfachste Weg. Keine Konflikte, kein Streit, also sagt er: *»Mach nur mein Schatz, Papa steht hinter dir – bedingungslos!«* Der Bodyguard geht den Weg des geringsten Widerstandes und ist happy.

» KEIN STRESS, KEIN PROBLEM!

Der reflektierte Teil des Gehirns weiß natürlich, dass klare Regeln und ein »Nein« das Angebrachteste wären. Es ist ihm auch bewusst, dass Papa in Wahrheit weder sich selbst noch der Tochter etwas Gutes damit tut, ständig den Konflikten aus dem Weg zu gehen, sondern lernen muss, sich diesen zu stellen.

Wir haben dann allerdings einen inneren Konflikt, wenn Bodyguard mit dem reflektierten Zen-Meister in uns diskutiert und wir vor lauter Punkten keine Entscheidung treffen können. Was ist die Lösung?

In Momenten, in denen wir ein Problem mit unserem Sprössling haben, müssen wir also lernen, dem Bodyguard in die wohlverdiente Pause zu schicken und den Zen-Meister mal ranzulassen. Dazu sollten wir jedoch im ersten Schritt wissen, wie so ein Problem mit anschließender Lösungsfindung überhaupt aufgebaut ist.

Wenn etwas Radikales in deinem Leben passiert, auf das du nicht vorbereitet warst, dann ist das erstmal ein Schock.

Du denkst in solchen Augenblicken erstmal: »*Das kann doch nicht wahr sein! Mein Kind hat ADHS? Es ist dabei, in die Förderschule abzurutschen, will nach Amsterdam Drogen kaufen oder mit dem Freund durchbrennen? Mein Zweijähriger ist dabei, ein Tyrann zu werden und mein Baby schreit nachts?*«

Nach dem ersten Schock wirst du wütend, frustriert oder du machst dir Sorgen – eine natürliche Reaktion und Schritt zwei der Schockverarbeitung.

Im nächsten Schritt wirst du dann traurig, müde oder hoffnungslos, mit der möglichen Folge einer beginnenden Depression. Viele junge Menschen begehen in dieser Phase einen Suizid, weil sie nicht wissen, dass diese Gefühle eine natürliche Reaktion ihres Neandertalergehirns ist. Viele Eltern geben sich in ihrer elterlichen Kompetenz auf, weil sie denken: »*Jetzt habe ich versagt.*«

Wenn etwas in unserem Leben passiert, mit dem wir nicht einverstanden sind, dann springt ohne Training erstmal innerhalb von ca. zweieinhalb Sekunden das Neandertalergehirn an – es sei denn, wir wissen, wie wir diese natürliche Reaktion überlisten können! Denn lernen wir das nicht, mutieren wir zu Dauerschreiern, Unterworfenen oder permanent grantigen oder traurigen Eltern, deren Kinder sich unangenehm benehmen.

》 DER NEANDERTALER LEBT IN JEDEM VON UNS, AUCH IN DEN GEBILDETEN UND REFLEKTIERTEN.

Die einen haben gelernt, ihn zu zähmen, die andern probieren sich noch aus.

Eine enorm einfache Übung, um nicht dem Neandertaler, sondern dem Zen-Meister das Ruder zu überlassen ist: Nutze diese zweieinhalb Sekunden und zähle laut von Fünf runter. Warum? Weil du durch das Zählen dein reflektiertes Gehirn und nicht dein Stammhirn anregst. Das heißt: Du bleibst dadurch im Vernunfts- und Verstandesbereich. Du kannst dein Gehirn also dazu trainieren, sich zu beruhigen und klarzubleiben. Deshalb wird auch empfohlen, zu meditieren oder gewaltfrei zu kommunizieren. Wenn wir regelmäßig unseren Zen-Meister aktivieren, dann behält dieser in kniffligen Situationen die Oberhand. Zum Teil funktioniert das alles durchaus, aber eben nicht immer. Generell sollten wir lernen, uns mit unseren tiefsten seelischen Themen und Prägungen auseinanderzusetzen und dabei möchte ich dich in diesem Buch begleiten.

» NERVÖS ODER VERZWEIFELT SIND WIR SO LANGE, WIE WIR DENKEN, WIR KÖNNTEN DAS VERHALTEN UNSERER KINDER KONTROLLIEREN.

Die Wahrheit ist, das können wir nicht. Reflektierte und lebenserfahrene Großeltern haben uns dieses Wissen voraus.

Die Kontrolle würde uns zwar Sicherheit geben, aber die Wahrheit ist, dass wir irgendwann an dem Punkt stehen müssen, an dem wir als Eltern erkennen, dass unsere Kinder eigene Wesen sind, mit eigenen Ideen, Gedanken und Herausforderungen.

Wir können niemals die Verhaltensweisen unserer Kinder kontrollieren, das war die Tragik hinter der autoritären Erziehung.

Das Einzige, das wir tun können, ist, einen Einfluss auf sie zu nehmen und das auf möglichst feinfühlige Art und Weise. Wenn uns das nicht gelingt, ist es wichtig, anstatt in Schuldgefühle zu verfallen, professionelle Hilfe zu holen.

Meine Kinder sind ja so brav!

»Ich könnte schon kotzen, wenn ich die Insta-Profile dieser vorgegaukelten ›Bei uns ist alles immer supi und die Kids total toll‹-Welt sehe«, sagt Sabine, 34, Mama von drei Kindern. Wie manche Influencer-Moms uns Normalos da vermutlich völlig unbemerkt ein schlechtes Gewissen machen, indem sie nie, aber auch nie die Realität zeigen, sondern immer nur ihre perfekt gestylte Wohnung, dazu passend die perfekt gestylten Kids und sie selbst – einfach mega, wie die aussehen! Neulich sah ich einen Post einer solchen Mama und fühlte mich nur noch mies. Die haben in eine Woche Kinderentertainment reingepackt, das ich nicht einmal in einem halben Jahr schaffe. Es war wirklich alles dabei: Papierschöpfen, Nistkastenbauen, Kerzenziehen, Tomaten anpflanzen, Webrahmen, Strickliesel, Moosmännchen, Kletterwald, Schleife binden, Uhr lesen, Lükkasten, Schwunghefte, Gesellschaftsspiele, Bastelbücher, Stickerhefte, Aquabeads, Bügelperlen, Playmais, Geocachen und Batiktechnik … Da waren Sachen dabei, die konnte ich nicht einmal buchstabieren!

Dann stehe ich da, lese den Perfect-Mom-Marathon, bin in Jogginghosen von gestern, habe die Woche noch weniger als nicht viel geschafft, war noch nicht einmal duschen, ziehe schweißgebadet meine Zweijährige im prall gefüllten Bollerwagen den Hügel zu unserem Haus hoch, hab den Hund in derselben Hand, die Puppe in der anderen, und der Achtjährige ist gerade in Hundekacke getreten.

Na bravo, gratuliere – mein Gesicht willste in diesem Moment einfach nicht sehen – das gibt garantiert ein Selfie ohne Likes! Aber egal, das ist nun mal mein Leben. Würde ich es gern gegen ein Insta-Profil umtauschen? Ja, verdammt! Bin ich neidisch auf alle, die eines haben? Und wie! Macht die Existenz dieser Profile meine Situation besser? Nein!

Mit welcher Mami kannst du dich mehr identifizieren? Und ist Mama eins schlechter oder besser als Mama zwei? Was geht dir durch den Kopf, wenn du die beiden Alltagsstorys liest?

Ich dachte dabei an Etiketten. Labels, die wir einander, aber eben auch unseren Kindern verpassen, weil wir denken: »So ist es richtig, so macht man das halt!«

Neulich kam meine Zweijährige zu mir und versuchte, mir zu verstehen zu geben, dass sie das Etikett aus ihrem Shirt entfernen wollte. Also nahm ich eine Schere und beseitigte das Ding. Sie war total happy, zog das Shirt über und spielte weiter. Ich war etwas erstaunt und fragte mich selbst: *»Wie kommt sie auf die Idee?«*

Abends dachte ich dann daran, dass nicht nur unsere Shirts mit unnötigen und störenden Etiketten versehen sind, die eigentlich niemand braucht, sondern auch wir. Wir als Eltern.

» **SPÄTESTENS NACH DEM SCROLLEN DURCH SUPERPARENT-PROFILE TRAGEN WIR DAS INNERLICHE LABEL »VERSAGER« GROSS UND IN LEUCHTBUCHSTABEN.**

Es gibt unglaublich viele Etiketten, vor allem, sobald wir damit anfangen, uns oder unsere Kinder zu vergleichen: *»Meine Kinder sind ja so brav!«* In diesem Etikett steckt ziemlich viel drin.

Wenn wir »brav« als solches definieren, dann muss es doch auch eine Definition vom Gegenteil geben, oder? Doch was ist das Gegenteil von brav? Und welche Art von Etiketten gibt es für unsere Kinder und vor allem, welche Konsequenzen haben sie?

- Dein Kind ist immer so still.
- Dein Kind ist immer so brav.
- Mein Kind ist immer total schlimm.
- Dein Kind ist ja ein echter Wirbelwind.
- Oje – ihr habt die Diagnose ADHS? Geht das wieder weg? Das bleibt für immer, oder?
- Ihr Kind ist sehr schlecht in Mathematik.
- Ihr Kind hört meist nicht richtig zu.
- Dein Kind benimmt sich anderen gegenüber total asozial.
- Dein Kind ist immer so laut.
- Dein Kind ist aber dick.
- Dein Kind benimmt sich schon daneben.
- Mein Kind ist deutlich angenehmer als die meisten anderen Kinder.
- Mein Kind macht alles an Nachmittagsprogramm mit Freude mit, deins nicht? Oje, das muss ja frustrierend sein ... du Arme!

Die Liste kann endlos lange fortgeführt werden. Besonders stolz sind Eltern dann, wenn sie über ihr Kind sagen können: *»Mein Kind ist so brav, nie macht es Ärger!«*

Dabei können Etiketten einen enormen Druck auf beiden Seiten auslösen. Dazu fällt mir eine Familie ein, die diese Überzeugung bis ins unerwünschte Extrem teilte.

Die kleine Alena fiel in jeder Klasse unangenehm auf. Sie triezte andere Kinder, spottete und nahm ihnen sogar öfter Dinge weg, versteckte sie und tat im Anschluss so, als wäre sie der Unschuldsengel, der von nichts wusste. Sie sah auch so aus. Langes, leicht gewelltes blondes Haar, blaue Kulleraugen und ein puppenhaftes Gesicht. Meist trug sie Kleider, die an eine kleine Prinzessin erinnerten – genauso benahm sie sich auch. Andere Kinder waren ihre Untertanen und mussten gehorchen. Sobald ihre Eltern auftauchten, sprach sie mit schüchterner, liebreizender und piepsiger Stimme. Die Eltern, beide in der Persönlichkeitsentwicklungsbranche tätig, waren unglaublich stolz auf ihre »kleine Prinzessin«, wie sie sie liebevoll nannten. Das Problem war, dass diese sich immer mehr zu einem kleinen Teufelsbraten entwickelte, der andere Kinder heftig zu mobben begann, Geld aus den Taschen der anderen klaute und die Taten wiederum anderen, unschuldigen Kindern, in die Schuhe schieben wollte.

Gott sei Dank hatte sie eine kluge Lehrerin, die schnell durchschaute, dass das vehement von den Eltern als »brave Prinzessin« verteidigte Mädel alles andere als das war. Doch als sie dies bei den Eltern offen ansprach, stieß sie auf kühle Schultern, sie nahmen die Tochter aus der Klasse und warfen den anderen Kindern, der Lehrerin und den Eltern vor, das »liebe, brave Kind« sei ausgegrenzt und gemobbt worden.

Es dauerte kein halbes Jahr, da passierte exakt dasselbe in der nächsten Klasse. Als das Kind elf Jahre alt war, hatte es bereits sechs verschiedene Schulen besucht. Die Eltern erzählten an jeder Schule die gleiche Story: *»Unser Kind wurde ausgegrenzt und gemobbt.«*

Nachdem der siebte Schulwechsel anstand, rief mich die neue Klassenlehrerin an und bat mich, beim Elterngespräch anwesend zu sein. Ziemlich schnell erkannten wir gemeinsam das Muster. Die »brave und liebe« Tochter musste diesem Etikett in Gegenwart der Eltern so sehr gerecht werden, dass sie ihre andere, kindliche Seite – die auch einfach mal Quatsch oder einen Fehler macht – aber auch die Seite, die auch geliebt werden wollte, wenn sie sich »danebenbenahm«, völlig unterdrückt hatte. Irgendwann ließ sich das nicht mehr kompensieren und sie fing damit an, andere Kinder zu hänseln – nicht, weil sie eine böse Absicht hatte, sondern weil sie unglaublich verzweifelt war und eine innere Not verspürte, aus dieser viel zu engen Etikettierungskiste herauszukrabbeln.

Es dauerte eine Weile, ehe die Eltern verstanden, was vor sich ging. Sie hatten Schuldgefühle und es dämmerte ihnen erst nach und nach, wie Alena sich mit dem Etikett der »braven Prinzessin« fühlte. Mit etwas Übung gelang es ihnen aber, ihrem Kind die Botschaft mitzugeben: »Wir lieben dich auch, wenn du unartig bist.« Siehe da: Die kleine Alena hatte nach wenigen Wochen absolut keine Probleme mehr mit anderen Kindern. Sie integrierte sich gut und lernte zum ersten Mal in ihrem Leben kennen, wie gut es sich anfühlt, ein Teil einer Gemeinschaft zu sein.

Das Schwierige an Etiketten ist, dass sich ein Kind, im Gegensatz zu uns Erwachsenen, daraus nur schwer selbst befreien kann, immerhin wird es von außen meist in diese Rolle hineingeschubst.

Kinder wollen in erster Linie zu »ihrem Rudel« dazugehören, wie wir alle.

Wenn Kinder, ob bewusst oder unbewusst, von Außenstehenden in Rollen gedrängt werden, dann haben sie nur zwei Optionen:

- Sie passen sich der Rolle an und folglich verkümmert ihre wahre Identität.
- Sie werden zu Rebellen und lehnen sich allzu oft ihr ganzes Leben lang gegen andere Menschen und deren Vorstellung auf. Die Folge ist, dass sie sich ebenso selbst verlieren, weil sie im Kampf »dagegen« permanent mit ihrer Aufmerksamkeit im Außen, statt bei sich selbst und ihren eigenen Bedürfnissen sind.

Diese traurige Tatsache kennen auch viele Eltern von sich selbst. Umso wichtiger ist es, dass wir uns gegenseitig dazu ermuntern, Etiketten zu hinterfragen, aber sich vor allem auch das Umfeld dieser bewusst wird.

Wichtiger ist zu fragen, wer ist dieses kleine Menschlein wirklich? Je mehr es uns gelingt, neugierig auf sein Wesen zu bleiben, desto weniger müssen wir ihm unsere eigenen Vorstellungen vom »perfekten Kind« überstülpen. Damit entlasten wir allerdings auch uns als Eltern.

Gar nicht so einfach, vor allem für eine Generation, die ihren Lebensunterhalt damit bestreitet, gesellschaftlich gewünschte Etiketten zu erfüllen oder auszuteilen. Der »Hate« und Druck hat gerade auf Social Media ein Ausmaß angenommen, das mich persönlich sehr betroffen macht.

Da es in diesem Kapitel um Etiketten geht, fiel mir auch das des Scheidungskindes ins Auge. Wie lebt es sich, wenn man dieses Etikett für den Rest seines Lebens tragen muss? Wie ist das für Eltern? »*Du armes Kind, deine Eltern haben versagt?!*«

In meinem Buch »Stop Mom-Shaming« habe ich ausführlich darüber geschrieben, welche Auswirkungen diese Art von Etiketten auf Mütter haben. In diesem Buch möchte ich darüber aufklären, welchen Effekt sie auf Kinder und Eltern haben.

Oftmals bekommen Kinder diese Etiketten aber auch vom Umfeld aufgedrückt, und das ist besonders belastend für die Familie. »*Dein Kind strengt aber auch an!*«

Es kann aber auch in die andere Richtung gehen: Ist das Kind im Familienkreis zum Beispiel als »das kleine Monster« bekannt, kann aus einem einst lieb gemeinten Kosewort schnell ein Mantra werden, das einer selbsterfüllenden Prophezeiung gleicht. Du kennst sicher die Erwartungen, die wir an die lieben Kleinen haben, wenn sie zu wenig geschlafen haben und morgens mies drauf sind: »*Na bravo, das wird ein Tag werden, bei deiner Laune ist Ärger ja schon vorprogrammiert!*«

Das Kind wird unbewusst alles daransetzen, diese Erwartung der Eltern zu erfüllen und keine Gelegenheit auslassen, die Eltern in ihrer Annahme zu überzeugen.

Am Spielplatz traf ich eine Mama, die von ihrem Zweijährigen erzählte: »Er ist total anstrengend, zumindest sagen das alle in der Familie! Ich war als Kind auch so ein Störenfried, wie meine Mutter erzählt. Er schläft nicht mehr, ist rund um die Uhr in Action und hält keine Sekunde die

Füße still.« Der Kleine saß währenddessen entspannt vor der Rutsche und versuchte, Steinchen in die Öffnung der Flasche zu stopfen. Als er Mama das sagen hörte, sprang er sofort auf und rief:»Maaaamaaa, lutschen, lutschen, lutschen, lutschen!« (Übersetzung: rutschen) Mama sah mich an und sagte lächelnd:»Sehen Sie, so geht das den ganzen Tag, woher er das wohl hat!?«

Kleiner Tipp: Es kann durchaus helfen, die eigenen Erwartungen an uns selbst und unsere Kinder zu überdenken und vielleicht gegen die ein oder andere austauschen, die uns besser gefallen würde.

Zum Beispiel:»Seit mein Sohn auf der Welt ist, weiß ich, wie viel man an einem Tag erleben kann. Er ist ein Entdecker, der mir die Welt immer wieder aus einer anderen Perspektive zeigt, daran wachsen wir beide.«

Lass weder aus dir noch aus deinem Kind jemanden machen, der ihr nicht seid.

Etiketten können verheerend sein, denn sie blockieren die Entfaltung des Potenzials, der Individualität und Talente des Kindes, der Eltern und des Familiensystems.

Wenn ein Kind mit dem Glaubenssatz aufwächst, dass es schlecht in der Schule ist, ein Zappelphilipp ist oder stets stört, prägen sich diese Sätze und Annahmen über sein Wesen in sein Gedächtnis ein. Genauso wie es sich in Eltern festsetzt, wenn diese von sich denken, sie seien Versager, schlechte Eltern oder bekämen nichts auf die Reihe. Irgendwann wird diese Art von Etiketten tatsächlich zu unserer Identität.

Oft ist die Lösung aber gar nicht so schwer. Ein Grundprinzip sollte sein, genau auszuwählen, in welchem Umfeld wir uns aufhalten. Denn dieses prägt uns mehr als wir denken. Wenn wir von Menschen umgeben sind, die uns negativ oder falsch etikettieren, werden wir mit der Zeit unruhiger, gestresster, nervöser, schlafen weniger, machen uns mehr Sorgen und unser Selbstwert leidet. Wir müssen dort jemand sein, der wir nicht sind.

Wenn wir uns hingegen mit Menschen zusammentun, die uns positiv bestärken, aufbauen, Halt und Zuversicht ausstrahlen, werden wir deutlich entspannter und gelassener, ja sogar unser Selbstwert steigert sich. Deshalb ist nicht nur unser Umfeld so wichtig, sondern auch das unserer Kinder.

Stell dir vor, du müsstest jeden Tag in ein Büro voll mit Menschen, die dich ablehnen oder gar mobben, wie würdest du dich fühlen, wenn dann noch dein Chef zu dir kommt und dir täglich das Gefühl gibt, nichts auf die Reihe zu bringen?

Vielen Kindern geht es in der Schule ähnlich. Sie fühlen sich fehl am Platz, werden von anderen gemobbt, ausgegrenzt oder gemieden. Ich persönlich mach an dieser Stelle nicht lange rum und rate zu einem Schulwechsel. Denn wenn der Karren schon einmal so tief in den Dreck gezogen ist, wird auch ein Gespräch daran nichts ändern. Immerhin geht es in einer Schule um die Haltung, die an die Kinder weitergegeben wird, und wenn es schon einmal so ausartet, wird sich kaum Grundlegendes ändern.

Aber manchmal liegt es gar nicht am Umfeld. Vielleicht würden wir einfach nur deutlich mehr Schlaf brauchen und reagieren deshalb sehr sensibel auf unser Umfeld, oder wir haben lediglich eine Intoleranz gegenüber bestimmtem Lebensmitteln, die sich negativ auf unser Wesen auswirken, einen Vitamin D-Mangel oder etwas anderes, das sich auf unser Gemüt auswirkt. Unser gesamtes Verhalten hat dann absolut nichts mit einer Etikette zu tun, sondern ist lediglich ein Symptom einer bisher unerkannten körperlichen oder seelischen Not.

>> DER ERSTE BESCHLUSS VON ELTERN AN DIESER STELLE SOLLTE ALSO SEIN: SCHNEIDE TÄGLICH DIE ETIKETTEN HERAUS!

Um das tun zu können, müssen wir uns zuerst bewusst machen, welche Etiketten dein Kind, du selbst oder eure Familie überhaupt mit sich herumtragen.

Wichtig zu wissen ist Folgendes:

- Wir sind dann empfänglich für Emotionen, vor allem für Angst, wenn wir uns sorgen. Gerade Eltern von verhaltensauffälligen Kindern oder Eltern, die einen völlig normalen, ihnen jedoch unbekannten Entwicklungsschritt ihres Kindes begleiten, machen sich Sorgen oder haben Angst, dass (wieder) etwas nicht stimmen könnte und sind deshalb anfällig für die meist unsachkundige Meinung Dritter.
- In Gruppen existiert vorrangig nur eine Meinung. Die Gefahr besteht darin, dass man keinen Kontakt mehr zu anderen Meinungen zulässt und sich in einer Art Bubble bewegt. Wichtig ist, sich unterschiedliche Feedbacks anzuhören und diese auch zuzulassen, ehe Entscheidungen über Etiketten getroffen werden.
- Je öfter wir etwas hören, desto mehr wird es für uns wahr. Dadurch entsteht eine Art Manipulationseffekt, der direkten Einfluss auf uns nimmt, ohne dass wir es überhaupt bemerken.
- Die Gefahr ist, dass wir zu dem Schluss kommen: »*Viele Leute stimmen der Meinung zu, also muss es ja richtig sein und zutreffen.*«

Die eigene elterliche Kompetenz wird häufig durch Laien erstickt, die recht haben wollen und keine andere Ansicht mehr zulassen. Unser eigenes Zögern ob der Richtigkeit drängen wir in Folge zurück, weil wir der Stimme von außen mehr Gewicht geben.

Eine Übung, die dir dabei hilft, wieder in deine Mitte zu kommen und genau zu fühlen, welche Etikette du annehmen möchtest und welche nicht: Berühre dein Herz und stelle dir ein rosafarbenes Licht in Form einer Kugel darin vor. Erinnere dich an den Augenblick, in dem du dein Kind zum letzten Mal gefühlt, berührt oder gesehen hast und dabei tiefe Liebe empfunden hast. Lass das Gefühl der Wertschätzung und Freude in dir aufsteigen und stärker werden. Erinnere dich an einen weiteren Moment, in dem du so richtig mit deinem Kind lachen konntest, verstärke auch dieses Gefühl und beobachte, wie die rosafarbene Kugel sich nach und nach mit schönen und erfüllenden Gefühlen und Erinnerungen füllt. Lass sie in deinen Gedanken so groß werden, dass sie über deinen Körper hinauswächst und sich nun auch mit dem Herzen deines Kindes verbindet. Frage dich an dieser Stelle: »*Stimmt diese Etikette wirklich?*«

Ich sehne mich so nach Stille

Jasmin und Arthur sind Eltern der zweijährigen Zwillinge Laura und Louis und dem vierjährigen Matteo. Beide kommen zu mir in die Praxis, weil die Nerven nach dem Lockdown und der Homeofficezeit blank liegen.

Arthur beginnt aufgeregt zu erzählen: »Bitte seit wann bedeutet Homeoffice, Eltern könnten einfach so nebenbei alles checken? Kinder wickeln, Kinder bespaßen, Haushalt, Wäsche, Kochen? Ich halt es zu Hause einfach überhaupt nicht mehr aus. Es ist unfassbar laut, ständig schreit eines der Kinder, dann streiten sie gefühlt rund um die Uhr wegen einfacher Bauklötze und von Schlaf kann sowieso keine Rede sein. Ich sehne mich so nach Stille! Wieso bekommen das die vier einfach nicht hin, dass ich mal in Ruhe arbeiten kann.«

Seine Frau Jasmin sieht ihn vorwurfsvoll an und erwidert: »Ich finde es ehrlich gesagt unmöglich, dass du als

Vater unserer Kinder solche Gedanken hast! Das sind nun mal Kinder, die sind halt laut. Wenn man das nicht aushält, dann hätte man Single bleiben müssen. Außerdem fühle ich mich ständig dafür verantwortlich, wenn sie laut sind. Aber auch du bist ein Elternteil, nicht nur ich.«

Nach einigen Hin-und-Her-Debatten kommen wir zu einem Punkt: Jasmin und Arthur drehen sich ständig im Kreis. Er drückt offen und ehrlich seine Gefühle aus, sie fühlt sich im Stich gelassen und hat Angst, in Folge mit den drei Kindern allein dazustehen. Jeder fordert vom anderen Rücksicht, Einsicht und Verständnis, aber keiner der beiden ist bereit, den Perspektivwechsel einzunehmen. Logisch, wenn der innere Bodyguard den Säbelzahntiger vor sich stehen sieht, wissen wir, wozu er in der Lage ist. Dummerweise können Partnerschaften, in denen wir mehr vom anderen verlangen als dieser zu geben hat, schnell zur Höhle des Grauens werden. An manchen Tagen sprechen sie sogar von Trennung, obwohl sie sich über alles lieben. Erstmal dauerte es eine Weile, bis Jasmin sich eingestand, dass auch sie unter dem permanenten Lärmpegel keine elterliche Freude mehr empfindet, sondern oft genauso genervt ist wie ihr Mann.

Ich erkläre ihnen, dass permanenter Lärmpegel und das Gefühl, nie zur Ruhe kommen zu können, eine extreme Belastung für unser Nervensystem sind. Klar gibt es Menschen, die damit besser zurechtkommen als andere, aber beide Seiten müssen verstehen lernen, dass dauerhafte Anspannung, verursacht durch fehlende Stille, auch krank machen kann.

Der erste Schritt in die richtige Richtung ist meist der Schwerste: Das Eingeständnis, dass etwas nicht so läuft, wie man es sich vorgestellt oder gewünscht hätte. Als Jasmin sich von ihrem irrtümlichen Gedanken: »*Kinder sind halt so*« innerlich distanzieren konnte, öffnete sie sich für eine Alternative und kam dadurch nicht nur sich selbst, sondern auch ihrem Mann wieder näher. Dadurch war es ihnen möglich, wieder als Einheit zu agieren.

Darüber hinaus die Bereitschaft, auch von sich aus Verständnis zu geben, anstatt ständig nur vom anderen die eigene Bedürfniserfüllung einzufordern. Das ist schwer, ich weiß, vor allem in Konfliktsituationen oder nach einer Trennung. Besonders inmitten von lautstarken Kleinkinderdebatten, schlaflosen Nächten und Bergen von Dingen, die wir zu erledigen haben. Aber unterm Strich ist euch nicht damit geholfen, euch auch noch gegenseitig die Köpfe einzuschlagen oder in Vorwürfen zu versinken. Jede Partei hat es auf ihre Weise nicht einfach. Das ist einfach eine Tatsache, die wir akzeptieren müssen. Es gibt selten »den Bösen« und »den Guten« in einer Beziehung, meist ist es ein Wechselspiel von Dynamiken, die sich unangenehm ineinander verkettet haben.

Das Entwirren geht nur, wenn wir uns auch für die Perspektive des anderen öffnen und erkennen, dass im Grunde beide das Gleiche wollen: ein glückliches Familienleben.

Der nächste Schritt in diesem Beispiel war die Erarbeitung eines konkreten, alltagstauglichen Handlungsplanes.

- Was wollen die Eltern wirklich?
- Wie soll der Alltag mit ihren Kindern aussehen?

Arthur meinte, dass sie im Grunde in eine etwas größere Wohnung ziehen sollten, da er dachte, dass die Kinder aufgrund des Platzmangels so oft aneinandergerieten. Er bemerkte zum ersten Mal, dass der Platz seiner einstigen Singlewohnung einfach nicht mehr für fünf Personen ausreichte und konnte sich innerlich endlich davon verabschieden, sehr zur Erleichterung von Jasmin, die schon lange ausziehen wollte. Arthur bemerkte an dieser Stelle, dass sein »Nicht-Loslassen-können« einen Großteil zu seiner Situation beigetragen hatte und begann, dafür Verantwortung zu übernehmen.

Die anfängliche und unterschwellige Erwartungshaltung: »*Die Kinder nerven mich, Jasmin soll dafür sorgen, dass sie leiser sind*«, konnte zur Seite treten und der Erkenntnis weichen, dass ein Teil in ihm noch an seinem alten Leben vor der Zeit als Vater festhielt – ohne, dass ihm dies zuvor bewusst gewesen war.

Die Ehe litt nicht nur unter dem Lärm der Kinder, sondern vielmehr unter den unterschwelligen Vorstellungen und Vorwürfen, die die Eltern nicht klärend ansprachen. Auch Jasmin erkannte, dass sie sich im Umgang mit den Kindern überfordert sah und oftmals darüber ärgerte, dass ihr Mann sich einfach im Arbeitszimmer verstecken konnte. Dadurch war sie häufig gedanklich abwesend, wenn die Kinder mit ihr in den Austausch gehen wollten oder ihre elterliche Intervention im Spiel brauchten, weil sie einfach noch zu klein zum langen eigenständigen Spielen waren. Sie beobachtete im Alltag, dass meist das Geschrei erst dann losging, wenn sie nicht sofort auf die Fragen der Kleinen einging, gedanklich woanders war oder annahm, die drei könnten ihre Konflikte schon allein lösen.

» SCHWEIGEN IST NICHT DAS GEGENTEIL VON LAUTSTÄRKE, SONDERN HINHÖREN. WENN ES LAUT WIRD, WILL IRGENDJEMAND ZUM JEMAND WERDEN UND GEHÖRT WERDEN.

Sie probierte folgenden Vorschlag von mir aus:

- Sobald es lauter wurde, sollten die beiden flüstern. Denn je lauter die Umgebung wird, desto leiser müssen wir werden, damit wir einander wieder hören können. Ich weiß, im Alltag tendieren wir eher zum Gegenteil. Wenn die Kids laut sind, werden wir auch laut, damit »sie uns hören« und endlich aufhören. Aber unterm Strich führt das eher dazu, dass die Kinder denken: »Aha, du darfst laut sein, da ist es ok, aber wir nicht? Außerdem bin ich ja nur deshalb laut, weil mir niemand wirklich zuhört!«
  - Besser, du gibst den Ton an, wirst leiser und beginnst, genau hinzuhören, was dein Kind in dem Moment brauchen könnte. Laut sein ist oft einfach ein Akt der Verzweiflung, denn es ist ein Grundbedürfnis von uns allen, sich gehört und verstanden zu fühlen. Erinnere dich an ein Streitgespräch mit deinem Partner. An welchem Punkt fangen wir an lauter zu sprechen? Dann, wenn wir uns missverstanden oder bedeutungslos fühlen.
  - Versuch leise zu flüstern und mit ehrlichem Interesse die Frage zu stellen: »Was genau brauchst du jetzt?« Die Kinder werden relativ schnell ruhig, sobald wir uns für sie interessieren. Du kannst die Stimmung eures Zuhauses auch verändern, indem du sanfte Töne auflegst, Kerzen anzündest oder ein paar Düftöle oder Räucherstäbchen anzündest. Die Kinder werden sich an ihre Umgebung anpassen und sich nach und nach beruhigen. Je nachdem wie aufgeheizt die Stimmung ist, kann das Ganz auch dauern. Hier ist Geduld gefragt.

Das Tolle an Kindern ist, dass sie generell Nachahmer sind und weniger auf die Worte hören, die wir ihnen entgegenbringen, sondern auf den Ton unserer Stimmung.

》 WENN WIR MÖCHTEN, DASS UNSER UMFELD ODER UNSERE KINDER ETWAS LEISER SIND, DANN MÜSSEN WIR IM ERSTEN SCHRITT SELBST LEISER WERDEN.

Arthur und Jasmin vereinbarten einen wöchentlichen Paarabend. Jeden Freitag nahmen sie sich zwei Stunden Zeit, um qualitative Paarzeit ohne Kinder zu verbringen. Nachdem die Kinder im Bett waren, setzten sich die beiden hin und jeder hatte 20 Minuten, um von seiner Woche, seinen Wünschen und Anregungen zu berichten, ohne dabei vom anderen unterbrochen zu werden. Jasmin stellte dabei fest, dass ihr diese Gespräche unglaublich guttaten und sie weniger in Tagträumereien oder Wutgedanken gegenüber Arthur verfiel. Dadurch gelang es ihr, präsenter im Alltag mit den Kindern zu sein. Arthur wurde durch die Gespräche mit seiner Frau bewusst, dass er sich hinter seinem Schreibtisch versteckt hatte, weil er, seitdem die Kinder auf der Welt waren, unter der Angst litt, zu wenig zu verdienen und nicht ausreichend gut für sie sorgen zu können. Diese Erkenntnis half ihm, bewusster mit seiner Zeit umzugehen.

• Die beiden teilten ihren Tag auf meine Empfehlung hin in drei Kategorien ein:
  – Zeit für sich selbst, einschließlich Arbeit
  – Zeit für die Kinder und die Familie
  – Zeit für Sexualität, Gespräche und Paarzeit

Sie hielten im Familienkalender genau fest, wann für was Zeit war und lernten dadurch, den Fokus zu 100 % auf das zu legen, was gerade anstand.

- Beide begaben sich darüber hinaus auf Wohnungssuche und entdeckten, wie viel Freude sie daran hatten, gemeinsam für ihre Familie ein Zuhause zu finden.

Nach einigen Wochen riefen mich die beiden an und meinten, dass sich die Situation mit den Kindern deutlich entspannt hatte. Sie stritten weniger, waren nicht mehr permanent am Schreien und vor allem: Matteo, ihr Sohn, freute sich schon sehr darauf, bald ein eigenes Zimmer zu haben, um seine Playmobilmännchen außer Reichweite der kleinen Geschwister in Ruhe aufbauen zu können.

Ich kann nicht mehr

»Ich kann nicht mehr! Die 24/7 Betreuung der Kinder, das ständige An-mir-Dranhängen, die schlaflosen Nächte und die pausenlos geforderte Präsenz bringen mich noch um den Verstand!«, sagt Liam und ergänzt: *»Wir sind völlig am Ende, bitte hilf uns!«* Die beiden sind Eltern von drei Kindern im Alter von zwei, drei und fünf Jahren und sitzen mit tiefen Augenringen vor mir.

Erstmal bot ich den beiden eine Tasse Tee an, mit der Bitte, sich zurückzulehnen, tief durchzuatmen und zu genießen, dass mal jemand etwas für sie machte. Klara wurde dabei nach einigen Sekunden etwas nervös und fragte mich: »Soll ich dir nicht helfen? Bist du dir sicher, dass das geht. Sind ja schon viele heiße Tassen, die du da tragen musst. Gibt Bescheid, wenn ich was tun kann!«

Ich beruhigte sie, indem ich ihr mitteilte, dass ich ein Tablett für die heißen Tassen hatte und sie nun die Aufgabe hatte, sich zu entspannen. Das gelang Klara jedoch nur schwer, auch als ihr Mann sie darauf aufmerksam machte, hatte sie sichtlich Probleme damit. Nach dem ersten Schluck Tee erklärte ich ihr, dass ihre Reaktion völlig normal sei. Immerhin leistete ihr Nervensystem seit einigen Jahren Hochleistung. Die permanente Anspannung stammt daher, dass wir, sobald wir kleine Kinder haben, besonders wachsam und aufmerksam sind. Immerhin sind die Antennen weit ausgefahren und orten jede potenzielle Gefahr.

Viele Eltern berichten mir, dass sie, seit das Baby da ist, kaum mehr durchschlafen können. Nicht etwa deshalb, weil das Baby sie stets aufweckt, sondern weil ihr innerer Alarmwecker ständig klingelt und sie nachsehen gehen, ob auch alles in Ordnung ist. Manche Eltern, vor allem Mütter, haben in Folge das Gefühl, durchgeknallt oder nicht ganz normal zu sein, immerhin hören sie von anderen, die wunderbar durchschlafen.

Aber auch Eltern, die am Spielplatz nicht stillsitzen können, während Klein-Ida das Spielgerät hochklettert, stellen sich in Frage. Nervös sitzen sie oft nur kurzweilig, ehe sie aufstehen, hinlaufen und fragen, ob sie helfen können.

» *DIE NATUR HAT DIESEN BEHÜTERINSTINKT EINGERICHTET, WEIL DER MENSCH VON DAMALS ZU NEANDERTALERZEITEN KEINE CHANCE AUF ÜBERLEBEN GEHABT HÄTTE.*

Damals gab es Säbelzahntiger oder andere wilde Tiere, die nachts in die Höhle hätten kommen können, um den Säugling aufzufressen. Wir müssen wissen, dass unser elterliches Gehirn gleich dem eines Urmenschen oder Affen ist. Es weiß nicht, und das ist dem Gehirn des Babys gleich, dass es in einer sicheren Vierzimmerwohnung lebt oder der

Arzt um die Ecke das Kind im Fall des Falles super versorgen kann.

Diesen Evolutionsschritt hat dieser Teil des Gehirns, der voll im Hormonrausch steht, noch nicht gemacht. Später werden Eltern gelassener, besonders wenn sie mehrere Kinder haben. Einfach deshalb, weil sie auf einen Erfahrungsschatz zurückgreifen können.

Die Unruhe kann aber auch, wie bei Klara, eine Gewohnheit des Nervensystems sein. Immerhin ist sie seit mehr als fünf Jahren rund um die Uhr für die Kinder zuständig, hat Schlafmangel und ist massiv überlastet. Da das Geld nicht für Urlaub reicht und die Pandemie ihr Übriges dazu tat, war sie nicht in der Lage, sich zu entspannen. Mit Klara stimmte alles, sie war weder eine Übermutter noch schräg drauf, weil sie es nicht »aushalten« konnte, dass auch mal etwas für sie getan wurde. Ihr gesamtes System musste nur wieder langsam daran gewöhnt werden, dass auch Pausen sicher sein können und nicht immer Aufregendes passierte, das ihre Anwesenheit benötigte.

》 MERKE: ERSCHÖPFUNG IST IMMER EIN ZEICHEN DAFÜR, DASS DU ZU VIEL GEGEBEN HAST.

Die Lösung ist, dir bewusst Zeit dafür zu nehmen, darüber nachzudenken, was dir wirklich wichtig ist. Gerade als Eltern müssen wir auf vieles, das uns einst wichtig war, verzichten und denken häufig: Ganz oder gar nicht! Oft hören wir, sobald das Kind da ist, radikal mit allem auf, was uns zuvor Halt, Kraft und Freude spendete. Wir tun das, weil wir denken: »Das geht jetzt halt nicht mehr.« Dabei führt dieser gedankliche Irrtum auf Dauer nur zu Frust und Erschöpfung. Suche dir bitte mindestens eine Sache aus deinem alten Leben, die du weiterhin als Eltern beibehalten kannst und räume dir dafür Zeiten ein. Dein altes Leben darf ruhig ein Teil deines neues Lebens sein.

Hoffentlich tauscht mich mein Mann nicht um!

Rosi, 46, und Franz, 49, Eltern von vier Kindern, erzählen: »Wir fahren schon seit Jahren alle drei Monate für drei Tage weg. Nur wir beide. Selbst wenn wir mal wirklich keine Zeit oder wenig Geld haben, fanden wir bisher immer einen Weg, uns diese Auszeit zu gönnen. Klar hat das Umfeld darauf seltsam reagiert und wenig Verständnis gezeigt, oft hörten wir negative Kommentare. Wir finden, dass Paarzeit enorm wichtig ist, um sich den Kindern und vor allem dem Alltag mit ihnen auch wieder in Gänze widmen zu können. Wir haben viele Freunde am Alltag scheitern sehen, sie trennten sich, hatten ein Burn-out, eine Affäre oder ein zeitaufwendiges Hobby. Wir hatten manchmal sogar den Eindruck, dass eine Art Performance-Wettkampf unter Eltern ausgefochten wurde und sogar Eltern im Wochenbett ein schlechtes Gewissen hatten, weil sie einfach mal zwei Wochen alles liegen und stehen lassen und sich nur um sich und das Baby kümmern. Kein Wunder, dass immer mehr Eltern völlig erschöpft sind.«

Manuel, 52, und Evi, 54, Eltern von zwei Kindern, erzählen: »Früher haben wir auf Biegen und Brechen rund um die Uhr Entertainment angeboten. Sobald wir die Kinder von der Kita oder der Schule abgeholt haben, ging das Programm los. Musik, Sport, Spielplatz, Abenteuerpfad, Erlebnispark, Schwimmbad, Kino, Shoppen, Sandkiste, Basteln oder Freunde besuchen. Irgendwann sagte unser damals achtjähriger Sohn zu uns: ›Sagt mal, können wir nicht einfach mal nur zu Hause bleiben?‹ Wir stellten in einem Gespräch fest, dass wir das überhaupt nicht in Betracht gezogen haben, weil wir die Annahme hatten, ›gute Eltern‹ bieten ihren Kindern was. Dass vor lauter Aktionismus unsere Ehe beinahe zerbrach und wir im Grunde total erschöpft waren, fiel uns erst auf, als Manuel ein Magengeschwür hatte und wir die Notbremse ziehen mussten.«

Sylvie, 28, und Eric, 32, Eltern von einer Tochter, erzählen, Eric beginnt: »Für mich war das total hart, Sylvie mit unserer Lea 24/7 zu teilen. Ich fühlte mich zur Seite geschoben und nur noch als Diener. Abends war sie so erschöpft, dass sie immer mit Lea ins Bett ging. Ich verstand nicht, warum sie sich so für die Kleine aufopferte und muss gestehen, dass ich sehr eifersüchtig war. Ehrlich gesagt, dachte ich auch an Trennung, so abgestellt fühlte ich mich. Erst als ich ein Buch über das erste Lebensjahr las, verstand ich, was da eigentlich abgeht und ich begriff, dass sie einfach tat, was zu tun war, ich ihr aber trotzdem wichtig war.« Sylvie unterbricht: »Ich war Eric aber unglaublich dankbar, als er nach 14 Monaten einfach einen Tisch beim Italiener nur für uns beide reservierte, meine Mutter zum Babysitten einlud und ich einfach mal wieder Frau sein konnte. Allein hätte ich diese Abnabelung nicht geschafft. Ich glaube, ich hätte noch Monate so weitergemacht, ohne überhaupt zu merken, dass ich dabei war, einen wichtigen Teil von mir und meinem Leben aufzugeben. Ich vergaß, dass wir noch Mann und Frau und nicht nur Vater und Mutter waren.«

Vielen Paaren geht es ähnlich. Ich glaube, gerade wenn wir Eltern in der heutigen Zeit werden, verlangt die Zeit als Paar enorm viel Disziplin und Raum. Wenn wir nicht gerade die Großeltern oder andere Familienmitglieder in der Nähe haben, die uns ab und an Freiraum verschaffen, dann müssen wir selbst dafür sorgen und dringend jemanden miteinbeziehen. Sei es ein Babysitter oder eine gute Freundin, die regelmäßig einige Stunden auf unser Kind aufpasst, damit wir uns als Paar nicht entfremden.

Es ist eine enorme Belastung, wenn wir nur zwischen Kindern, Arbeit und Alltag-Organisation hin- und herpendeln und sich unser einziger Austausch darauf bezieht, wer wann einkaufen geht und das Kind von der Kita abholt.

>> **BITTE, LIEBE ELTERN, NEHMT EUCH DEN RAUM FÜR ZWEISAMKEIT, SEXUALITÄT UND GEMEINSAME FREIZEIT.**

Ihr müsst euch neben Windelwechseln und Breikochen auch als Mann und Frau fühlen können, mit allem, was dazugehört. Wir wollen einander auch dann noch begehren und anziehend finden, wenn zwei, drei kleine Kinderlein mit uns im Haus leben. Wir wollen einander fühlen, körperlich spüren, geistig austauschen und die Seele des anderen erfassen, so wie die unsere erfasst wird. Natürlich ist nicht der Partner für all unsere Bedürfnisse der Adressat. Aber ein Mindestmaß an Gesprächen, die nur über uns und nicht über die Kinder handeln, ist schon essenziell. Nur dann können wir auch die Tiefen, die die Elternschaft mit sich bringt, gut miteinander überstehen.

Es gibt nichts Schlimmeres für einen selbst, aber auch für die Paarbeziehung, wenn langfristig ein Ungleichgewicht entsteht. Das sorgt, neben der Erschöpfung und ihren negativen Auswirkungen, für jede Menge Frust.

Geht dabei ruhig wie mit geschäftlichen Terminen vor. Für diese nehmen wir uns oftmals deutlich mehr Raum als für uns selbst. Das klingt unromantisch, aber ist meist der einzige Weg, mitten im Kinderchaos auch mal Zeit für sich als Paar zu finden. Tut so, als wäre die Zeit X für euch als Paar mindestens genauso wichtig wie ein enorm wichtiges Business-Meeting. Schenkt einander den Raum, den jeder braucht, ohne dass aufgrund eines Missverhältnisses Unmut entsteht.

Auch Sexualität will noch weiterhin stattfinden. Viele Eltern erzählen, dass sie noch nicht einmal mehr in einem Raum schlafen, weil entweder das Kind ständig den Papa weckt, der morgens früh raus muss, oder umgekehrt: Papa schnarcht und keiner bekommt ein Auge zu. Abends sind die Eltern dann zu müde, um sich irgendwo im Wohnzimmer oder im Bad »zu treffen«, um Sex zu haben, und so vergehen Wochen und die körperliche Nähe findet ihren Höhepunkt in schnellen Zwischendurch-Küsschen.

Das ist auf Dauer belastend und unbefriedigend. Viele Paare trennen sich entweder innerhalb der ersten drei Jahre nach Geburt eines Kindes, oder, wenn sie hier die Kurve bekommen haben, sobald das Kind in der zweiten oder dritten Grundschulklasse ist. Manche haben Affären, lenken sich mit irgendwelchem anderen Zeug ab oder träumen heimlich während dem Scrollen durch Insta von Sex mit einem anderen. Nicht selten ist einer der beiden gefrustet, weil der andere eine Affäre hatte. Dass zu einer glücklichen Partnerschaft, die auch sexuell erfüllt ist, immer zwei gehören, scheint bei Eltern irgendwie durch den Löffel zu rutschen.

Ab und zu möchte ich nur noch weinen

Joachim, Vater von zwei Töchtern, erzählt: »Manchmal sitze ich abends da und fange einfach nur an zu weinen. Ich trau mich das gar nicht richtig auszusprechen, aber es ist so. Irgendwie ist mir die ganze Verantwortung total über den Kopf gewachsen. Seit einem Jahr lebe ich mit der nicht unbegründeten Angst, pandemiebedingt mein Geschäft schließen zu müssen und kann mit dieser Ohnmacht überhaupt nicht mehr umgehen. Ich fühle mich meiner Familie gegenüber irgendwie schuldig, dass ich nicht besser vorgesorgt habe, dass ich nicht mehr Geld zur Seite legte oder mir unbedingt den Traum vom eigenen Laden erfüllen musste, anstatt einfach angestellt zu bleiben. Ich habe das Gefühl, die Lebenskraft ist mir abhandengekommen, obwohl ich immer sehr freudig am Leben teilnahm. Ich erkenne mich nicht mehr wieder.«

Rosalie, 42, Mutter von drei Kindern, erzählt:»Jeden Tag stehe ich morgens um halb sieben mit den Kindern auf, obwohl ich eigentlich überhaupt kein Morgen-, sondern ein Nachtmensch bin, und obwohl ich die halbe Nacht unser Baby gestillt habe und gar nicht mehr in eine Tiefschlafphase komme. Wie ein Zombie wuchte ich mich aus dem Bett und will eigentlich nur ausschlafen. Mein Mann ist viel arbeiten, wir brauchen einfach das Geld und kommen hinten und vorne nicht zurecht. Unsere Eltern leben in einer anderen Stadt und wir sehen sie eher selten. *Ich bin einfach so müde, erschöpft und ausgelaugt, ich kann nicht mehr!*«

Ich glaube, es geht mehr Eltern wie Rosalie und Joachim, als wir denken. Kinder durch den Alltag zu begleiten, vor allem wenn sie noch kleiner sind und uns wirklich rund um die Uhr brauchen, ist und bleibt ein Knochenjob. Das darf man ruhig mal so klar und deutlich sagen.

Gerade in der Pandemiezeit wurde aus meiner Sicht viel zu viel von den Eltern und Kindern abverlangt, wo es doch ohnehin schon auch vorher herausfordernd genug war.

Plötzlich sind Eltern rund um die Uhr für viel mehr verantwortlich, ohne zusätzlich Hilfe zu bekommen, stehen aber zusätzlich vor Existenzängsten.

Wenn wir Menschen erleben, dass unser Leben nicht mehr kontrollierbar ist oder zur Gänze in unseren eigenen Händen liegt und darüber hinaus keine »Compelling Future« haben, das bedeutet keine Perspektive auf Verbesserung, drehen wir schlichtweg am Rad. Ängste, innere Anspannung, Stress und Unruhe entspringen genau an der Stelle, wo Kontrolle und Perspektive über einen längeren Zeitraum fehlen.

Wenn Eltern nun das Gefühl haben, nicht mehr Herren der Lage zu sein oder sich permanent Stress oder Ängsten ausgeliefert fühlen, reagieren sie in Stresssituationen deutlich angespannter, erschöpfter oder aggressiver als Eltern, die sich ausgeglichen und unterstützt fühlen. Bekommen sie dann auch noch den Rat: »*Jetzt mach mal mehr bedürfnisorientiert und schrei weniger rum, schlaf halt einfach mehr oder gib die Kinder halt mal ab*«, verstärkt sich die innere Unausgeglichenheit noch mehr.

Warum? Der Großteil der Eltern weiß, dass Schreien, Unruhe und Anspannung wenig sinnvoll sind. Dem Großteil ist auch bewusst, dass ein ruhiges und erfülltes Leben dienlicher ist. Aber sie wissen auch nicht, wie das im Alltag umsetzbar sein soll!

- Wenn Klein-Paul nachts zehnmal aufwacht und das trotz Osteopathie, ausgedehnten Spaziergängen und Wasseraderncheck des Schlafraumes nicht besser wird
- Wenn Tom, der 16-Jährige, lieber am Skaterplatz als in der Schule seine Tage verbringt
- Wenn die 13-jährige Caro zwar behauptet, sie würde bei ihrer Freundin sein, stattdessen aber mit ihrem ersten Freund knutschend auf der Parkbank sitzt
- Wenn Lia statt ins Töpfchen zum gefühlt hundertsten Mal auf den Teppich im Wohnzimmer pieselt und die Windeln verweigert

Sich hinzusetzen und zu weinen bedeutet, innere Anspannung und Stress loszulassen. Es heißt, dass wir einfach an einem Punkt angelangt sind, an dem wir dringend Hilfe brauchen, weil sich etwas ändern muss. Es bedeutet alles andere als Schwäche und Versagen. Es zeigt, wie sehr unser Nervensystem schon überlastet ist und wie groß das Bedürfnis nach neuen Antworten ist.

Wenn Tränen fließen, lass sie fließen. Schreib auf, was

dich belastet und leg den Zettel entweder »auf Eis« ins Eisfach oder in die Toilette und mach dein Geschäft darauf. Das mein ich ernst. Ich kann dir gar nicht sagen, wie befreiend das sein kann. Vor allem wenn wir feststellen, dass wir deshalb weinen, weil sich unsere Gedanken im Kreis drehen oder wir ein Problem in uns aufgestaut haben, das eigentlich relativ einfach zu beseitigen ist, sich aber in uns aufgebauscht hat.

Manchmal fließen Tränen erst dann, wenn wir zuvor richtig wütend waren und nun endlich unsere Wut rausgelassen haben, indem wir einfach darüber sprechen konnten, wie wir uns fühlen. Diese Art von Weinen ist enorm ausgleichend und entlastend.

Manchmal fließen Tränen, wenn wir uns über etwas augenscheinlich freuen. Für andere sind diese oftmals irritierend. Du kennst vielleicht Sportler, die endlich auf dem Siegertreppchen stehen und zu weinen beginnen. Diese Art von Tränen zeigen an, wie schmerzhaft der Weg bis dort nach oben war. Wie viel Sorgen, Ängste oder auch Kraft, Disziplin, Verzicht und Anspannung man hatte, bis das Ziel zum Greifen nah ist.

> *TRÄNEN SIND EIN WUNDERBARER HINWEISGEBER. FOLGEN WIR IHREN SPUREN, ENTDECKEN WIR OFTMALS EINE ANTWORT AUF WICHTIGE LEBENSFRAGEN, DIE UNS PLAGEN.*

Niemals jedoch sollten sie etwas sein, mit dem wir »aufhören« müssen. Natürlich ist es für unser Gegenüber oftmals belastend, wenn geweint wird. Das merken wir, sobald unsere Kinder weinen. Wir tendieren bei allem, das uns überfordert, dazu, es abstellen zu wollen, weil wir keine adäquate Lösung haben. Wir sagen dann: »*Hör doch endlich auf!*

Schrei nicht immer so. Das ist doch nicht so schlimm. Wein
nicht schon wieder. Es ist doch gar nichts passiert.«
Wir selbst gehen mit uns genauso um. Wir versuchen,
unsere Tränen abzustellen, indem wir sie so schnell wie
möglich wegwischen. Selten haben wir gelernt auszuhalten,
wenn der andere oder wir selbst weinen. Dabei sind Tränen
so reinigend und auch tröstend, meist einfach ein Signal für
eine nicht ausgedrückte innere Not, die wir oftmals nicht in
Worte fassen können, und deshalb bedeutungsvoll.
Erinnere dich an eine Situation, in der du weinen muss-
test. Wie tröstlich war es, wenn jemand verbalisierte, wie du
dich fühltest: *»Das war schlimm für dich, einfach zu viel,*
ich verstehe und sehe dich.« Dieser eine Satz reichte schon
und wir fühlten uns plötzlich wieder wohler. Warum?

- Wenn wir weinen, wollen wir gesehen werden. Von wem
  auch immer. Fakt ist: Werden wir gesehen, erholen wir
  uns und schöpfen neue Kraft.
- Wenn dein Kind weint, schenke ihm deine Aufmerksamkeit, in Form von Trost und Halt.
- Wenn du weinst, schenke dir selbst deine Aufmerksamkeit, in Form von Trost und Halt.

Wenn deine Tränen täglich und über einen längeren Zeitraum fließen, suche dir bitte zeitnah professionelle Hilfe und
wende dich an einen Psychotherapeuten oder Psychologen.
Diese Menschen sind da, um mit dir gemeinsam Lösungen
zu erarbeiten, auf die wir selbst oft gar nicht kommen.

»Du tust dir zu viel an!«

Kerstin, 38, ist Mutter von zwei Kindern und eine toughe Frau. Sie scheint alles im Griff zu haben, geht arbeiten, schmeißt den Haushalt und ist immer total entspannt mit ihren Kids. Doch abends, wenn sie mit ihrem Mann im Bett liegt, hört er sie des Öfteren seufzen, oder sie sagt Dinge wie: »Puh, mein Terminkalender schreit auch nach Urlaub.« In den Urlaub fahren will sie trotzdem nicht, im Gegenteil, sie findet es sogar anmaßend von ihrem Mann, wenn er sie daran erinnert, weniger zu machen. Sie sagt dann meist im Zorn: »Ich weiß genau, was ich tue und was nicht. Das musst du mir nicht sagen. Ich bin ja schließlich kein Kind mehr!«

Eines Tages ruft sie bei mir in der Praxis an und bittet um einen Termin, dabei sagt sie aufgeregt und etwas ärgerlich: »*Mein Mann sagt, ich tu mir zu viel an.*«

Ich fragte sie, was sie selbst denkt und ihre Antwort ist eindeutig: »Mir macht das alles nichts. Ich mach das doch gern. Ich verstehe überhaupt nicht, warum wir deshalb immer streiten. Ich kenne das nicht anders. Schon meine Mutter ging arbeiten, versorgte uns Kinder, machte den Haushalt und kümmerte sich um alles Mögliche, das bei uns daheim so anfiel. Das ist doch normal, oder?«

Ich war neugierig und fragte sie weiter: »Irgendein Teil in Ihnen muss doch gedacht haben, dass an der Aussage Ihres Mannes etwas dran ist, ansonsten wären Sie vermutlich gar nicht hier, oder?«

Nach einigen Minuten Pause seufzte sie und sagte: »Na gut, ist schon viel. Aber was soll ich machen. Irgendeiner muss sich ja drum kümmern! Er hat immer leicht reden. Mit Kindern fällt nun mal einiges an!«

Erst nach mehreren Terminen erkannte Kerstin, dass sie sich erschöpft und müde fühlte und ließ das Gefühl auch zu. Viele Jahre hatte sie sich durch den Alltag getrieben, ohne wirklich bewusst wahrzunehmen, wie es ihr mit all den Aufgaben ging. Dadurch gelang es ihr nicht, über mögliche Lösungen oder Alternativen nachzudenken.

Zum Beispiel dachte sie zum ersten Mal darüber nach, eine Putzfrau einzustellen oder die Kinder morgens mit dem Bus in die Schule fahren zu lassen, damit sie sich auch wieder ihren Hobbys widmen konnte. Ihr inneres System war so darauf trainiert, im Alltag zu funktionieren, dass sie keine Pausen zulassen konnte. Auch der Gedanke: »*Was tut mir eigentlich gut?*« fiel ihr schon schwer.

Ihr Mann hingegen konnte von außen, anders als sie selbst, wahrnehmen, dass sie sich überanstrengte. Da, wo Kerstin dachte, es wäre normal, fühlte ihr Mann, dass sie bereits dabei war, über ihre eigenen Grenzen hinwegzugehen. Sicherlich auch deshalb, weil sie es nie anders gelernt hatte.

Aus der Perspektive ihrer biografischen Prägung war es völlig normal, dass eine Mutter alles gibt, immer für jeden da ist, täglich rotiert und kaum eine Pause macht. Auf die Frage, wie es ihrer Mutter jetzt ging, sagte Kerstin: »Meine Mama ist superentspannt und genießt ihr Leben. Aber sie hatte vor einigen Jahren einen Bandscheibenvorfall und konnte nicht mehr so weitermachen. Ich glaube, sie hat erkannt, dass sie immer so viel gab, weil sie dachte, nur dadurch eine Daseinsberechtigung zu haben. Sie hatte keine leichte Kindheit, wissen Sie.«

Kerstin erkannte, dass sie selbst keinen Bandscheibenvorfall brauchen würde, um zu erkennen, dass sie dabei war, sich zu erschöpfen. Sie realisierte außerdem, dass sie nicht in die Fußstapfen ihrer Mutter schlüpfen musste, um ihren eigenen Wert unter Beweis zu stellen. Ihr wurde bewusst, dass hinter dem engmaschigen Zeitplan der Versuch stand, Anerkennung und Wertschätzung zu erhalten. Mit der Unterstützung ihres emphatischen Mannes und nachdem sie sich dem Gefühl der Überlastung endlich öffnen konnte, gelang es ihr, sich auch dann als wertvolles Mitglied der Gesellschaft und Familie zu sehen, wenn sie sich einfach mal selbst etwas Gutes, Schönes und Wahres gönnte.

Vielfach unterschätzen wir die Bedeutsamkeit unseres Partners. Vor allem dann, wenn wir Kinder haben, reduzieren wir diesen gern auf Alltagsaufgaben. Der eine kümmert sich um den Müll, die Wäsche und den Einkauf, während der andere die Küche aufräumt, Elternabende macht oder den Rasen mäht. Diese alltäglichen Aufgaben sind oft abgesprochen und klar, werden nur gelegentlich diskutiert, vor allem dann, wenn ein gefühltes Ungleichgewicht da ist.

Doch genauso wichtig ist es, dass Eltern sich darüber unterhalten, wie sie sich miteinander fühlen. Wenn eine Frau ihren Mann immer wieder darauf aufmerksam macht, dass er zu viel arbeitet, dann sollte dies im besten Fall Anlass geben, sich die Frage zu stellen: *»Warum tu ich das? Wovor habe ich womöglich Angst, oder was setzt mich besonders unter Druck, sodass ich denke, keine andere Wahl zu haben?«*

Stattdessen erlebe ich in meiner Praxis häufig, dass der Gespiegelte sich entweder unverstanden, unter Druck gesetzt oder angegriffen fühlt. Nicht selten gibt es hitzige Diskussionen um Aussagen, die eigentlich aus Liebe und Zuneigung getroffen wurden, aber nun wie ein Fass ohne Boden zwischen den Eltern stehen.

» UNSER PARTNER LIEBT UNS UND IST NICHT SELTEN EIN SPIEGEL FÜR UNSERE TOTEN WINKEL! ER WILL DAS BESTE FÜR UNS UND HILFT UNS DABEI, UNS SELBST NÄHERZUKOMMEN, ABER AUCH EINANDER.

Selbstverständlich spreche ich an dieser Stelle von psychisch gesunden Parteien und nicht etwa davon, dass einer der beiden womöglich eine überzogene narzisstische Persönlichkeitsstruktur oder ähnliches hat, indem Abwertung und Kritik an der Tagesordnung stehen. Dies hat weder etwas mit einem hilfreichen Spiegel noch einer gesunden Beziehung zu tun. Wenn du dazu tendierst, viel zu viel zu geben oder dir ständig darüber Gedanken machst, wie du noch besser performen kannst und gedanklich eine To-do-Liste nach der anderen durchgehst, frage dich:

- Könnte es sein, dass ich all das tue, weil meine »Wo-bist-du«-Frage an irgendeinem Punkt nicht so erfüllend beantwortet wurde? (Du findest die Wo-bist-du-Frage weiter hinten im Buch.)
- Könnte es sein, dass ich mir durch all mein Tun erhoffe, endlich mehr Wertschätzung, Anerkennung und Liebe zu bekommen?
- Was erwarte ich unbewusst im Austausch zu meiner Leistung von meinem Umfeld?

Wenn du nun sagst: »Nichts«, dann fühle nochmal tiefer in dich hinein. Denn sobald uns Menschen, die uns nahestehen, den Hinweis geben, dass wir überengagiert sind und vieles von dem, was wir tun, gar nicht nötig ist, sollten wir auf deren Kompetenz vertrauen und in uns hineinhorchen. Dadurch vermeiden wir ein Burn-out, Gereiztheit oder permanente Erschöpfung.

Ähnlich verhält es sich im Übrigen auch mit unseren Kindern. Natürlich lassen sie sich, wie wir selbst, nicht auf einen Spiegel für unser Leben reduzieren und doch sind sie an der ein oder anderen Stelle wunderbare Hinweisgeber, dass wir uns im eigenen toten Winkel befinden.

Klaus erzählte von seiner fünfjährigen Tochter. Er saß wieder mal Zigarren qualmend am Tisch, als sie schluchzend vor ihm stand. Herzzerreißend teilte sie ihm mit: »Ich will nicht, dass du stirbst! Dann bin ich mit Mami allein und du nicht mehr da und das macht mich unglaublich traurig.«

Klaus schüttelte den Kopf und sagte tröstend:»Aber Schatz, mir passiert doch nichts, ich bin gesund und mir geht es gut, ich würde dich und Mami nie allein lassen.« Doch seine Tochter ließ sich nicht davon abbringen und weinte nun noch doller als vorher:»Wenn du noch länger diese Dinger rauchst, werde ich mit Mami ganz allein sein!« Jetzt verstand er. Wieder antwortete er:»Nein, Schatz, viele Menschen rauchen, aber daran stirbt man nicht unbedingt, ich werde noch richtig alt, weil ich dich niemals allein lassen würde.« Er schaute ihr in die Augen und umarmte sie fest. Aber seine Tochter ließ sich nicht in ihrer Meinung beirren:»Nein, nein das stimmt alles nicht, du wirst sterben, das weiß ich.« Sie weinte so herzzerreißend, dass er es kaum ertragen konnte. Klaus wurde in diesem Moment bewusst, dass er sich etwas vormachte, indem er glaubte, über den Dingen zu stehen. Jede Faser in ihm wollte plötzlich, mehr denn je, am Leben sein. Obwohl er seit 30 Jahren geraucht hatte, rührte von diesem Tag an keine Zigarette oder Zigarre mehr an. Seine Tochter hatte ihm klar gemacht, dass er damit aufhören musste. Sie war ihm der notwendige Spiegel im toten Winkel.

- Wo sind deine toten Winkel?
- Wer spiegelt sie dir? Das bedeutet, wer macht dich immer wieder darauf aufmerksam?
- Wie gehst du mit diesem Spiegel um? Lehnst du die Person ab oder wertschätzt du ihre Anmerkung?

Oftmals ist es so, dass wir die Spiegel in unserem Leben ablehnen. Wer will schon hören, dass er nicht vollkommen ist?

Wir wollen nicht hören, was wir anderes machen sollten, obwohl eine Stimme tief in uns vermutlich weiß, dass genau das ansteht.

Die große Herausforderung in zwischenmenschlicher Kommunikation ist, dass wir gerade als Eltern oftmals an unsere Grenzen kommen und lieb gemeinte Hilfestellung mit einem angreifenden Säbelzahntiger verwechseln, der uns weismachen will: »*Ich lehne dich ab, weil du nicht liebenswert oder nicht gut genug bist.*«

Dabei ist Elternschaft genau der Ort mit dem Potenzial zu erkennen, dass wir einzigartig und genug sind, auch wenn die eine oder andere Verhaltensweise nach einer Veränderung schreit.

Lasst doch mal, das Kind muss das endlich lernen!

Wer kennt sie nicht, die bewertenden Blicke der älteren Generation, wenn es darum geht, was Kind schon alles tun oder lassen sollte? Viele Eltern haben ein sehr gutes Verhältnis zu ihren Eltern und Schwiegereltern, aber mindestens genauso viele Eltern auch nicht. Hat das Kind bei den Großeltern übernachtet, heißt es für Letztere am nächsten Morgen nicht selten: »Bei uns hat es durchgeschlafen, keinen Schnuller und auch kein Fläschchen gebraucht. Also bei uns ist das Kind ja so brav!« Gerade solche, vermutlich gar nicht böse gemeinten Sätze versetzen Eltern nicht selten einen Stich ins Herz. »*Ist mein Kind etwa lieber bei Oma und Opa als bei uns?*« ist eine Frage, die ich an solchen Stellen höre.

Tut Kind nicht das, was es in dem Alter eigentlich schon hätte tun müssen, werden die elterlichen Fähigkeiten von Externen schon mal genau unter die Lupe genommen.

- »Frieda ist schon ein Jahr alt! Sollte sie nicht eigentlich schon allein schlafen können? Mein Sohn schlief schon als Baby allein in seinem Zimmer und durch!«
- »Benedikt ist drei Jahre alt und kann noch nicht mal selbst seinen Kloß schneiden? Also da wären meine Kinder früher verhungert, so ein Theater gab es bei uns nicht.«

- »Weißt du, langsam mach ich mir wirklich Gedanken über deine Erziehung. Deine Kinder können mit vier nicht mal ordentlich bitte und danke sagen. Meine Kinder wussten, wie man sich benimmt!«
- »Deine Sophie ist aber recht selbstbewusst, die hat ja permanent den Mund offen. Bei uns kam das nicht in Frage, dass ein Mädchen ständig mitredet. Kann sie nicht mal in Ruhe allein spielen?«

Solche und ähnliche belehrende Aussagen bekommen Eltern häufig vorgesetzt. Sie verunsichern und bringen Zweifel und vor allem die Sorge mit sich, nicht gut genug zu sein oder etwas falsch zu machen. In solchen Momenten ist es gut, über die Empfindungen zu sprechen. Entweder, indem wir sagen: »Das verunsichert mich jetzt, ich glaube aber tief in mir: Mit meinem Kind stimmt alles.« Oder du bist etwas spontaner und antwortest humorvoll: »Ja, danke für die Aufklärung, ganz lieb, ich hab den Vertrag für die Mietwohnung bereits unterzeichnet, wird wirklich Zeit, dass das Kind endlich selbstständig wird und auszieht!«

Als Erika und Fred zu mir in die Praxis kamen, war es ein regnerischer Tag. Als ich sie begrüßte und fragte, wie es ihnen ginge, sagten beide beinahe synchron: »Wie das Wetter.«

Erika erzählte, dass sie sich als Mutter stark unter Druck gesetzt fühlte, seitdem ihr Sohn Lio zur Welt kam. Ihre Schwiegermutter raube ihr den letzten Nerv, sie fühle sich verunsichert und entmutigt, jemals eine gute Mutter zu sein. Fred nickte und bestärkte Erikas Worte: »Wenn ich von der Arbeit nach Hause komme, freue ich mich auf unseren Sohn. Ich setze ihn in meine Trage und gehe mit ihm spazieren. Wenn er weint, nehme ich ihn hoch, tröste ihn und selbstverständlich wickle ich ihn und er schläft bei uns im Bett. Ich meine, er ist erst ein halbes Jahr alt, es ist selbstverständlich, dass wir ihn an die erste Stelle packen und alles liegen und stehen lassen, sobald er quäkt, oder etwa nicht? Aber meine Mutter sieht das alles anders! Sie meint, wir verwöhnen ihn zu sehr, machen zu viel rum und er solle früh genug daran gewöhnt werden, dass das Leben kein Ponyhof ist! Aber ich möchte das nicht für meinen Sohn. Ich glaube einfach, dass wir das schon gut mit ihm machen, oder etwa nicht?«

Ich bekräftige seine Einstellung und fragte, woher seine Verunsicherung käme. Er fing sofort an zu erzählen: »Meine Mutter sagt, damals hat man auch nicht so viele Geschichten gemacht. Sie ließ mich viel weinen, damit ich auch lerne zu warten und vor allem, dass sich im Leben eben nicht alles um mich dreht. Außerdem habe ich schnell gelernt, im eigenen Zimmer zu schlafen, und wenn ich mir wehtat, erinnerte sie mich daran, dass ein Indianer keinen Schmerz kennt. Es gibt richtig heftige Diskussionen mit ihr, die mittlerweile sogar so weit gehen, dass ich mich als Vater in Frage stelle.«

Fred und Erika waren in einer inneren Not, als sie meinen Rat suchten. Einerseits wollten sie auf ihre Intuition hören, andererseits stellten sie diese durch die Kommentare der Mutter in Frage. Hinzu kam, dass die Schwiegermutter mit im Haus wohnte und sie sich nicht mal eben für einige Tage distanzieren konnten.

Als Erstes versuchte ich, ihnen bewusst zu machen, dass sie mit ihrer Intuition richtig lagen. Wir arbeiteten daran, ihr elterliches Selbstbewusstsein zu stärken, vor allem, indem sie lernten, dass jedes Kind im Leben Erfahrungen der Liebe, Geborgenheit, Sicherheit, Aufmerksamkeit und viel mehr braucht, um sich richtig gesund entwickeln zu können. Dazu gehört natürlich, dass wir es im Schmerz nicht allein lassen, sondern so liebevoll und feinfühlig begleiten, wie uns irgend möglich.

Zuallererst ist es für einen Säugling unter zwölf Monaten kaum möglich, sich eigenständig zu beruhigen. Diese falsche Annahme stammt noch aus der Zeit des Zweiten Weltkrieges, als Hitler bei Johanna Harrer in Auftrag gab, das Buch »Die deutsche Mutter und ihr Kind« als Elternguide zu verfassen. Dieses Buch wurde damals mit Geburt des Kindes an jede Mutter ausgehändigt, damit sie lernte, wie sie sich einem Kind gegenüber zu verhalten hatte. Das hat mit dem richtigen Umgang mit Babys aber etwa so viel zu tun wie der letzte Stern in der hintersten Galaxie unseres Universums. Bis heute werden diese furchtbaren Tipps leider immer noch weitergegeben.

>> *EIN BABY MUSS DIE FÄHIGKEIT, SICH HIER IN DIESER WELT ÜBERHAUPT ZURECHTZUFINDEN ODER MIT GEFÜHLEN UND EMOTIONEN, ABER AUCH MIT SCHMERZ UMZUGEHEN, ERST NACH UND NACH, LIEBEVOLL BEGLEITET, ERLERNEN.*

Deshalb braucht es dringend feinfühlige Menschen, die es trösten und beruhigen. Weint ein Baby, dann meist deshalb, weil eines der Grundbedürfnisse gerade nicht erfüllt wird. Es hat entweder Hunger, Schmerzen, Angst oder Sehnsucht nach Liebe, Aufmerksamkeit, Abwechslung und Anregung. Wird die »Wo-bist-du«-Frage richtig beantwortet, ist es rasch wieder quietschvergnügt. Mehr zur »Wo-bist-du«-Frage findest du im Kapitel »Erste Hilfe für gestresste Eltern«!

In dem Moment, in dem ein Menschlein zur Welt kommt, sollte es so betrachtet werden, als wäre es noch in Mamas Bauch, denn das menschliche Gehirn eines Neugeborenen und Säuglings ist bei weitem noch nicht darauf ausgelegt, für sich selbst sorgen zu können. Im Grunde täte ihm mindestens ein halbes, wenn nicht ein ganzes Bauchjahr noch gut, um überhaupt mit den zahlreichen Reizen der Welt zurechtzukommen. Da das Menschenkind aber nach so vielen Monaten im Mamabauch viel zu groß wäre, um geboren werden zu können, schlüpft es, solange es anatomisch noch durch den Geburtskanal passt.

Die menschliche Evolution hat es danach so vorgesehen, dass es Eltern oder andere Menschen im Umfeld des Babys gibt, die sich um sämtliche Bedürfnisse des Neuankömmlings kümmern.

Eingebettet in der sicheren Gebärmutter musste sich der Fötus um nichts kümmern, es wurde stets und allezeit für alles gesorgt. Das Licht war angenehm, der Herzschlag der Mama gleich in der Nähe, es wurde sanft gewogen und geschaukelt. Außerdem war es angenehm warm und es gab immer zu essen.

Es gab keinerlei äußere Reize, die das wachsende Gehirn überforderten, und vor allem war immer jemand Vertrautes gleich in der Nähe. Im Grunde wurde uns Menschen hier von der Natur ein schönes Geschenk zum Lebensstart gemacht, denn der Großteil von uns lernte in dieser Zeit: *»Es ist alles da, was ich brauche. Ich werde versorgt.«* Dieses Urvertrauen stärkt und prägt bestenfalls ein Leben lang.

Das Licht der Welt zu erblicken, war hingegen für die meisten von uns ein ziemliches Trauma, eine Art Schock. Die goldene Quelle, die Nabelschnur, wurde durchtrennt und zack waren wir auf den Wissensstand und Gutwill der uns umgebenden Menschen angewiesen. Von jetzt an mussten wir unsere Stimme dafür sorgen lassen, uns zu beschaffen, was wir benötigen.

Die Stimme eines Säuglings ist sein Instrument, um lebensnotwendige Grundbedürfnisse zu erhalten. Sie versiegt nur durch zwei Arten:

- Alle Bedürfnisse wurden erfüllt (Nahrung, Liebe, Geborgenheit, Schmerzfreiheit, Sicherheit). Baby ist zufrieden, schmerzfrei und glücklich.
- Oder Baby hat gelernt: »Ich kann noch so laut schreien, da kommt sowieso keiner.« Es hört deshalb auf, weil es die Hoffnung auf Trost und Beistand aufgegeben hat.

Es gibt ein Argument, das die ältere Generation häufig bei Erziehungsratschlägen als Erklärung oder Rechtfertigung für diese »alte Erziehungsmethode« austeilt: »Aus meinem Kind wurde auch jemand!« Was sollen wir dazu sagen? Natürlich »wird auch ein Kind groß«, das früh lernte, sich selbst zu beruhigen, die Frage ist nur: Mit welcher Sicht aufs Leben? Wie nimmt ein Menschlein sich selbst und andere wahr, wenn es lernt, dass niemand da ist, der in der Not tröstet, oder es bestimmte Erwartungen oder zeitliche Aspekte der Erwachsenen erfüllen muss, ehe es bekommt, was es braucht?

In diesem Zuge sei klar gesagt: Es geht um Elemente, die das Kind braucht, nicht »nur« möchte! Frühere Generationen wurden noch durch die Ansicht geprägt, dass ein Säugling keinerlei Empfindungen habe und sowieso nichts »merkt«. Früher dachte man, dass Erinnerung und Bewusstsein ausschließlich und erst mit Sprache gekoppelt sei. Man nahm an, Babys »manipulierten«, indem sie weinten und müssten frühzeitig an das harte Leben da draußen gewöhnt werden, um sich eines Tages als »der Stärkere« durchsetzen zu können. Heute wissen wir, dass ausnahmslos jedem kleinen Wesen das »Geburtsrecht« der bedingungslosen Fürsorge zusteht, ohne Wenn und Aber.

Wenn wir als Säuglinge lernten, dass uns niemand tröstet, wenn wir Angst haben oder in Sorge sind, wird ein Glaubenssatz tief in uns verankert: *»Die Welt an sich ist nicht zwingend ein freundlicher Ort. Ich muss schauen, wie ich allein in ihr klarkomme und lernen, mit Angst, Sorge und Schmerz selbst klarzukommen.«*

Ein Ergebnis ist entweder, dass dieses Menschlein zu früh lernt, selbstständig zu sein, erfolgreich »sein Ding« durchzuziehen (beides gibt gesellschaftliche Anerkennung, ohne die eigentliche Not dahinter näher zu ergründen) oder eben zu resignieren. Viele kennen sicherlich die sogenannten Lebensversager. Menschen, die ein sehr ehrgeiziges Umfeld hatten, recht streng erzogen wurden und später im Leben nichts wirklich »auf die Reihe« bekommen. Obwohl sie doch eigentlich »alles hatten«. Je früher ein Kind dazu gebracht wird, auf unnatürliche Weise eigenständig zu sein, desto wahrscheinlicher ist es, dass es später über wenig Selbstvertrauen oder Empathie für sich selbst verfügt und sich »irgendwie durchs Leben funktioniert«.

Das Urvertrauen ist ins Schwanken geraten, weil niemand da war, der feinfühlig begleitete. Später kann es dann sein, dass wir uns zurückziehen, sobald Probleme auftauchen, anstatt andere um Hilfe zu bitten. Diese Eigenschaft wird gesellschaftlich aber nach wie vor gelobt. *»Schau mal, wie tüchtig der Bernd ist. Der braucht nie Hilfe, schafft alles allein, so ein eigenständiger junger Mann.«*

Selbstverständlich kann aus uns auch ein erfolgreicher Mensch werden und ein liebender Elternteil, und doch wird es ab und an eine Art innere Leere geben, die sich gerade dann zeigt, wenn zwischenmenschliche Probleme auftauchen. Denn in diesem Bereich können wir meist nichts kontrollieren. Deshalb fühlen wir uns gerade dort so ohnmächtig und hilflos.

Es ist uns aus der Hand genommen, wie andere Menschen reagieren, und aus diesem Grund ist es oftmals so verunsichernd, Beziehungen zu leben, vor allem zu unseren Kindern. Je kleiner sie sind, desto unberechenbarer sind ihre Handlungen und Launen, und das macht Stress, Angst und vor allem verletzlich.

Fred wuchs mit Variante zwei auf, kümmerte sich dennoch liebevoll um seinen Sohn, denn sein Instinkt sagte ihm: *»Nimm deinen Sohn in den Arm und tröste ihn, wenn er dich braucht.«* Die Verunsicherung, die er wahrnimmt, stammt vermutlich daher, dass er seine Mutter noch immer als eine Art Autoritätsfigur ansah, von der ihm die Loslösung schwerfiel. Erika hingegen fühlte sich in der Mitte stehend. Sie wollte sich weder gegen ihre mütterliche Kompetenz noch ihre Schwiegermutter, die Großmutter ihres Sohnes, stellen. Umso wichtiger war es, in den Gesprächen mit den beiden zu transportieren, dass die Art und Weise, wie sie mit ihrem Sohn umgingen, wunderbar und richtig war.

Nach einigen Sitzungen erklärte mir Fred:»Ich hatte heute einen Durchbruch! Ich habe mich an deinen Rat gehalten und gesagt: ›Mama, du hattest deine Chance bei mir, jetzt lass mir meine mit meinem Sohn. Wir wollen doch beide dasselbe, nämlich dass es dem Kleinen gut geht, lass uns bitte an einem Strang ziehen‹.« Er fuhr fort:»Meine Mutter hörte sofort mit ihren Maßregelungen auf, schaute mich an und sagte:»Du hast recht. Du machst das schon. Ich glaube, ich bin einfach ein wenig neidisch, weil dein Vater nie so engagiert war wie du und ich mich so oft in der Erziehung mit dir überfordert fühlte. Ich sehe ja, wie gut es Lio geht.«

Fred und Erika konnten nach und nach, vor allem durch das Wissen, das sie erlangten, selbstsicher als Eltern ihre eigenen Entscheidungen in Bezug auf die Erziehung ihres Sohnes treffen und Fred konnte auch seiner Mutter wieder näherkommen.

Jetzt ist es nicht immer so, dass Großeltern so einsichtig sind, ich weiß. In meinem Buch»Stop Mom-Shaming«, das im Übrigen auch für Väter geeignet ist, schrieb ich über Strategien, sich gegen unerwünschte Ratschläge und ungerechtfertigte Kritik zur Wehr zu setzen, ohne dabei die Beziehungen, die einem wichtig sind, aufs Spiel zu setzen. Ich möchte an dieser Stelle gern darauf verweisen, da es den Rahmen dieses Buches sprengen würde.

Deine Eltern oder Schwiegereltern geben die Tipps weiter, die sie noch aus ihrer eigenen Zeit als Eltern kannten und beigebracht bekamen. Im Grunde macht das doch jeder von uns. Das ist menschlich.

Großeltern haben oft Angst, versagt zu haben, wenn sie mit den Spätfolgen der damaligen Erziehung konfrontiert werden. Die Scham zu erkennen, dass die eigenen Fehler sich womöglich negativ auf das geliebte Kind auswirkten, ist beinahe unerträglich.

Alles Unerträgliche wird erstmal abgelehnt, das ist ein Schutzmechanismus vom inneren Bodyguard. Auch Großeltern wollen im Grunde nicht, dass ihre eigenen Kinder aufgrund ihrer Handlungen Sorgen oder Nöte haben. Gesunde Eltern wollen, dass es ihr Nachwuchs besser hat. Deshalb ist es auch so schwer für einige ältere Menschen, sich mit den erzieherischen Irrtümern der Vergangenheit auseinanderzusetzen.

Es ist leichter zu sagen: *»Ihr wurdet auch alle groß!«*, als einen Schritt weiterzudenken und zu sagen: *»Aber mit welchen emotionalen Konsequenzen?«*

Diese Frage braucht schon viel Engagement sowie die Fähigkeit, verzeihen zu können, denn im ersten Schritt tut sie einfach weh. Das solltest du immer im Auge haben. Stell dir vor, dein Kind würde dir in 30 Jahren an den Kopf werfen, deine Erziehung wäre miserabel, ja sogar schädlich gewesen. Das ist erstmal alles andere als leicht zu verdauen. Deshalb sei bitte nachsichtig mit den Eltern oder Schwiegereltern.

» *SIE MÖCHTEN DEINEM KIND ODER DIR SICHERLICH NIEMALS SCHADEN, SONDERN LEDIGLICH WEITERGEBEN, WAS SIE KENNEN UND WOVON SIE MEINEN, ES SEI RICHTIG.*

Wenn es uns gelingt, nicht jedes Wort auf die Waagschale zu legen oder persönlich nehmen zu müssen, können wir deutlich besser hinhören und womöglich antworten: *»Danke von Herzen für deine Sichtweise. Doch weißt du, ich habe viel gelesen und recherchiert. Es gibt großartige neue Erkenntnisse in der Erziehung, ähnlich wie in der Medizin. Es wurde vieles neu erforscht und weiterentwickelt, sehr span-*

nende Sache. Wenn es dich interessiert, erzähl ich dir gern mehr davon. Mir wäre wichtig, wenn du mir zuhörst, das würde mir viel bedeuten, wir möchten ja beide das Beste für unseren kleinen Schatz.«

Nützen Gespräche nicht, rate ich dazu, dich in deinem Selbstwert so zu stärken, dass du deine Art und Weise, mit den Kindern umzugehen, beibehalten kannst, ohne dabei verbittert zu werden oder gegen die Schwiegereltern anzukämpfen. Allerdings: Unter manchen Umständen ist Abstand das einzig Hilfreiche und zu empfehlen, dies sollte jedoch im Einzelfall geprüft und niemals generell empfohlen werden. Familiensysteme sind einfach zu komplex und wichtig, sie erfordern gerade deshalb individuelle Lösungen!

Alle schwärmen von ihren Kindern, nur ich finde meines doof

»Hey, ganz ehrlich, ich weiß, es ist im Grunde untragbar, dass man das als Elternteil sagt, aber ich tu mich richtig schwer mit der ein oder anderen Verhaltensweise meines Kindes. Unser Sohn ist neun und kaum zu bändigen. Er ist seit einigen Wochen total frech, hört absolut nicht zu, rennt, sobald es mal nicht nach seinem Kopf geht, in sein Zimmer und kommt oft stundenlang nicht mehr raus. Ich würde echt behaupten, dass meine Frau und ich, überaus einfühlsame Eltern sind und wir können uns sein Verhalten nicht erklären. Eigentlich war er immer ein total Lieber und plötzlich das.«

Dem Papa, der mir diese Geschichte erzählte, Paul, merkte man so richtig an, wie sehr er unter der Situation litt. Schon allein die Tatsache, dass er sich hilfesuchend an mich wandte, zeigte mir, dass er bemüht war und sich schlecht fühlte, weil er irgendwie die Verbindung zu seinem Kind verloren hatte.

Wenn Eltern das Gefühl haben, dass sich das eigene Kind aus unverständlichen Gründen von ihnen entfernt, kann das besonders für engagierte Eltern durchaus belastend sein. Paul erzählte mir freudestrahlend, wie er »früher« gemeinsam mit seinem Sohn Zeltausflüge, Golfkurse oder Fußballabende verbracht hatte und von jetzt auf gleich alles anders wurde. Er gestand mir, dass er sogar schon darüber nachdachte, ob er sich vielleicht deshalb zurückzog, weil er sie vor einigen Wochen nachts beim Sex erwischt hatte. Paul war so verunsichert, dass er nach Gründen rang, um sich das Verhalten seines Sohnes zu erklären.

Paul meinte: »Ich werde schon fast verrückt vor lauter Gedankenkreisen! Ich fühl mich wie so ein eifersüchtiger Ehemann, der meint, seiner Frau nachspionieren zu müssen, aus Angst, sie könne fremdgehen. Neulich checkte ich sein Handy, in der Annahme, etwas zu finden, was mir einen Hinweis auf sein seltsames Verhalten geben könnte.«

Ich erklärte Paul in unseren Gesprächen, dass sein Sohn vermutlich in der Phase des »Rubikons« feststeckt. Der Rubikon ist ein für mich recht schlüssiger und oft zu beobachtender Entwicklungsschritt aus der Waldorfpädagogik, der zwischen dem neunten und zehnten Lebensjahr stattfindet. Man könnte ihn auch als Vorpubertät bezeichnen. Alle Kinder durchlaufen diese Phase, aber nicht jeder bekommt auch eine Krise. Kinder sind oftmals kleine Mini-Me's, denn sie ahmen uns in so gut wie allem nach. Manchmal finden wir das amüsant, andere Male sagen wir: »Herrje!«

Bis zu dem Alter von neun oder zehn Jahren reflektieren Kinder das Verhalten oder die Muster ihrer Bezugspersonen nicht wirklich. Es wird, ohne großartig den Sinn und Zweck zu hinterfragen, nachgeahmt und »kopiert«. Würden wir beispielsweise einem Kleinkind erklären: »Schau Schatz, das Gras ist rot!« Dann würde uns das Kind selbstverständlich, ohne unsere Behauptung in Frage zu stellen, annehmen: »Ja, Mama, du hast recht, das Gras ist rot.« Genauso verhält es sich mit Glaubenssätzen oder anderen Mustern.

Lernt ein Kind durch die Beobachtung von Papa beispielsweise, dass »Arbeit total anstrengend, hart und meist mit Ärger verbunden ist«, beobachtet es ihn zusätzlich dabei, wie er sich morgens aus dem Bett quält, bevor er ins Büro geht und wie er abends völlig erschöpft vor dem Fernseher einschläft, wäre es mit aller Wahrscheinlichkeit dazu geneigt, nicht von selbst auf die Idee zu kommen, den Papa vom Gegenteil zu überzeugen und zu behaupten: »Papa, das Leben ist so herrlich! Arbeiten zu gehen ist einfach großartig! Ich kann es kaum erwarten, bis ich endlich so groß bin, dass auch ich täglich, wie du, ins Büro darf.« Nein vielmehr wäre es so, dass das Kind eher schaudernd auf diese Zeit in der Zukunft blicken wird und aller Wahrscheinlichkeit sagen wird: »Ins Büro gehen zu müssen, ist das Furchtbarste, was einem passieren kann!«

Irgendwann, meist durch Erfahrung oder wenn Kinder anfangen, auch die Worte anderer ernst zu nehmen, beginnen sie zu hinterfragen, was sie von ihren bisherigen Bezugspersonen gelernt haben. Spätestens in der Grundschule wird also das Kind aus unserem ersten Beispiel empört nach Hause kommen und überspitzt dargestellt sagen: »Mama, die Lehrerin in der Schule behauptet, Gras sei grün, dabei ist es doch rot! Ich hab mich fürchterlich mit ihr und den anderen Kindern gestritten! Du hast doch sicherlich recht, oder?«

Das Kind aus unserem zweiten Beispiel wird spätestens dann, wenn es zum ersten Mal jobbt, zum Vater sagen: »Hey, Papa, mir macht meine Arbeit richtig Spaß, wie kam es dazu, dass es bei dir so anders war?«

In dieser Phase, dem »Rubikon«, findet das erste Mal im Leben des Kindes eine Art Sinneskrise statt. Es entdeckt, dass es getrennt von anderen, deren Meinungen, Glaubenssätzen und Mustern existiert.

Letzten Endes beginnt das Kind an seiner bisher bestehenden Weltordnung zu zweifeln. Es gibt Kinder, die damit deutlich leichter umgehen als andere. Gerade Kinder oder Erwachsene, die beispielsweise ADS haben, nehmen diese Zeit sehr intensiv wahr und brauchen an dieser Stelle deutlich mehr Halt und Schutz als Kinder, die ein sogenanntes Stiko-Hirn (ein stinknormales Hirn) haben. Viele Gespräche, Einfühlungsvermögen, Schutzsymbole, Rituale und Ordnung helfen Kindern mit einem ADS-Hirn gut durch diese Zeit, da sie ansonsten in eine Depression fallen könnten.

Pauls Sohn setzte diese Zeit offenbar auch sehr zu. Ich schlug Paul vor, mit ihm einen sehr einfachen Test zu machen, um festzustellen, ob er sich tatsächlich im Rubikon befand. Dazu sollte sein Sohn auf ein Blatt Papier Folgendes zeichnen:

- Einen Fluss
- Eine Brücke
- Sich selbst

Zwei Wochen später kam Paul und zeigte mir das Ergebnis. Sein Sohn zeichnete sich selbst auf einer recht wackeligen Brücke, die über einen wilden Fluss führte, über ihm regnete es und sein Gesichtsausdruck war eher traurig. Am linken Bildende (das die Vergangenheit symbolisiert) schien die Sonne, frisches Gras und Blumen schmiegten sich an einen Baum und man hatte als Betrachter ein wohliges Gefühl. Am rechten Bildende zeichnete sein Sohn ebenfalls grünes Gras und eine große Eiche. Das Bild symbolisierte, wie sich Pauls Sohn fühlte. Er war mitten im Rubikon, das er als wackelig und unruhig wahrnahm (sonst hätte er sich entweder links oder rechts der Brücke gezeichnet). Schön zu sehen war, dass er sowohl seine Vergangenheit als auch seine Zukunft als erholsam, freudig und strahlend wahrnahm. Das deutete darauf hin, dass er sich in seiner Familie und im Leben bisher recht wohl und angekommen gefühlt hatte und auch davon ausging, dass es wieder so sein würde.

Nach der Bildanalyse war relativ klar, dass Paul und sein Sohn eine sehr gute Basis hatten, das gemeinsam zu überstehen. Dadurch, dass Paul jedoch keine Ahnung vom Rubikon und der Gefühlslage seines Sohnes hatte, ordnete er sein bisheriges Verhalten als »respektlos« und »frech« ein. Er konnte den Hilferuf im Verhalten seines Sohnes erst erkennen, als er begann, sich mit dem Rubikon und seinen Auswirkungen zu befassen.

Ich legte Paul deshalb ans Herz, in den Dialog, statt in die Maßregelung mit sich selbst und seinem Sohn zu gehen, falls er sich von ihm nicht ernst genommen oder respektlos behandelt fühlte. Außerdem riet ich ihm, seinem Sohn nachzugehen, wenn dieser sich wieder im Zimmer verschanzte und ihm ein Gespräch anzubieten, indem er ihn fragte: »*Ich sehe, du bist sehr aufgebracht und wütend, wenn du magst, kannst du mir erzählen, was dich so wütend macht.*«

Vier Wochen später traf ich Paul erneut in meiner Praxis. Er teilte mir freudestrahlend mit, dass sich die Situation zu Hause deutlich entspannt hatte, einzig und allein deshalb, weil er als Vater nicht mehr das Gefühl hatte, versagt zu haben. Er konnte sein Kind durch die Zeit begleiten, weil er wusste: »Da läuft nichts falsch. Es ist nur ein Entwicklungsschritt.« Das entlastete beide sehr. Nach drei weiteren Monaten brachte mir Paul erneut das »Brückenbild« mit in die Praxis, diesmal sah es jedoch völlig anders aus. Pauls Sohn zeichnete sich am rechten Bildrand, strahlend auf einer Picknickdecke liegend und die Sonne genießend.

Paul berichtete mir, dass er zahlreiche philosophische Gespräche mit ihm führte und sagte: »Ich bin erstaunt, welche Gedanken mein Sohn in sich trägt, er interessiert sich in unseren Gesprächen, wie ich den Tod, das Leben, Gott und mich als Persönlichkeit betrachte. Er spielt noch immer Lego und Fußball, aber ist auch irgendwie ein klein wenig

›erwachsen‹ geworden. Es ist schön, das zu beobachten. Ich merke, wie wichtig es war, nicht in Schuldgefühlen oder Vorwürfen zu versinken, sondern mir die Frage zu stellen: *Wie können wir einander wieder näherkommen?*«

» DIE ANTWORT IST OFT GANZ EINFACH: DURCH GEGENSEITIGES INTERESSE UND VERSTÄNDNIS UND DAS ZUR-SEITE-LEGEN DER SCHULDGEFÜHLE.

Manches Mal stellen wir aber gerade in dieser Phase fest, dass unser Kind ADS hat und das mit dem Bildmalen nicht ausreicht. ADS ist keine Krankheit, sondern einfach die Tatsache, dass das Gehirn dieser Kinder anders funktioniert als die bereits erwähnten Stiko-Gehirne. Wir Eltern sind an dieser Stelle gefordert, uns darauf einzulassen, um wieder Nähe herstellen zu können. Hier hilft dir als Elternteil, wenn du deinem Kind einen vorhersehbaren Rahmen gibst, alles Geplante ankündigst, konkrete Aufgaben gibst, Kritik nur im Hier und Jetzt übst, klare, kurze Absprachen hältst, ohne Metaphern und Sarkasmus, und Großes in Kleines zerlegst. Du findest am Ende zahlreiche Links zu Experten auf diesem Gebiet. Hier braucht es vor allem Wissen und liebevolle Begleitung.

Ich will auch mal Zeit für mich

Ich erinnere mich an Lou, die sagte:»Ich würde an Tagen, an denen ich erst um sechs Uhr abends zum Zähneputzen, duschen oder Essen komme, am liebsten mein Mama-Leben gegen das als Single eintauschen. Einfach mal wieder so lange schlafen, wie ich will, in Ruhe essen, Sex haben und TV schauen oder die Klinke in die Hand nehmen und so lange ausgehen, bis ich keine Lust mehr habe, ohne Organisation, permanentem Blick aufs Handy oder schlechtem Gewissen. Die Musik im Auto laut aufdrehen, mich betrinken oder spontan einen Trip nach Mailand buchen, das wärs! Gleichzeitig fühle ich mich schlecht, wenn ich so denke, weil ich mein Kind über alles liebe und keine Minute mehr missen möchte, aber ich brauche auch mal wieder Zeit für mich!«

Ganz ehrlich? Ich kenne diese Gedanken selbst nur zu gut. Ich war in meinem Leben noch nie so gestresst, wie während des letzten Jahres. Vier Homeschooling-Kids zu Hause, davon eines im Abiturfieber, das andere in der ersten Klasse, zwei Teenager und obendrauf noch ein entzückendes, aber ständig Mamis Aufmerksamkeit wollendes Kleinkind. Ein Jahr ohne Pause, externe Hilfe, Urlaub oder einer Samstags-Shoppingtour, um leere Reserven mit der Freude an einem hübschen Kleid auszugleichen. Keine Yogaretreats, kein Fitnesscenter, kein Kaffeepläuschchen und keine Besuche bei der Family in Österreich. Dafür weiß ich jetzt wieder, wann der Punische Krieg war, die chemische Herleitung von Hopfen, wie Photosynthese funktioniert und dass Ami und Mimi einen in den Schlaf verfolgen können. Ähnlich erging es, da bin ich mir sicher, dem Großteil aller Mit-Eltern auch. Eine Mama erzählte mir von den zahlreichen Minuten, in denen die Nerven blank lagen, gefolgt von hitzigen Diskussionen mit dem Teenager, warum Pyjama, im Bett liegen und Onlineunterricht doch nicht so gut miteinander harmonieren.

Ich erinnere mich noch an Tage, gefühlte Wochen, an denen ich noch nicht mal Zeit hatte, in Ruhe das stille Örtchen zu besuchen oder zu duschen.

Irgendwie kennen wir das ja auch alle aus der Anfangszeit mit einem Neugeborenen, nicht wahr? Wir dienen diesem kleinen Menschlein uneingeschränkt und rund um die

Uhr, die Zeit vergeht wie im Flug und manchmal geht es dabei sogar so weit, dass ich mich um vier Uhr nachmittags selbst daran erinnern musste, etwas zu essen, weil ich mich und meine Bedürfnisse einfach vergaß.

Das kommt vor im Alltag mit Kindern, davon kann sicherlich jeder Elternteil, der die Kinder 24/7 versorgt, ein Liedchen trällern. Es hat weder etwas mit mangelnder Selbstliebe noch schlechtem Zeitmanagement oder der Unfähigkeit, alles unter einen Hut zu bringen, zu tun. Solche Tage gibt es, und nicht selten! Warum? Weil es erstens durchaus sinnvoll und bindungsorientiert ist, die Bedürfnisse eines Säuglings an erste, und die eigenen hinten anzustellen und zweitens, weil selbst mit größeren Kindern nicht immer ein zweiter Erwachsener anwesend ist, an den wir Dinge delegieren könnten.

Wenn das »Zurückstecken« ab und an mal vorkommt, ist das natürlich kein Problem, sondern normal. Sobald es sich aber zu einem Dauerzustand entwickelt, unter dem wir leiden, kann es zu einem größeren Problem werden, als uns lieb ist.

Wir fühlen uns in Folge: irgendwie ausgenutzt, ausgelaugt, erschöpft, müde, überlastet, gestresst, gereizt, depressiv oder wütend. All diese Gefühle sind wichtige Hinweisgeber, denn sie machen uns darauf aufmerksam, dass wir wieder mehr Raum und Zeit für uns selbst benötigen, um uns aufzutanken.

Einfach deshalb, weil jeder Mensch auch Zeit für sich selbst braucht, um sich wieder zu regulieren, in seine Kraft zu kommen oder einfach mal abschalten möchte und nicht permanent die Verantwortung für das Leben eines anderen übernehmen kann. Wir lieben unsere Kinder nicht weniger, weil wir Zeit für uns herbeisehnen.

» JE MEHR WIR GEGEBEN HABEN, DESTO ERSCHÖPFTER FÜHLEN WIR UNS UND DESTO WICHTIGER IST EINE PAUSE.

Leichter gesagt als getan, ich weiß. Denn manchmal ist das einfach nicht möglich. Weil wir alleinerziehend sind, unser Partner auf Dienstreise ist, die Großeltern nicht in der Nähe leben oder eine Pandemie die Welt zum Stillstand brachte. Oder aber auch einfach deshalb, weil Zwergerl unbedingt und ununterbrochen an uns dranhängt und wir jetzt sicher sind, dass wir auf jeden Fall vom Affen abstammen müssen. *»Unglaublich, wie Babys und Kleinkinder sich festkrallen können, sobald man sie auch nur einmal kurz ablegen möchte.«*

Geht das eine Weile so, ist es notwendig, jede noch so kleine Lücke zu finden, um aus den wenigen Freizeitminuten des Tages so viel Kraft zu tanken, dass es für die nächste Runde reicht.

Ich bin jetzt seit 21 Jahren Mama von inzwischen fünf Kindern und ich muss ehrlicherweise gestehen, dass das nicht immer so einfach ist, man muss schon etwas in die Trickkiste greifen.

Ich habe zwei Kopfhörer in meinem Bett liegen und höre, sobald die Kinder schlafen, meine Meditationen. Als sie noch so klein waren, dass die ein oder andere Nacht zum Tag gemacht wurde, trug ich meine Babys auf und ab und hatte diese unfassbar genialen Dinger direkt am Ohr. Ich hörte alles, was man so hören muss, um nicht völlig erschöpft, ausgelaugt oder sauer am Stuhl einzuschlafen. Meditationen, Andrea Bocelli, Katie Melour und manchmal auch Metallica und alles, was die alte Playlist aus den 90ern so hergab.

Später entdeckte ich dann noch weitere Highlights:
Wenn wir beispielsweise spazieren gehen, bleibe ich kurz stehen, um an einer Rose zu riechen oder mein Gesicht etwas in
die Sonne zu halten, bevor eines der Kinder laut »Maaaaa-
maaaaa, schau mal« ruft.

Diese Mikro-Mini-Minuten des Tages sind oft die einzige Zeit um aufzutanken. Ich habe im Laufe der Zeit gelernt, aus ihnen meine Kraft zu schöpfen. Einfach deshalb,
weil das elterliche Leben ab und an nicht mehr an Freizeit
hergibt.

Sicherlich gab und gibt es auch Zeiten, in denen ich vor
mich hin murmle: »Meine Güte, das ist ja schlimmer als ein
Hochsicherheitsgefängnis! Kann man denn keine zwei Minuten still auf dem Klo verbringen, ohne dass es an der Tür
klopft oder jemand etwas braucht?« Es gibt einfach Zeiten,
wo es ein kräftiges Ja braucht, um diese annehmen zu können.

>> *EIN INNERES JA BRAUCHT ZEIT, GEDULD
UND JEDE MENGE HUMOR.*

Wie gern würde ich jetzt schreiben, dass ich schon so ver-
leuchtet – ähm – erleuchtet bin, dass ich mich innerhalb weniger Minuten wieder in einen richtig guten emotionalen Zustand bringen kann, aber nichts reibt meine Nerven so sehr
auf wie eine Zweijährige mit Wutanfall, Mama mit nur drei
Stunden Schlaf, ein Sechsjähriger, dem ich Lesen beibringen
muss und drei Teenager, die entweder den BH suchen, endlich einen TikTok-Account wollen (den sie, selbst wenn sie
mich weitere drei Jahre anflehen, nicht bekommen werden)
oder zum zweiten Mal den Onlineunterricht verpennt haben.
Es sei mir nachgesehen, dass ich an diesen Tagen deutlich tiefere Atemzüge, längere Meditationen und ein Bad, das mindestens meine Finger schrumpelig macht, brauche.

Eine Mama vertraute mir einmal unter Tränen und Schuldgefühlen an, dass sie sich Todesanzeigen von Kindern durchliest, wenn sie dabei ist, im Alltag völlig durchs Verzweiflungsloch zu fallen, nur um sich und ihrem inneren Bodyguard wieder bewusst zu machen, wie unendlich beschenkt sie ist, dass es ihren Kindern gut geht und sie am Leben sind. Sie fühlte sich deshalb so schuldig, gleichzeitig brachte sie dieser letzte Rettungsanker wieder in die Wertschätzung und Dankbarkeit ihren Kindern gegenüber.

Es gibt Tage, an denen kann uns kaum eine kindliche Aktion in emotionale Tiefen bringen, und es gibt Tage, an denen reicht schon ein drittes *»Warum?«* aus dem kindlichen Mund und wir fühlen uns bedrängt oder gestresst.

Sobald wir bemerken, wegen jeder Kleinigkeit »hochzugehen«, mürrisch oder gestresst zu reagieren, ist das ein Alarmzeichen dafür, dass unser inneres System am Kollabieren ist. Wir wissen natürlich, dass das nichts mit dem kindlichen Verhalten zu tun hat. Das Kind hat selbstverständlich ein Recht auf unsere Aufmerksamkeit und Liebe. Gerade deshalb hadern wir aber auch mit Gefühlen der Überlastung und Erschöpfung. Wenn Mamas/Eltern, die ansonsten enorm liebevoll sind, lauter oder ungeduldiger werden oder sogar schreien, dann nicht etwa deshalb, weil ihnen das Spaß macht, und auch selten, weil es zu ihrem Erziehungsstil gehört, sondern weil sie massiv überlastet sind.

Anstatt diese eh schon von schlechtem Gewissen geplagten Eltern mit der Verurteilungskeule oder besonders klugen Sprüchen in die Knie zu zwingen, sollten wir unsere Hilfe anbieten und einfach sagen: *»Komm, ich pass auf dein Kind auf, setz dich auf die Parkbank und genieß etwas die Sonne.«* Genauso sollten wir auch mit uns selbst in diesen Situationen umgehen. Ab einem gewissen Alter versteht unser Kind ein: *»Schatz, Mama/Papa ist heute ziemlich erschöpft und müde, es tut mir leid, dass ich heute nicht so auf dich* *eingehen kann, wie ich es mir wünsche. Bist du so lieb und spielst etwas allein?«*

Da dieses Buch an Eltern adressiert sind, die sich wirklich viel Mühe geben, alles richtig zu machen, möchte ich nochmal explizit erwähnen:

》   *DU RICHTEST BEI DEINEM KIND KEINEN SCHADEN FÜRS LEBEN AN, WENN DU AB UND AN MAL MÜRRISCHER ODER ERZIEHERISCH NICHT UNBEDINGT PERFEKT REAGIERST.*

Wenn du zeigst, dass auch du deine Grenzen hast und Mensch bist, mit allem was dazugehört, machst du dich nahbar für dein Kind und das ist Gold wert, vor allem dann, wenn dein Kind dich ansonsten als feinfühligen Elternteil erlebt.

Gleichzeitig ist es wichtig, dass du in genau solchen Augenblicken aufrichtig »Tut mir leid, das hat nichts mit dir zu tun« sagen kannst. Wenn du deinem Kind reflektiert begegnest und mitteilst: »*Schatz, es tut mir leid, ich habe völlig überreagiert, das hatte nichts mit dir zu tun, ich liebe dich, ich brauche nur etwas mehr Zeit für mich*« und dir danach auch wirklich Unterstützung holst, dann lernt dein Kind: »*Aha, Mama oder Papi geht es manchmal wie mir und jedem anderen auch, das ist ok.*«

Tragisch wird es, wenn du dich permanent übergehst und Schreien, Schimpfen und Wutanfälle zur Tagesordnung gehören. An diesem Punkt verlassen Eltern ihre Elternschaft und werden selbst zum Kind. Dies hat zur Folge, dass der Erwachsene im Haus fehlt, der Halt, Sicherheit und Orientierung gibt. Nicht selten übernehmen in Folge die Nachkömmlinge die Elternrolle oder es finden bitterliche Machtkämpfe zwischen den »Kindern« statt, sprich, den Eltern und den Kindern.

So weit sollte es natürlich und bestenfalls gar nicht erst kommen. Denn als Eltern, und das unterscheidet uns zu unseren Kindern, tragen wir die Verantwortung zu realisieren, wann uns die täglichen Aufgaben über den Kopf wachsen und wir uns Hilfe und Unterstützung holen müssen. An genau dieser Stelle sind Babysitter, Großeltern oder auch eine Tagesbetreuung Gold wert.

Manchen Kindern, Babys und ihren Eltern geht es mit der Entscheidung, das Kind tagsüber in einer externen Einrichtung betreuen zu lassen, deshalb auch deutlich besser. Man kann nicht pauschal sagen: *»Jedes Kind sollte den Zeitraum XY zu Hause mit den Eltern oder innerhalb der Familie verbringen.«*

Für manche Familiensysteme ist es tatsächlich das Beste und auch Gesündeste, wenn andere Menschen die Betreuung übernehmen und Mama und Papa ausreichend Entlastung bekommen, um Quality Time mit dem Kind zu verbringen, anstatt sich 24/7 durch die Tage zu quälen. Zur Elternschaft gehört auch dazu, Verantwortung für das eigene Nervenkostüm zu übernehmen und sich selbst, aber vor allem das Kind vor Überlastung zu schützen, die keinem guttut.

KLEINE HEULBOJEN UND TÄGLICHE WUTANFÄLLE

Als Kleinkindalter bezeichnen wir die Lebensphase zwischen dem zweiten und dritten Lebensjahr. Im rechtlichen Sinne geht sie seltener auch bis zum sechsten oder siebten Lebensjahr. Kleinkinder können in der Regel laufen, sich aber noch nicht selbst zur Gänze anziehen, die meisten Kleinkinder brauchen beispielsweise noch Windeln. Kinder im ersten Lebensjahr werden als »Säugling« bezeichnet, Kinder im fünften und sechsten als »Vorschulkind«. Das vierte Lebensjahr wird von einigen Kollegen noch dem Kleinkindalter zugeschrieben, von den meisten aber bereits dem Vorschul- oder dem Kindergartenalter. Auf alle Fälle fordert uns diese Zeit deshalb so heraus, weil die Kinder in diesem Alter meist weder ihre Gefühle kontrollieren können noch sprechen oder sich adäquat benehmen. Sie schlafen vielfach noch schlecht, krabbeln nachts in unser Bett und haben jede Menge Dinge im Kopf, die wir für keine gute Idee halten. Natürlich sind sie zuckersüß und es macht unfassbar viel Spaß, sie darin zu begleiten, groß zu werden. Dennoch ist diese Zeit für viele Eltern, die sich nach der Babyzeit ausgebrannt und leer fühlen, eine Herausforderung. Vor allem die altbekannte Trotzphase, die wir heutzutage als Autonomiephase bezeichnen, hat es in sich. Im Grunde haben die Kids vier Fragen an uns, während sie sich in dieser Phase ihres Lebens befinden:

- Darf ich die Welt entdecken, oder muss ich vor ihr Angst haben?
- Bekomme ich deine Aufmerksamkeit, oder hast du etwas Besseres zu tun?
- Darf ich so sein, wie ich bin, oder muss ich sein, wie du mich haben willst?
- Darf ich noch ganz viel bei und mit dir sein, oder muss ich allein zurechtkommen?

Haben wir Eltern diese »Kleinkindregel« verstanden, ist es relativ entspannt. Denken wir aber folgende vier Antworten, wird's eher ein Kampf, diese Zeit zu durchstehen. Vor allem dann, wenn wir gestresst, müde oder ausgebrannt sind.

- Bleib schön bei mir, die Welt da draußen ist noch zu gefährlich für dich!
- Du strengst mich zu sehr an!
- Benimm dich doch endlich mal, das kann doch nicht so schwer sein!
- Du bist doch schon so groß, jetzt mach mal allein und lass mich in Ruhe!

Schreibaby: Alle kuscheln, nur meines schreit und ich am liebsten zurück!

Lara ruft aus dem Schlafzimmer: »*Ich halt es nicht mehr aus! Ich werde noch völlig verrückt, Timo, nimm du das Kind, sonst schmeiß ich es noch aus Versehen runter!*« Lara drückt ihrem Mann zitternd ein schreiendes Bündel Mensch in die Hand und stürmt ins Badezimmer. Sie schmeißt die Tür hinter sich zu und sinkt am Boden zusammen. Sie fühlt sich leer, ausgelaugt und völlig am Ende. Aber vor allem schuldig. Lara denkt, sie wäre schuld daran, dass ihr Kind so viel weint. Sie empfindet Hilflosigkeit, Ohnmacht und neben den Gefühlen des Versagens eine große Wut. Lara ist eine gesunde junge Frau, die normalerweise zum Yoga geht und seit Jahren morgens den Sonnengruß macht. Aber sie ist, seit das Kind auf der Welt ist, nicht mehr die Lara, die alle, sie selbst eingeschlossen, kennen. Sie ist launisch, notorisch schlecht drauf, unfassbar gereizt und nur am Schimpfen mit sich selbst. Sie ist emotional abgestumpft und lässt sich für kaum etwas begeistern. Sie wird, sobald es Nachmittag wird, nervös, weil sie die Uhr danach stellen kann, wann ihr Sohn mit dem Brüllen beginnt. Timo kann sagen und machen, was er will, es hilft nichts, Laras Laune ist im Keller.

Wenn Babys oder Kleinkinder viel schreien, hat das vielfältige Ursachen. Meistens denken Eltern: *»Ich bin schuld«* oder *»Ich mach alles falsch«*. Das zehrt ungemein am Selbstwert der Eltern und sorgt nicht selten dafür, dass eine depressive Stimmung aufkommt. Einerseits deshalb, weil unser Nervensystem permanent in Alarmposition ist, was sich nachweislich negativ auf unsere Gesundheit auswirken kann, andererseits weil wir meist wenig Schlaf abbekommen und wenig Regenerationsphasen haben. Diese Kombi kann dazu führen, dass Eltern von Kindern, die sehr viel weinen, zu Nervenbündeln werden. Genau an dieser Stelle entsteht ein Teufelskreis. Nachdem Babys und Kleinkinder sich über unser Nervensystem mitregulieren, das bedeutet beruhigen, drehen sie ebenfalls hoch, wenn wir überreizt sind. An dieser Stelle braucht es jemanden, der noch entspannt und ausgeglichen ist, um das Kind zu beruhigen.

Wir brauchen ab und an schon Nerven aus Stahl, um das bitterliche Weinen eines geliebten Menschen aushalten zu können und gleichzeitig für ihn da sein zu können, ohne selbst daran zu zerbrechen. Logisch, dass Eltern daran verzweifeln.

Ich kläre Eltern meist zuerst auf, dass hinter dem unerbittlichen Schreien einige Ursachen liegen können, die selten etwas mit ihrer elterlichen Qualität zu tun haben, was sich meist sehr entlastend auf sie auswirkt. Durch diese Entlastung können sie offen für neue Lösungen und Ansätze werden. Es ist wichtig, sich bewusst zu sein:»Mein Kind weint, aus vielerlei Gründen. Sicherlich nicht deshalb, weil es mir damit mein Versagen aufzeigen möchte oder mich ärgern will. Damit ich wieder zu Kräften kommen kann, ist es wichtig und richtig, mein Kind zur Beruhigung in die Arme eines mir vertrauten Menschen zu geben.«

Dadurch entkoppelst du sein Weinen mit deiner elterlichen Leistung, was dafür sorgt, dass du auf einer ganz anderen Ebene für euch beide sorgen kannst.

Dein Kind weint vermutlich so bitterlich, weil Folgendes dahintersteckt:

- Ein Geburtstrauma (der Eintritt in diese Welt ging zu schnell, zu langsam, zu schockierend oder es hat Fruchtwasser verschluckt und den Schreck nicht verdaut – daran sind die Eltern nicht schuld)
- Die Anpassung fällt zu schwer
- Das Kind bekommt zu viele Reize, die es nicht verdauen kann. Besonders das Gehirn von Jungs kann diese deutlich schwerer verarbeiten als das der neugeborenen Mädchen
- Die Körperspannung des Kindes ist erhöht, eine Entspannung ist ihm nicht möglich
- Das Kind möchte abgehalten werden und nicht in die Windel pieseln
- Das Kind hat womöglich Schmerzen, die du ärztlich abklären solltest
- Das Kind, ist es zwischen zwei und drei Jahre, kommt mit der Autonomiephase (hieß früher Trotzphase) nicht zurecht und kann sich selbst nur mit deiner Hilfe beruhi-

gen – es braucht dadurch enorm viel Liebe, Geborgenheit, Aufmerksamkeit, Rituale und deine Klarheit
- Das Kind ist überfordert mit seinen Gefühlen oder dem Erlebten, es ist gestresst und braucht Co-Regulierung – das bedeutet: jemanden, der es tröstet und ihm die nötige Sicherheit und Orientierung gibt

Es gibt tausend Gründe, warum Babys und Kleinkinder weinen, unsere Aufgabe als Eltern ist es, sie darin zu begleiten und achtsam und mit Bedacht einen Weg zu finden, den Schmerz, der meist unsichtbar ist, zu stillen. Entweder indem wir einen Weg finden, trotz Geschrei gelassen zu bleiben und als sicherer Haltgeber anwesend zu sein, oder indem wir jemanden finden, der es statt uns kann oder uns beibringt, es zu tun. Aber gerade das ist recht herausfordernd, immerhin möchten wir Eltern doch die Seelentröster und Quelle des Glücks unserer Kinder sein. Doch genau in dieser Erwartungshaltung liegt oftmals die Quelle der Verunsicherung und Schuldgefühle. Der erste empfehlenswerte Schritt ist deshalb, das eigene Denken zu verändern. Das klingt wie eine Floskel, deshalb möchte ich dir genauer erklären, was ich damit meine: Versuche, dir bewusst zu machen, dass deine elterlichen Erwartungen an dich selbst deinen Gedanken entspringen. Denken ist nichts anderes, als sich selbst eine Frage zu stellen und danach eine Antwort in uns zu finden.

Wenn du dich besser fühlen möchtest, musst du dein Denken verändern, also im ersten Schritt die Fragen, die du dir stellst, abändern.

» STATT: »WAS HABE ICH JETZT SCHON WIEDER FALSCH GEMACHT?« DENKE: »WAS GENAU MUSS ICH TUN, DAMIT ICH TROTZ GESCHREI GELASSEN BLEIBEN KANN?« ODER: »WAS BRAUCHT MEIN KIND AN DIESER STELLE, UND WER KÖNNTE SEIN BEDÜRFNIS AM BESTEN BEFRIEDIGEN?«

Dein Gehirn wird dir auf diese Fragen eine völlig andere Antwort (Lösung) anbieten als die Schuldfrage, etwa:

- Mach das Licht etwas dunkler, zünde eine Kerze an
- Geh raus in die Sonne, ein wenig spazieren, das hilft euch beiden
- Mach sanfte Musik oder weißes Rauschen oder Alpha-Musik an, das beruhigt euch beide
- Verwende beruhigende ätherische Öle
- Ruf Hilfe und versuch, dich etwas auszuruhen
- Pack dir Kopfhörer in die Ohren und höre parallel eine Meditation (aber bitte nur, wenn du dazu tendierst, unter Stress »hochzudrehen«, nervös und unruhig zu werden)
- Geh spazieren, mach Sport oder tanze ein Runde (vor allem, wenn du dazu tendierst, unter Stress erschöpft, depressiv oder energielos zu werden – das hat etwas mit deinem »WOT«, Windows of Tolerance, zu tun. In meinem kostenlosen Onlinekurs, den Link findest du am Ende des Buches, erkläre ich dir genau, was es damit auf sich hat)
- Du bist überreizt, weil du ein Traumata erlebt hast, dich schlecht ernährst, zu viel Zucker isst, Omega 3 oder Vitamin-D-Mangel hast, deine Schilddrüse Probleme macht, zu wenig Schlaf bekommst – deshalb lass deine Gesundheit checken

Wenn wir verstehen, dass die Fragen, die wir uns als Eltern stellen, einen enormen Einfluss auf unsere Emotionen haben und dadurch natürlich unsere Handlungen und Entscheidungen beeinflussen, werden wir alles daransetzen, genau zu beobachten, welche Art Fragen wir uns täglich stellen. Täglich führen wir Hunderte, wenn nicht Tausende interne Dialoge mit uns selbst. Die meisten davon sind kontraproduktiv, gerade dann, wenn wir das Gefühl haben, als Eltern zu versagen. Du wirst merken, dass dir die: »*Was-mach-ich-jetzt-schon-wieder-falsch*«-Frage wie ein treuer Wegbegleiter durch den Alltag erscheinen wird. Wichtig ist die Erkenntnis, dass du es bist, der die Fragen stellt und für dich »denkt« und niemand sonst. Und genau deshalb hast du auch in der Hand, wie du zukünftig an die Sache herangehen willst. Babys und Kleinkinder brauchen jemanden, der es »coreguliert«. Das bedeutet, dass wir als Eltern für unser Kind der Anker und Haltgeber in Notsituationen sind. Kein Kind dieser Welt sagt mit seinem Schmerz oder Weinen: *»Du machst etwas falsch.«* Diesen Gedanken erzeugen nur wir selbst. Das sind im Grunde auch schon die guten Nachrichten. Denn alles, was wir selbst erzeugen, können wir auch selbst wieder ändern und sind unabhängig von Dritten. Wir sind also im Grunde frei darin zu wählen, wie wir auf das Gebrüll reagieren. Das setzt aber voraus, dass wir gelernt haben, für uns selbst ein Anker in der Not sein zu können. Genau dazu fordern uns unsere Kinder auf.

Wenn Babys schreien, sind unsere inneren Alarmanlagen so angespannt, dass unser ganzes System einem Feuerwehreinsatz gleicht. Logisch, dass wir nach einer gewissen Zeit total müde sind oder nicht mehr »ausrücken« wollen, weil permanent Notrufe eingehen.

Würde die Feuerwehr zu einem Notruf sagen: *»Ne sorry, wir waren heute schon zweimal im Einsatz, ein drittes Mal schaffen wir nicht«* und auflegen? Nein! Die Feuerwehr wechselt die Mannschaft, wenn diese zu viele Einsätze hatte, und genau das müssen wir auch tun, wenn uns das Kind permanent braucht. Wir können nicht einfach sagen: *»Ich lass dich liegen, du schreist mir zu viel.«* Aber wir können lernen zu sagen: *»Ich hole Hilfe, ich bin zu erschöpft, aber ich sorge dafür, dass jemand statt mir da ist.«* Ein weinendes Kind können wir nicht umtauschen, genauso wenig unsere Nerven. Hilfe holen ist genau deshalb ein Zeichen von Stärke und Verantwortungsgefühl für dich und dein Kind.

Natürlich wissen Eltern: Wenn wir entspannt sind, gelingt es uns leichter, das Kind zu beruhigen oder mit ihm durch den Schmerz gehen zu können.

>> *ANSPANNUNG ENTSTEHT MEIST AUFGRUND UNSERER GEDANKEN UND ENTSPRECHEND AUSGELÖSTEN GEFÜHLEN UND SELTEN AUFGRUND DESSEN, WAS GERADE PASSIERT.*

Du erinnerst dich sicher an einen Tag, an dem du besonders entspannt und glücklich warst, weil etwas in deinem Leben toll lief. An solchen Tagen ist es einfach egal, wie doof einem andere kommen, oder wie anstrengend unser Kind gerade ist, wir sind gut drauf und nichts kann uns aus der Ruhe bringen. Nun könnten wir sagen: »*Glückliche Eltern reagieren deutlich gelassener und entspannter*« und könnten damit sogar recht haben. Doch was bringt uns das Ganze im Alltag? Meist entsteht ein innerer Druck, weil wir annehmen, wir müssten immer glücklich sein, besser wäre jedoch: authentisch.

Die alles entscheidende Frage ist, wie schaffe ich mir Freiräume für diese Entspannung? Gerade Alleinerziehende brauchen dringend deutlich mehr Unterstützung, sowie Elternteile, die acht bis zehn Stunden am Stück auf ein Baby oder Kleinkind allein achten, weil der Partner im Büro oder hinter verschlossenen Türen im Homeoffice ist. Ich träume ja von mobilen Erzieherinnen, die ähnlich wie Pflegekräfte eingesetzt werden, um mindestens einmal am Tag kurz vorbeizuschauen und zu fragen: »Magst du kurz unter die Dusche springen, während ich mit deinem Kind bastle oder es füttere?« Denn nicht alle Eltern wollen oder können ihre Kinder in externe Betreuungseinrichtungen geben, so wie nicht alle ihre pflegebedürftigen Eltern in eine externe Einrichtung geben wollen oder können, sondern zu Hause betreuen. Nichtsdestotrotz bedeutet diese Entscheidung für sie nicht: »*Jetzt bist du 24/7 auf dich allein gestellt.*« Der Staat hat begriffen, dass auch hier Unterstützung benötigt wird. Viele überforderte Eltern denken, sobald sie überlastet sind:

- »Das geht sicher nur mir so.«
- »Meine Bedürfnisse und Emotionen muss ich zurückstecken, immerhin geht mein Kind jetzt vor.«
- »Ich werde von meiner Familie vielleicht nur dann ernst genommen, wenn wirklich der Hut brennt – dass es mit Kleinkind anstrengend ist, ist doch normal?«

Übrigens fühlen sich viele Eltern deshalb so, weil sie sich als Kind durch die alten Erziehungsvorstellungen ähnlich fühlten. Elternsein ist oft wie ein Katapult in die Vergangenheit, da kommen Gefühle in uns hoch, die wir in die hinterste Schublade verdrängt haben. An diesem Punkt macht es nur noch wütend zu hören: »*Jetzt sei halt gelassen.*« Diese Fähigkeit haben wir nur, wenn wir uns auch entspannen können oder zumindest die Aussicht darauf haben. Dir geht es bestimmt deutlich besser, wenn du weißt, dass in einer Stunde dein Mann von der Arbeit heimkommt und dir helfen kann, als wenn du weißt, dass du für die nächsten sechs Stunden noch allein für euer Kind verantwortlich bist. Jeder Mensch braucht Entlastung und Eltern umso mehr.

Deshalb macht es ja gerade den modernen Eltern, die sich wirklich viel Mühe geben und jede Menge Ratgeber und Artikel zum Thema Entwicklung und Erziehung gelesen haben, so viel Druck, wenn sie mal nicht so pädagogisch oder bedürfnisorientiert reagieren. Sie fühlen sich schuldig, wenn sie einem Baby, das ständig nach der Brille greift, statt: »*Ja Schatz, ich verstehe, dass du die Brille haben möchtest, aber das ist Mamas Brille*« (zuerst verstehen – dann Grenzen setzen) forsch sagen: »*Jetzt hör doch endlich mal auf und lass meine Brille in Ruhe!*«

Ist dieser völlig menschliche Satz mal ausgesprochen, haben sie das Gefühl, etwas falsch gemacht zu haben, womöglich sogar, dass etwas am Kind »kaputt«-ging. In Folge passiert es nicht selten, dass sie in eine Art inneres Verzweiflungsloch kippen, sich am Kind trösten, ihm die Brille geben und ihre eigenen Bedürfnisse nicht mehr sinnvoll in Balance mit jenen des Kindes bringen (Stichwort: Grenzen setzen).

» *DIE KUNST IM LEBEN UND IN BEZIEHUNGEN IST, EINEN GESUNDEN AUSGLEICH ZWISCHEN NÄHE UND DISTANZ, AUTONOMIE UND BINDUNG, GRENZEN UND FREIHEIT ZU FINDEN.*

In der einen Familie können diese völlig anders aussehen als in der anderen, und trotzdem entwickeln sich die Kinder der jeweiligen Familien gesund und stabil.

Ich bemerke gerade bei Kindern von sehr behutsamen und bedürfnisorientierten Eltern, dass diese mit gesunden Grenzen und natürlichen Regeln große Schwierigkeiten haben und sich häufig in sozialen Gruppengefügen sehr schwer damit tun sich einzuordnen. Irgendwann fällt es den Eltern dann selbst auf den Kopf und sie berichten mir Folgendes: »*Ich habe das Gefühl, ein kleiner Tyrann lebt bei mir zu Hause. Egal was ich ihm sage, er macht sowieso, was er will. Ich kann das kaum noch ertragen.*« Beim genaueren Reflektieren der einzelnen Situationen stellen wir dann oft gemeinsam fest, dass »Grenzensetzen« für die Eltern mit Schmerz behaftet ist. Nicht selten deshalb, weil sie selbst als Kind sehr unangenehme Erfahrungen mit den Grenzen ihrer Eltern machten, sich als Menschlein abgelehnt fühlten und sich in ihrer Entwicklung und Individualität eingeschränkt fühlten. Diesen Schmerz wollen die Eltern den eigenen Kindern ersparen und verzichten deshalb auf Regeln, die ihnen wichtig sind, in der Hoffnung, das Kind würde mit dem Gefühl der bedingungslosen Liebe aufwachsen können. Jedoch in Wahrheit mit dem Resultat, dass das Kind dadurch immer mehr die Verantwortung bekommt, eigenständig Halt und Orientierung zu finden. Das darunterliegende Problem ist nicht selten, dass gerade diese Eltern davor zurückscheuen, aus Angst vor Ablehnung, Verantwortung zu übernehmen und das mit dem Schmerz ihrer Kindheit verwechseln. Dann ist es einfacher, die »Schuld« beim anderen zu suchen. Entweder bei den eigenen Eltern oder aber beim Kind, dem Schulsystem oder der Gesellschaftsstruktur. Das ist menschlich, aber deshalb nicht gerade sinnvoll. Denn mit der Abgabe von Verantwortung geben wir auch Macht ab.

Machtkämpfe zwischen Eltern und Kindern haben ihre Ursache oft in einer Verschiebung von Verantwortung.

So lange, bis das Kind regelrecht danach schreit, diese wieder zurück in die Hand der Eltern legen zu können und sich so lange »danebenbenimmt«, bis die ursprüngliche Ordnung wieder hergestellt ist. »Mama/Papa ich bin nur die/der Kleine, ihr seid die Großen!«

Gut kommunizierte Grenzen und Verantwortlichkeiten geben auch Halt und Orientierung – etwas, das unsere Kinder genauso brauchen wie die Erfahrung von Selbstwirksamkeit. Wenn du als Elternteil Schwierigkeiten damit hast, die Reaktion auf deine Verantwortung oder Grenzen in Form von Weinen und ordentlich Gegenwind deines Kindes auszuhalten, dann kann das ein Zeichen dafür sein, dass in dir ein Teil lebt, der sich durch Grenzen und Verantwortung eingeengt oder abgelehnt fühlt und diesen Schmerz sich selbst und dem eigenen Kind ersparen möchte. In diesem Fall würde ich dir empfehlen, langsam und behutsam zu lernen, gewisse Stopp-Zeichen in deinem Leben einzubauen und nachzuschauen, welche dir davon guttun, weil sie auch dir Halt und Orientierung geben und deine Beziehung zum Thema Grenzen neu gestalten werden. Folgender Satz kann dir dabei helfen: »Ich werde geliebt, auch innerhalb von Regeln.«

Wenn dein Kleinkind beispielsweise nie vor 23:00 Uhr ins Bett geht und deshalb extrem schlechte Laune hat und tagsüber viel weint und nörgelt, kann es ein Segen sein, nach und nach immer früher zu Bett zu gehen, ein Ritual einzuführen, in Form von Gutenachtgeschichten, einem Bad oder gemeinsamen Spielen. Denn du wirst merken, dass dein Kind ausgeglichener ist und du durch diese gesunde Grenze Freizeit für dich bekommst, die dir guttut und dich auch neue Kraft tanken lässt. Manchmal sind wir Eltern aber schon so erschöpft, dass wir zu allen kindlichen Wünschen Ja und Amen sagen, einfach deshalb, weil Grenzen zu setzen auch anstrengend ist. Such dir in diesem Fall drei Rituale aus, die dir besonders wichtig sind. Beispielsweise das gemeinsame Essen, das Singen vor dem Zubettgehen oder der Spaziergang am Morgen. Gib deinem Neandertalergehirn die Chance zu begreifen, dass sich der Einsatz der Rituale und Grenzen auf angenehme Weise lohnt. Es wird lernen, dass es sich entspannen kann und nach mehr verlangen.

Ich persönlich würde mir generell wieder mehr Natürlichkeit, Vertrauen in die intuitive Kompetenz jedes Elternteils und weniger Druck und Perfektion wünschen. Ich glaube, das würde uns selbst und unseren Kindern sehr guttun.

Bei Schreiattacken kann grundsätzlich Folgendes helfen: Weißes Rauschen, ätherische Öle, dunkleres Zimmer, das Reduzieren der Reize, Musik, die auf den Alphabereich des Gehirns einwirkt, Neugeborene-Pucken, ein Rebonding-Bad, die Rotationstherapie, die von Doris Bartel gegründet wurde, Osteopathie, Verständnis, Mitgefühl, Achtsamkeit und Hilfe holen.

Du siehst, das Weinen unserer Kinder kann auch eine Einladung und ein Türöffner sein, unsere eigenen und innersten Schmerzen besser kennenzulernen und daran zu arbeiten. Dadurch können wir sie entspannter unterstützen und verlieren das Gefühl des Versagens nach und nach. Leicht ist das allerdings nicht, aber notwendig und heilsam. Meine Erfahrung ist, dass es jede Menge Mut erfordert, sich die eigenen Gefühle einzugestehen, die so ein kleines Bündel Liebe in uns auslösen kann – und zwar in alle Richtungen. Manches Mal entdecken wir dabei unser eigenes inneres Kind, das hilflos und weinend in einer vergangenen Geschichte feststeckt und sich nur eines sehnlichst wünscht: von uns in den Arm genommen zu werden. Das ist die erstaunliche Parallele, die uns unsere Kinder meist auf so eindrucksvolle Weise spiegeln. Rückblickend stillt sich jede Träne durch die drei Zutaten, nach denen wir uns alle ein Leben lang sehnen: Liebe, Halt und Aufmerksamkeit.

Windelalarm – Alle anderen gehen auch brav aufs Töpfchen

Neulich war ich auf dem Spielplatz. Im Sandkasten, halb aufgerichtet, sitzt ein Kind und schaut so komisch. »Sag mal, drückst du?«, fragt der Papa, bereit für den Sprint in den Wald. »Nein«, behauptet das Kind und schüttelt den Kopf, während sein Gesicht immer röter wird. »Na klar, du drückst doch«, ruft der Vater, reißt es aus dem Sandkasten, rennt in den angrenzenden Wald, aber wie es scheint, ist es bereits zu spät und es ging in die Hose. Frustriert zieht Papa die volle Hose aus und spült den Popo des zweijährigen Jungen, der mittlerweile am Brüllen ist, im See. Nach der Odyssee wird Papa von anderen Müttern »getröstet«: »Meiner sagt auch ständig zu spät Bescheid, echt nervig.« Eine andere Mutter klinkt sich mit ein und sagt: »Neulich hat unsere

Tochter sogar auf das Sofa gepinkelt, dabei hatten wir es erst vor kurzem gekauft, keine Ahnung was das soll!« Alltagserlebnisse, die die meisten Eltern kennen und durchleben.

Der Prozess des Trockenwerdens ist anstrengend und herausfordernd zugleich, besonders dann, wenn wir entweder auf den Kindergartenplatz angewiesen sind oder uns das nötige Hintergrundwissen fehlt und deshalb Druck entsteht. Denn dann tendieren wir dazu, das Verhalten unseres Kindes falsch zu interpretieren. Wir denken, unser Kind würde absichtlich reinpinkeln oder uns aus Böswilligkeit nicht Bescheid geben.

Achtung Trigger: Ich arbeite mit einigen Klienten noch als Erwachsene daran, ihre traumatischen Erlebnisse zu verarbeiten, mit denen sie früher oftmals deutlich zu früh dazu regelrecht gezwungen wurden, endlich nicht mehr einzulösen. Das Tragischste, das mir ein Patient je berichtet hatte, war, dass er von seiner Großmutter als 18 Monate altes Kleinkind nachts in den Flur auf Zeitungspapier gelegt wurde, weil er ins Bett gepinkelt hatte. Bedauerlicherweise wussten viele Erwachsene früher nicht darüber Bescheid, dass es viel mit der Gehirnentwicklung eines Kindes zu tun hat, wann es lernt, auf die Toilette zu gehen und wann es dringend noch Windeln braucht. Zum Glück gibt es inzwischen viele aufgeklärte Eltern, die ihren Kindern die Zeit geben, die sie benötigen, um sauber zu werden und wissen, dass es sich dabei um einen Entwicklungsschritt handelt, der im Gehirn vollzogen wird. Dennoch ist es oft ein Tabuthema, das Eltern Druck macht.

Karl und Anne sitzen etwas verlegen bei mir in der Praxis, als ihr Zweieinhalbjähriger in die Hose macht. Es scheint, als wäre ihnen das Verhalten ihres Kleinkindes peinlich, denn sie entschuldigen sich mehrfach. Nachdem ich ihnen versichere, dass das völlig in Ordnung ist und überhaupt kein Problem, können sie sich etwas entspannen. Als ich sie nach ihrem Anliegen frage, antworten sie: »*Er soll*

nächste Woche in den Kindergarten gehen und muss dafür
trocken sein, aber irgendwie schafft er es nicht, wie man
gerade gesehen hat.« Anne hat den ersten Kindergartentag
rot im Kalender eingetragen und zeigt ihn mir mit nervösem
Blick. Sie sagt:»Ich habe Angst, dass er deshalb nicht in den
Kindergarten gehen kann und echte Schwierigkeiten haben
wird. Ich habe sogar davon geträumt, dass er als Erwachsener, mit breitbeinigem Gang in einen Gruppenraum unserer
Kirche geht, um bei den anonymen Windelträgern zu gestehen: ›Mein Name ist Lars und ich bin noch nicht trocken‹.«
Karl kichert und schüttelt den Kopf, aber Anne beginnt zu
weinen, das Thema scheint sie sehr zu bedrücken.

Die Windelfrage ist für viele Eltern nicht nur aus finanziellen Gesichtspunkten spannend. Denn vor dem Start in
den Kindergarten drängt die Frage, wie wir unser Kind trocken bekommen. Spätestens mit zweieinhalb Jahren steigt
der Druck auf die Eltern, von außen und von innen. Hier
hilft nur eines: Wissen, Wissen, Wissen. Wie generell in der
Erziehung.

>> *JE MEHR WIR WISSEN, DESTO WENIGER MÜSSEN*
WIR UNS DIE SCHULDFRAGE STELLEN.

Die meisten Kinder fangen in dem Alter erst an, sich überhaupt für ihren Körper zu interessieren und die wenigsten
sind zu diesem Zeitpunkt überhaupt schon Tag und Nacht
trocken. Auch wenn viele Eltern dazu tendieren, anderen
stolz zu berichten:»*Mein Kind ist schon seit Wochen tro-*
cken!« Solche Sätze stressen Eltern natürlich, aber viel größer ist der Druck wegen der Kinderbetreuung. Jahrzehnte-
lang wiesen Kindergärten Dreijährige ab, die noch nicht trocken waren, und manche fordern das heute noch ein. Einerseits logisch, immerhin lässt der Betreuungsschlüssel ab

einem bestimmten Alter einfach nicht mehr zu, dass Erzieherinnen zusätzlich zu ihrer Arbeit auch noch wickeln, andererseits entsteht dadurch ein enormer und völlig unnötiger, gar widersinniger Druck auf Eltern und Kinder! Auch in vielen Krippen wird wegen der schlechten personellen Ausstattung angestrebt, dass die Kleinen möglichst bald nicht mehr gewickelt werden müssen. Viele Eltern wollen dann wissen, wie sie ihr erst 18 Monate altes Kind dazu bringen, endlich aufs Töpfchen zu gehen und die Windeln hinter sich zu lassen. Mittlerweile gibt es auch recht kreative Töpfchen, die das Kind früh animieren sollen. Dass Kinder das in dem Alter überhaupt noch nicht umsetzen können, ist vielfach unbekannt. Denn die Blase kann dem Hirn schlichtweg einfach noch nicht melden, dass sie voll ist. Ohne dieses Empfinden wäre es reine Dressur, in bestimmten Zeitabständen auf die Toilette gehen zu müssen. Erst wenn Kinder ihre Bedürfnisse benennen können, können sie sie auch wahrnehmen. Zum Beispiel, indem sie sagen:»Papa, Durst« oder »Mama, so müde!« Oder eben:»Papa, Pipi«.

Wenn wir in so einem Moment sagen würden:»Du hast ja die Windel an, mach einfach rein« oder dem Kind einen Vorwurf machen, indem wir schimpfen, wird es sehr schwierig, dem Kind die Windel abzugewöhnen. Ignoranz und Vorwurf sind generell schlechte Ratgeber in der Beziehung zu unseren Kindern. Gleichzeitig zeigt es die Not der unter Druck stehenden Eltern. Dass ein Zweijähriger überhaupt bemerkt, dass es, wenn auch zu spät, in die Hose ging, ist ein wichtiger erster Schritt, das müssen wir wissen. Wenn wir das als Eltern positiv unterstützen, achtet das Kind immer öfter darauf, wie sich eine volle Blase oder ein voller Darm anfühlen. Wenn wir genau in diesem Moment dann mit dem Kind schnell genug zum Klo oder Töpfchen laufen, verschaffen wir ihm viele Erfolgserlebnisse. Wichtig ist, dass wir in dieser Phase schnell reagieren können, zum Beispiel, indem wir leichte Kleidung statt komplizierter Latzhosen anziehen. Wenn es mal danebengeht, sollten wir Eltern höchstens sagen: »*Oje, da war die Toilette jetzt zu weit weg*« und keinesfalls dem Kind oder uns die Schuld dafür geben.

)) WIR LERNEN AM BESTEN, INDEM WIR EINANDER POSITIV BESTÄRKEN.

Generell sollten beim Trockenwerden sowohl die Kinderkrippe oder der Kindergarten, die Eltern als auch die Großeltern gemeinsam an einem Strang ziehen. Keinesfalls sollte das Kind lernen: »*Wenn ich in die Windeln mache, bekomme ich keine Liebe und Aufmerksamkeit mehr.*« Unsere Kids sind sehr intelligent und wissen, dass sich der Aufwand nur dann lohnt, wenn dabei auch etwas herausspringt. Beispielsweise, wenn der Klogang mit lustigen Spielen, Büchern oder Tierchen, die Geräusche machen, sobald Pipi das Töpfchen berührt, kombiniert wird, macht es umso mehr Spaß. Außerdem sollten sie allein aufs Klo gehen können, sich selbst abputzen und spülen dürfen. Selbstständigkeit ist im Alter von drei Jahren superwichtig.

Fast alle Kinder wollen ihr »Geschäft« auch anfassen, logisch, immerhin wird auch ziemlich viel Wirbel darum gemacht, außerdem ist es das erste »Produkt«, das dem Kind gelungen ist, und da ist es auch mächtig stolz drauf. Die meisten Eltern sind nicht begeistert, wenn die Kinder sich nicht nur über den Töpfchen-Erfolg freuen, sondern das kleine oder große Geschäft näher untersuchen wollen. Wenn es uns gelingt, gelassen zu erklären: »*Schatz, das ist der Rest, den dein Körper vom Essen übrig hat. Den bringen wir jetzt weg*«, dann verstehen das Kinder recht schnell, denn im Abfall wühlen sie ja auch nicht herum. Gelassen reagieren, während das Geschäft das sichere Töpfchen verlässt und wer weiß wo landet, ist natürlich so eine Sache. Vielleicht tröstet dich der Gedanke, dass du nicht der einzige Elternteil in dieser Situation bist und dein Kind aufgrund der Körpermüll-Kunst vermutlich kein Picasso wird, aber gleichzeitig auch keine Macke hat. Hilfreich kann auch sein, wenn kleine Kinder häufig mit aufs Klo dürfen, wenn Eltern gehen und schon früh sehen, wie das Ganze funktioniert. Klar, auch nicht gerade einfach, immerhin nennt sich dieser Ort nicht umsonst »das stille Örtchen«. Wir haben den natürlichen Drang, zumindest an diesem Fleckchen Erde unsere Ruhe haben zu wollen. Gleichzeitig wirst du allerdings bemerken, dass die Wahrscheinlichkeit, dass dein Kind eher und entspannter trockener wird, dadurch deutlich erhöht ist.

Viele Mamas erzählen mir, dass ihre Kleinkinder meist bei geöffneter Tür vor der Toilette sitzen und spielen, während sie sitzen. Das ist ein logischer Vorgang, vor allem, wenn man allein den ganzen Tag das Baby oder Kleinkind betreut, da kann man nicht einfach hingehen und sagen: »Ich komm in ca. 15 Minuten wieder«, die Tür hinter sich schließen und so tun, als wäre man allein.

Ein frustrierendes Erlebnis ist, wenn Eltern mitten in der Nacht oder auch morgens entdecken, dass sich ihr Kind angepieselt hat. Es macht Mühe und Arbeit, die Bettwäsche abzuziehen, zu waschen und das Kind unaufgeregt zu duschen und neu anzuziehen. Viele Eltern sind deshalb frustriert und einfach müde, jeden Morgen aufs Neue das Bett frisch zu machen.

Bei manchen Kindern sind die Gene schuld, wenn es nachts nicht klappt. Denn dass nachts weniger Urin produziert wird, liegt an einem Hormon, das in diesen Altersstufen in völlig unterschiedlichen Mengen gebildet wird. Hält das nächtliche Einnässen sehr lange an, kann ein Arzt entscheiden, ob das Hormon als Medikament zugeführt wird. Allerdings schlägt diese Behandlung nicht bei allen an.

Eine weitere Gruppe sind die Kinder, die sehr viele, oft

schwierige Erlebnisse vom Tag verarbeiten müssen. Sie zeigen ein deutlich verlängertes Nachtnässen und brauchen psychologische Unterstützung. Es kann aber auch sein, dass Kinder den Toilettengang einfach verschlafen. In verschiedenen Schlafzuständen ist die volle Blase für das Kind unterschiedlich wahrnehmbar. In manchen Fällen werden von Verhaltenspsychologen Klingelhosen empfohlen – eine Unterhose mit Feuchtigkeitsfühler, die das Kind bei den ersten Tröpfchen durch Klingeln weckt – bei anderen bringen sie überhaupt nichts.

Manche Kinder trinken einfach abends so viel, dass es über Nacht nicht hält. Auf keinen Fall sollten wir Kindern das Trinken verbieten, aber vielleicht können wir in diesem Fall einfach probieren, tagsüber mehr Trinken anzubieten und abends vor dem Schlafengehen nochmal anregen, die Toilette zu besuchen. Am wichtigsten ist, dass wir als Eltern entspannt bleiben und auf keinen Fall die Trinkmenge abends drastisch einschränken.

Auch vorsorgliches Wecken in der Nacht ist eher kontraproduktiv, aber natürlich verständlich. Erstens wird das Kind im Schlaf gestört, und zweitens verringert sich die Chance, dass das Kind aufgrund des Signals »volle Blase« irgendwann von selbst aufwacht. In den meisten Fällen hilft dieses Wissen Eltern schon so sehr, dass sie gelassener an die ganze Sache rangehen können. Einer der Gründe, warum ich etwas ausführlicher darüber berichte. Es gibt Kolleginnen, die sich darauf spezialisiert haben, in genau diesen Fällen sowohl die Eltern als auch Kinder zu unterstützen. Auch hier gilt, wie bei allen anderen Erziehungsfragen, unbedingt den Druck rausnehmen und individuell die familiäre Situation betrachten, ehe wild mit generellen Tipps um sich geschlagen wird.

Manche Kinder, vor allem Jungs, gehen für ihr Geschäft auch gern in die Ecke, meist im Stehen. Viele Mütter, die anschließend die Toilette putzen müssen, regen sich darüber auf. Väter sind da oft deutlich entspannter, vielleicht auch deshalb, weil sie seltener die Toilette putzen. In jedem Fall ist das ein Thema, das zwischen den Eltern geklärt werden muss und für das das Kleinkind keine Verantwortung trägt. Der intuitive Hintergrund des Pinkelns im Stehen bei Jungs ist, dass auf dem Töpfchen ihre Harnröhre oft abgeknickt ist, was den ganzen Prozess deutlich erschwert. Wenn Eltern Jungs beim Pinkeln stehen lassen, werden sie deutlich schneller trocken. »Schnick Schnack Schnuck – wer darf putzen?«

Manche Kinder leiden aber auch unter einer versteckten Verstopfung und spüren deshalb nicht, wann sie Pipi müssen. Hier sollte ein Ultraschall gemacht werden, um Klarheit zu schaffen.

Mein Kind hat unaufhaltbare Wutausbrüche, das macht mich wahnsinnig!

»Vielleicht kann mir jemand von euch helfen«, fragt Klara in der Spielegruppe für bedürfnisorientierte Eltern die Anwesenden. »Mein Sohn ist dreieinhalb und hat derartige Wutausbrüche, dass ich ihn überhaupt nicht kontrollieren kann. Er will auf meinen Arm, aber sobald ich ihn hochnehme, um ihn zu trösten, schlägt, kratzt und beißt er. Lasse ich ihn runter, läuft er von mir weg, versteckt sich, schmeißt sich auf den Boden und ruft: ›Mama!‹ Dann beginnt das Spiel von vorn, außerdem beschimpft er mich. In letzter Zeit dauert es mindestens 45 Minuten, ehe er sich beruhigt hat. Es gibt für mich ersichtlich nicht keinen Auslöser, was soll ich tun?«

Die Tipps der anderen Mütter reichen von: »Lass ihm einfach Zeit und sei für ihn da« über »Das kenn ich, wenn mein Kind so wütend ist, schau ich nur, dass er sich und niemand sonst wehtut, meist geht es nach einer Stunde wieder vorüber, das muss man dann halt aussitzen« und »Du solltest liebevoll auf ihn einreden und ihm immer wieder versichern, wie lieb du ihn hast«.

Alles tolle Tipps, keine Frage, aber alle eher Eltern-Aspirin als eine tiefgreifende und somit auch langfristige Lösung.

Ähnlich erging es Lara, alleinerziehende Mama von Noah, zweieinhalb, sie erzählt: »Noah fordert mich echt extrem heraus. Er macht keinen Mittagsschlaf mehr, ist aber ab Mittag dann so müde, dass seine Laune unausstehlich ist. Sobald er andere Kinder sieht, fängt er an, diese zu beißen, zu kratzen oder zu schlagen. Aber auch wenn ich mit ihm allein bin, verhält er sich mir gegenüber enorm aggressiv. Letztes Mal gab ich ihm einen Klaps auf den Po, weil ich mir nicht mehr zu helfen wusste. Dann sah er mich an, lachte und rannte weg. Ist das noch normal, oder muss ich mit ihm zum Psychologen?«

Dass Kinder Wut empfinden können, ist genauso logisch, wie dass sie Schmerz, Freude, Müdigkeit oder Traurigkeit fühlen. Wut ist Teil des Lebens und bis zu einem gewissen Grad eine völlig gesunde Emotion.

Die meisten Eltern können mit positiven Gefühlen, aber auch mit Schmerz oder Traurigkeit deutlich besser umgehen als mit Wut. Die Wut wird oft als Trotzphase bezeichnet, dabei wäre ein deutlich besserer Begriff: »Autonomiephase«.

Das Kind befindet sich in einer Phase, in der es begreift, dass es vieles gern tun möchte, allerdings noch nicht kann. Es möchte gern autonomer und freier sein, kommt dabei aber an seine Grenzen. Klar, dass es darüber auch Wut empfindet. Immerhin beobachtet es, wie die anderen in seinem Umfeld womöglich schon vieles selbstständig tun können und möchte es ihnen gleichtun. Wie herrlich ist das Gefühl, endlich laufen, klettern oder mit Dingen spielen zu können, an die es noch vor Kurzem gar nicht rankam. Es will mitschnippeln, Auto fahren, Bäume hochklettern, einkaufen gehen, Eis essen und mehr. »*Warum auch nicht*«, denkt es sich. »*Das Leben bietet so viele tolle Möglichkeiten, lass sie uns entdecken!*« Hinzu kommt, dass Kleinkinder davon ausgehen, dass andere exakt dasselbe möchten wie sie selbst. Sie verstehen noch nicht, dass andere Menschen andere Bedürfnisse haben können und sind sichtlich darüber erstaunt und mindestens genauso oft darüber wütend, dass dem so ist. »*Warum will Papa denn jetzt nicht Trampolin springen, wenn das doch so schön ist?*«, wundert sich das Kleinkind und protestiert sogleich, wenn Papa Nein sagt oder stattdessen mit dem Fußball ankommt. Da fliegt dann schon mal der olle Ball in die Ecke, Papa wird getreten oder Kind setzt sich trotzig in die Ecke und wirft sich anschließend theatralisch zu Boden, wenn Papa schimpft: »*Was soll das denn jetzt? Da kann doch der Fußball nichts dafür!*« Doch, in der Welt des Kleinkindes schon, denn da ist er der »Feind«, der Papa vom Trampolin fernhält.

Wenn Kleinkind zum hundertsten Mal auf dem Spielplatz rutschen will, begreift es genauso wenig, dass »es Zeit ist« und Mama jetzt nach Hause muss, um zu kochen, wie dass das kleine Geschwisterchen unbedingt jetzt an Mamas Busen hängen muss und diese nicht mehr loslässt. Für Kleinkinder ist alles und jeder, der Mama, Papa oder eine andere Bindungsperson davon abhält, mit ihm und nur mit ihm Zeit zu verbringen, prinzipiell ein Säbelzahntiger, der bekämpft werden muss.

Kleinkinder können ihre Reflexe auch noch nicht kontrollieren, weil logische Schlussfolgerungen einfach fehlen. Kein zweijähriges Kind ist dazu in der Lage zu verstehen, dass das kleine Brüderchen Mamas Busen braucht und noch zu klein ist, etwas allein zu machen. Von wegen! Das Kind denkt: »*Da ist ein Säbelzahntiger, der mir Mamazeit raubt, so geht das aber nicht!*«

Hinzu kommt die Neugierde und Lust auf die Welt und alles, was sie so beinhaltet. Wenn die »zu entdeckende Welt« auf der gegenüberliegenden Seite der Straße liegt, dann wird da natürlich wild drauflosgerannt, warum nach rechts und links schauen? Das Einschätzen von Gefahren und Distanzen gelingt vielen Kindern erst am Ende der Grundschule. Ich erinnere mich noch sehr gut daran, als mein kleiner Bruder mit zwei Jahren auf das Gerüst vor unserem Haus kletterte und oben auf dem Dach stand. Meiner Mutter rutschte beinahe das Herz in die Hose, als sie ihn da oben stehen sah. Ich hingegen, mit meinen sechs Jahren, freute mich darüber, dass er so mutig und geschickt war. Ich erinnere mich noch, dass ich zu meiner Mama hochblickte und ihre Aufregung und Sorge überhaupt nicht einordnen konnte. Meinem kleinen Bruder ging es ähnlich, fröhlich winkte er von ganz oben zu uns herunter und lachte herzhaft. Weder er noch ich konnten die Gefahr in dieser Situation richtig einschätzen. In der Welt eines Kindes ist immer alles ziemlich sicher und Gefahren kennt es nicht. Ein Kind möchte grundsätzlich nichts Böses, weder für sich selbst noch für andere. Wenn es schlägt, haut, schimpft und beißt, dann nicht etwa deshalb, um sein Gegenüber zu verletzen, sondern um etwas auszudrücken.

- »Du bist so doof« heißt: »Hey, du, ich bin total genervt, weil du mir mein Spielzeug wegnimmst. Das Spielzeug ist wie ein Teil von mir. Wenn du es mir wegnimmst, ist das, als würdest du mir meinen Arm wegnehmen.« – Einer der Gründe, warum Zweijährige Teilen absolut nicht mögen und auch zu klein sind, um es in diesem Alter zu lernen.
- Kind haut, heißt: »Du machst nicht, was ich gerade möchte! Ich verstehe dich nicht, hast du mich denn nicht mehr lieb? Ich will Kontakt zu dir!«
- Kind brüllt, ohne ersichtlichen Grund: »Ich bin müde, durstig oder hungrig und deshalb massiv überfordert.

Ich brauche dringend Ruhe, Nähe, Wasser oder etwas zu essen!«
- Kind verhält sich störend, heißt:»Warum spielt niemand mit mir? Ihr redet alle miteinander, aber mit mir macht keiner was, wie doof!«

Kleinkinder können ihre Gefühle noch nicht in Sprache übersetzen, das ist etwas, was sie im Laufe der Zeit durch uns erklärt bekommen. Am besten, indem wir aussprechen, was sie mit ihrem Wutanfall fühlen oder meinen könnten.

- »Bist du verärgert, weil jemand dein Spielzeug weggenommen hat? Das verstehe ich. Warte, wir schauen, ob wir tauschen können.«
- »Du findest mich gerade so doof und schimpfst mit mir, weil ich dich offenbar nicht verstehe/etwas anderes möchte als du. Leider tu ich mich tatsächlich gerade ein wenig schwer damit zu verstehen, was genau du meinst. Bitte zeig es mir nochmal.«
- »Du möchtest mit mir Trampolin springen, stimmt's? Trampolinspringen macht dir viel Freude, das verstehe ich! Ich sehe dir etwas zu, bleibe aber hier stehen, während du springst und wir können gemeinsam dazu etwas singen, oder ich werfe den Ball rein und du wirfst ihn mir zurück.«
- »Weißt du, mein Kopf tut ein wenig weh und deshalb würde ich gern Fußball mit dir spielen, in Ordnung?« – je nach Alter des Kindes.
- »Du bist müde, hast Durst oder Hunger, wir gehen mal in eine ruhige Ecke und ich biete dir eine Pause oder etwas zu Trinken und zu Essen an.«
- »Du bist gerade wütend, weil ich mich mit Papa unterhalte, oder am Handy bin oder Oma mit mir redet. Das verstehe ich. Ich brauche nur noch so lange, bis der Sand der Sanduhr unten ist, dann spielen wir gemeinsam Verstecken, in Ordnung?«

Eltern müssten in dieser Phase bestenfalls zum »Baby- oder Kleinkindflüsterer« werden, um übersetzen zu können, was dieses möchte. Ich glaube, gerade in der Phase bis dreieinhalb wäre das die Erfindung des Jahrtausends, eine Art Dolmetscher für Babysprache. Wir Eltern sind gerade in dieser Zeit gefordert, besonders empathisch und aufmerksam hinzufühlen, was unser Kind brauchen könnte. Eben deshalb, weil es selbst noch nicht für sich sprechen kann. In meinem nächsten Buch schreibe ich ausführlich über die unterschiedlichen Typologien der Kinder, sodass dies deutlich leichter fällt.

» WAS DEN KINDERN HILFT, KANN AUCH UNS HELFEN!

Wenn du also selbst wütend bist, dann stell dir die gleichen Fragen wie deinem Kind: »*Gell, du bist jetzt enorm frustriert und willst eigentlich mal deine Ruhe haben. Ich weiß, ich werd schauen, wann wir eine Auszeit bekommen.*«

Das klingt komisch, aber hilft wirklich! Denn auch in uns sitzt ein kleines Kind, das getröstet und verstanden werden will.

Erinnern wir uns an die Pandemie: Wir wollten rausgehen, in den Urlaub fahren, konnten diesen natürlichen Autonomiedrang aber nicht umsetzen. Unsere Bedürfnisse hatten in dieser Zeit weniger Belange. Jetzt gab es Erwachsene, die damit besser klarkamen als andere. Leicht war es aber für niemanden.

Da wir Erwachsene sind und bereits, anders als unsere Kleinkinder, gelernt haben, mit Frust umzugehen, gelang es uns größtenteils, andere und deutlich gesündere Wege als den Tobsuchtsanfall zu finden.

Die tosende, meist auf uns völlig irrational wirkende Wut eines Kleinkindes kann schon mal sehr überfordernd sein. Genauso wie die Wut, die einige Mitbürger bei Demos auslebten, auch sie machte hilflos, ohnmächtig, manchmal auch wütend. Denn meist hilft gutes Zureden genauso wenig wie Schimpfen oder Ermahnen. Klara aus unserem ersten Beispiel versuchte es, indem sie ihren Sohn auf den Arm nahm, Lieder sang und summte. Im Grunde sehr vernünftig, da unser Gehirn nicht gleichzeitig singen und Angst haben kann, beruhigen wir uns dadurch meist schnell. Dennoch erschöpften diese Wutanfälle beide.

Nachdem ich mit Klara ein wenig hin- und herschrieb, merkte ich, dass sie selbst mit der Emotion Wut wenig anfangen konnte. Klara hatte wenig Zugang zu ihrer eigenen Wut und hielt sie für etwas Unangenehmes, das es zu vermeiden gilt. Sie sagte:»*Ich kenne diese Wutgefühle nicht, weißt du, ich meditiere schon lange.*« Ich fragte sie, was sie denn mache, wenn Wut tatsächlich einmal an ihre Tür klopfe, sie antwortete:»Staubsaugen oder basteln.« Wann immer Klara also Wut empfand, putzte sie drauflos. War das Haus sauber, holte sie ihren kleinen Sohn und bastelte mit ihm. Auf die Frage, wie viele Bastelarbeiten in ihrem Haus aufzufinden seien, meinte sie verlegen:»Recht viele, um ehrlich zu sein ist alles voll damit.«

Einerseits eine sicherlich sinnvolle Strategie, doch ihr Sohn zeigte ihr recht deutlich:»Mama, ich hab die Schnauze voll von deinen Basteleien und Wut-Unterdrückungsversuchen, das macht mich sauer, zeig mir, wie ich mit Wut umgehen kann!« Klara musste sich also etwas einfallen lassen, und das führte dazu, dass sie auch ihren eigenen Umgang mit Wut näher betrachtete und sagte:»Gell, du bist enorm wütend, das Gefühl kenne ich, das ist ziemlich stark!« Instinktiv hielt er kurz inne, weil er diese Reaktion nicht kannte und brüllte dann keine zwei Sekunden später wieder los. Klara hatte auf eine Empfehlung hin eine Wut-Kiste zusammengepackt und stellte sie kurzerhand vor ihr Kind. Sie öffnete diese und holte einen Boxsack heraus, auf den sie einschlug.

»Puh, ich bin auch sauer«, sagte sie beim Boxen und reichte ihrem Sohn einen Boxhandschuh. Dieser schmiss ihn von sich weg und brüllte:»Ich mag nicht boxen!«Daraufhin reichte sie ihm einen Gummiball und bedeutete ihm, diesen gegen die Wand zu werfen. Er warf ihn mehrfach gegen die Wand und schmiss sich dann bitterlich weinend vor ihre Füße. Sie nahm ihn in ihre Arme und sang ein Lied, wie immer. Nur blieb ihr Sohn diesmal in ihren Armen, ohne sie zu schlagen oder sich wieder daraus lösen zu wollen. Nach einer Minute drehte sich ihr Sohn zu ihr und schluchzte:»Mama, wenn das Baby da ist, hast du mich dann noch lieb?«Klara war verblüfft, woher wusste ihr Sohn von der Schwangerschaft, sie war doch erst in der achten Woche und hatte es nur ihrem Mann erzählt! Felix ahnte, was Erwachsene sich nicht erklären konnten. Hinter der Wut verbarg sich also Angst.

Wie so oft. Felix hatte Angst, keinen richtigen Platz mehr an Mamas Seite haben zu können und Angst, diese womöglich zu verlieren. Dies erklärt auch, warum er ihr einerseits nah, andererseits fern sein wollte. Bindungstherapeuten wie ich könnten an dieser Stelle in die Falle tappen und sagen: »Dieses Kind ist bindungsambivalent. Das bedeutet, er hat nicht nur positive, sondern auch beängstigende oder unberechenbare Situationen mit seiner Mama erlebt und will ihr einerseits nah, aber andererseits auch fern sein, weil die Beziehung zu Mama durch ihr Verhalten ambivalent ist.«

Aber in diesem Fall war es anders. Felix verhielt sich wütend, was häufig bei Kindern dann vorkommt, wenn sie eigentlich Angst haben. Vor allem, Angst, abgelehnt oder nicht mehr geliebt zu werden. Das geht uns doch genauso, wenn wir ehrlich sind. Klara konnte ihre eigene Wut nun mehr und mehr annehmen und erkannte die Chance dahinter. Denn ihr wurde bewusst, dass Wut ein Hinweisgeber sein kann, vor allem für Veränderungen.

Gerade bei Kindern im Kindergarten, die ausgegrenzt werden oder »Systemsprengerkindern« bemerken wir häufig, dass sie unkontrollierbare Wutanfälle zeigen und kaum zu bändigen sind. Meist reagieren die Erwachsenen im Umfeld dieser Wut gegenüber ablehnend oder bestrafend, indem sie das Kind von der übrigen Gruppe trennen.

Noch vor nicht allzu langer Zeit ging es sogar so weit, dass diese Kinder festgebunden wurden, für mehrere Stunden, allein. So lange, bis sie nicht mehr konnten und vor Erschöpfung einschliefen. Nicht ganz so brutal, aber für ein Kind ähnlich schlimm ist, wenn sie rausgeschickt werden, in die Ecke gestellt oder von der Gruppe isoliert werden, indem sie nicht mehr im Kreis sitzen dürfen. Dies bestärkt nochmal die Angst des Kindes, ausgegrenzt zu werden und macht es letztes Endes nur noch wütender.

Schließlich will jedes Kind, so wie auch wir Eltern, Teil einer Gruppe sein und dazugehören, vor allem diejenigen, die als Systemsprengerkinder gelten oder häufig Wutanfälle bekommen. Gerade sie möchten wissen: *»Ich bin willkommen, ich darf da sein und gehöre zu euch.«*

Was also am besten tun?

Erstmal ist es ratsam, dass wir uns als Eltern unsere eigene Beziehung zu Wut ansehen. Denn darauf haben wir Einfluss, über externe Bedingungen meistens deutlich weniger.

Oftmals erkennen wir, dass sich hinter der Wut tatsächlich häufig eine Angst verbringt. Wir erkennen auch, dass unsere Kinder durchaus wache Antennen für unsere eignen Gefühle haben.

Denken wir erneut an jene nicht selten sehr wütende Eltern, die während der Pandemie auf die Straßen gingen und Polizisten und Journalisten anschrien, aus Angst,
ihrem Kind oder ihnen würde etwas Schlimmes angetan
werden. Betrachten wir deren Verhalten genauer, lässt sich
nach langem Zuhören erkennen, dass die Angst, die Kontrolle zu verlieren, so groß ist, dass sie sich in Wut äußert
und sie diese nicht mehr kontrollieren können. Erwachsene sollten in der Regel gelernt haben, wie sie mit Ängsten
und Wut umgehen können, ohne Dritte oder sich selbst zu
verletzen. Allerdings geht das nur, wenn es uns als Kind
beigebracht wurde oder wir uns diese Fähigkeit später erarbeitet haben. Wenn du merkst, dass du oft aus der Haut
fährst, dann wirkt das sowohl auf dich als auch auf dein
Umfeld bedrohlich und zeigt an, dass du in einer für dich
sehr belastenden Situation bist. Da können andere noch so
gern sagen: »*Warum regst du dich so auf, ist doch nicht
so schlimm.*« In dem Moment ist es für dich so und du
brauchst Gehör. Findest du das nicht in dir oder deinem
Umfeld, lege ich dir ans Herz, dich an einen Therapeuten
zu wenden. Sie sind geschult darin, ihr Gehör anderen zu
widmen. Dort kannst du die Erfahrung machen: »*Meine
Gefühle und ich sind wichtig und wertvoll. Hier darf ich
sein.*« Hast du das innerhalb eines geschützten Rahmens
gelernt, gelingt es dir, auch nach und nach in der Welt besonnen zu reagieren, ohne dich angegriffen zu fühlen. Aber
das braucht Zeit und Übung.

Kinder können das auch noch nicht. Es dauert einfach
seine Zeit und vor allem gute Vorbilder, um mit den Gefühlen der Angst und Wut umgehen zu lernen, von denen sie genauso übermannt werden wie ihre Eltern.

Ein wütendes Kind, das den Weg des Angriffs wählt,
sucht meist mehr Konfrontationen mit seinem Umfeld, als
ein Kind, das auf sein Zimmer flüchtet und die Tür zuknallt.
Bei Letzterem gehen wir Eltern davon aus, dass es sich schon

beruhigen wird, was ebenso wenig sinnvoll als Reaktion ist wie Ermahnungen bei erster Reaktion.

Wir Eltern müssen wissen, dass Wut immer irrational ist, genauso wie Angst. Die Empfehlung, die ich habe, ist, sich mit den eigenen Gefühlen auseinandersetzen zu lernen und dem Kind einen Umgang mit diesen Gefühlen beizubringen, ohne sich als Versager zu fühlen. Wir können nur dann durch die Wut und Angst begleiten, wenn wir ein offenes Ohr für diese Ängste haben. Verschließen sie jedoch durch Schuld oder Schamgefühle.

Wenn du merkst, dass du dich selbst schwer damit tust, Wut zuzulassen, dann wäre es hilfreich, eines auszuprobieren: Schreib auf einen Zettel alles, wirklich alles, was dich wütend macht. Schreib darauflos, was du hasst, und hau alles raus, was so in dir steckt. Das Ganze wird nach anfänglichem Zögern eine Eigendynamik bekommen, und du wirst feststellen, welche Werte du hast und was dir besonders wichtig ist.

» WENN WIR DER WUT AUF DEN GRUND GEHEN, KOMMEN WIR IM BESTEN FALL IN EINER BESSEREN WELT AN.

Mein Kind ist anders!

Doro erzählt: »Vor 25 Jahren wurde meine Tochter geboren. Sie hat ein besonderes Extra, nämlich ein Chromosom zu viel. Das kam vollkommen überraschend und ohne Ankündigung. Nun lag ich im Krankenhaus, wenige Stunden vorher hatte ich sie kurz gesehen, bevor sie sie im Hubschrauber in die Kinderklinik brachten. Die Krankenschwester hatte mir im Aufwachraum nach dem Kaiserschnitt kurz mitgeteilt, dass etwas nicht stimmen würde und sie meine Tochter deshalb verlegen würden. Was? Ich sollte mein Kind nicht sehen? Ich machte halb in Trance so einen Aufstand, dass sie mich aus dem Aufwachraum in den Flur neben dem Wagen mit dem Inkubator schoben. In dem lag sie. Ich schob meine Hand durch die kleine Öffnung hinein.

Da passierte etwas ganz Magisches: Kaum geboren, umfasste meine Tochter meinen kleinen Finger mit ihrer winzigen Hand und sah mir tief in die Augen. Seitdem weiß ich, woher der Begriff kommt: Jemanden um den Finger wickeln. Ich sah es sofort, verwarf den Gedanken aber. Dann wurde sie weggebracht.

Als ein paar Stunden später mein Gynäkologe mit einer Leichenbittermine ins Zimmer trat, wusste ich sofort, dass mein Verdacht stimmte. Sie hatte das Down-Syndrom. Er redete sich heraus, erzählte was von wegen man müsse erst die weiteren Untersuchungen abwarten, und so. Da war mir klar, sie hatte es. Ich hatte eine Tochter mit einer Behinderung.

Ich war wieder allein, und da lag ich also in meinem Bett im Krankenhaus. Tausend Gedanken schwirrten durch meinen Kopf. Natürlich kam auch die vollkommen bescheuerte Frage: Warum ich? Glücklicherweise merkte ich sehr schnell, dass es darauf keine vernünftige Antwort gibt. Im Gegenteil, diese Frage hat etwas Anklagendes und Selbstzerstörerisches. Und so drehte ich sie um: ›Da hat mir jemand eine Aufgabe gestellt‹. Dann schoss es mir in den Kopf: ›Jetzt hast du immer so eine große Klappe gehabt‹ – gemeint sind die Diskussionen zum Thema Spätabtreibung – ›jetzt musst du auch dazu stehen.‹ Das mag verrückt klingen, aber das hat mir in dem Moment am meisten geholfen. Ab dem Moment stand auch das Karussell in meinem Kopf still.

Ich betrauerte jedoch, was ich damals glaubte, dass meine Tochter alles nicht würde machen können: keine normale Schule besuchen, kein Abitur, nicht Autofahren lernen, nicht selbstständig leben können, keine Kinder bekommen, nicht heiraten. Ach was weiß ich, was einem da so alles an Wichtigem und Unwichtigem durch den Kopf geht. Ich verabschiedete diese Dinge und ließ sie los.

Übrig blieb ein weißes Blatt Papier und ich denke mir heute, eigentlich sollte man das doch mit jedem Kind so machen. Zumal es ja meist eh anders kommt als man sich es erhofft, erwünscht, erwartet. So auch hier, denn meine Tochter besuchte eine normale Schule, verheiratet ist sie (noch) nicht, hat aber einen festen Partner. Sie hat einen tollen Job außerhalb der Werkstätte und ist sehr selbstständig, sie wohnt etwa in einer betreuten WG. Zudem ist eine wunderbare Tänzerin. Sie ist schon auf großen Bühnen gestanden und hat vor über tausend Menschen getanzt. Applaus ist ihr da immer sicher, denn sie berührt die Menschen tief mit ihrem Tanz und mit ihrem Wesen. Ich könnte keine stolzere Mutter sein.

Ab diesem Moment, als ich alles losließ, war ich frei für mein Kind und alles, was da kam. Und ja, die erste Zeit war nicht einfach, denn sie hatte einen doppelten AV-Kanal, ein typischer Herzfehler bei Menschen mit Down-Syndrom. Die ersten Lebensmonate war sie viel im Krankenhaus. Aber nach der OP ging es nur noch bergauf. Für mich ist meine Tochter zusammen mit ihrer großen Schwester das Beste, was mir das Leben geschenkt hat.

Sie und alles, was ich mit ihr erlebt habe, hat mich wachsen lassen und stark gemacht. Ich habe Kräfte in mir entdeckt, von denen ich nichts wusste. Und ich weiß, dass nichts selbstverständlich ist, was mich die Dinge viel mehr wertschätzen lässt. Ich bin resilienter geworden. Zudem bringt meine Tochter eine ganz besondere Form der Lebensfreude in mein Leben, denn ich kenne niemanden, der so gern lebt und so genau weiß, wer er selbst ist, wie sie. Da können wir ›Normalen‹ von diesen ›Behinderten‹ eine Menge lernen.

Ich hatte an diesem Tag im Krankenhaus, als meine Tochter geboren wurde, das große Glück, sehr schnell durch einen universellen Prozess zu gehen, für den andere Wochen und Monate brauchen. Er ist typisch für jede Form von ›schlimmen‹ Nachrichten: Zunächst kommt die Ablehnung bzw. Verneinung. Ein sehr sensibler Zeitpunkt, denn wenn man da eine Lösung anbietet, die verspricht, das wegzumachen, wird man danach greifen, wie nach einem Strohhalm. Danach kommt die klassische ›Warum-ich‹-Frage, gern mit Selbstvorwürfen und dem Hadern mit dem Schicksal. Viele Menschen bleiben in so einem Moment Wochen und Monate stecken.

Danach kommt der Deal mit Gott, dem Schicksal. Ich zum Beispiel drehte da die Warum-ich-Frage um in die Aufgabe. Die Aufgabe kam für mich von Gott und wenn sie von ihm ist, muss sie auch gut für mich sein.

Dann kommt das Betrauern und erst dann, wenn wir durch all das durch sind, die Annahme.

Gehen wir nicht durch diese fünf Schritte, werden wir schwere Schicksalsschläge nicht annehmen können und wir verfallen in Schuld, Ohnmacht, Hilflosigkeit und Wut. Ich glaube, das war meine Rettung. Deshalb ist es auch so wichtig, da nicht von außen mit falschen Versprechen oder Angeboten reinzugrätschen, was leider allzu häufig gut gemeint geschieht. Auch mein Arzt etwa, als er sagte, ich solle erstmal abwarten. Gut, dass ich das ignoriert und mich keinen falschen Hoffnungen hingegeben hatte. So kam ich viel schneller mit der besonderen Situation klar, was meiner Tochter zugutekam, für die ich gleich am nächsten Tag voll als liebende Mutter zur Verfügung stand. Als ich sie da das erste Mal im Arm hielt, wusste ich: Egal was kommt, nichts kann uns wieder trennen. Und das ist bis heute so geblieben.«

Die Geschichte von Dorothea ist enorm berührend, denn sie bricht mit dem Mythos, dass das Leben mit einem Kind mit Handicap zwangsweise auch belastend, schwer und hart sein muss. Im Grunde kann auch die zunächst schockierendste Diagnose eine Chance sein, uns selbst und dem Leben auf eine einzigartige und heilsame Art näherzukommen, die wir sonst womöglich nie erfahren hätten.

Als ich selbst in meiner fünften Schwangerschaft durch einen Anruf erfuhr, dass unsere Tochter mit großer Wahrscheinlichkeit mit Behinderung zur Welt kommen würde, fühlte ich mich ehrlich gesagt wie in einem Schockzustand. Ich dachte mir:»Das kann doch nicht wahr sein! Warum wir, warum sie?« Gleichzeitig spürte ich eine so große Verbindung zu meinem Kind und ein inneres Ja stieg in mein Herz und flüsterte:»*Egal wie du zur Welt kommst, ich werde dich lieben und mein Bestes geben.*«

Ich hatte allerdings gleichzeitig die Hosen voll und zwar so richtig. Immerhin wusste ich nicht, was durch dieses Ja noch zusätzlich in mein Leben kommen würde. Ich hatte tausend Fragen und mein Kopf tat weh, mir war ganz schwindelig. Würde ich das als Mutter leisten können? Konnte ich es ertragen, mein Kind leiden zu sehen? Würde unsere Beziehung diese Belastung schaffen? Wie viel Zeit und Kraft blieb dann noch für meine weiteren Kinder, und konnte ich überhaupt noch meinem Beruf nachgehen?

Die Diagnose lag wie eine nebulöse Wolke vor mir und ich konnte sie nicht richtig einordnen. War sie nun ein Fluch oder ein Segen? Damals war ich sehr dankbar, dass ich Mareike anrufen konnte. Sie ist selbst Mutter eines entzückenden Mädchens mit Trisomie 21, bekannt als Down-Syndrom, und veranstaltete mehrere Kongresse für betroffene Eltern. Auf einem davon sprach ich als Rednerin, damals ohne zu wissen, dass ich wenige Monate später selbst von der Diagnose betroffen sein sollte.

Mareikes Geschichte, ihr Wissen, genauso wie das von Doro, gaben mir die Kraft, tief in mir eine Quelle zu erfühlen, die mich wissen ließ:

》 WIR BEKOMMEN DAS HIN.
ALLES WIRD GUT.

Ich erinnerte mich an eine Aussage eines meiner Coaching-Lehrer, der sagte: *»Alles, was in deinem Leben geschieht, ist an sich neutral. So lange, bis du deine persönliche Interpretation hineinlegst. Ob etwas für oder gegen dich ist, entscheidest du selbst. Ob etwas ein Fluch oder ein Segen ist, genauso.«*

Durch die Gespräche mit den beiden Frauen, aber auch durch die inneren Gespräche, die ich mit meinem Baby gedanklich führte, fühlte ich trotz allem einen ruhigen und friedvollen Kern inmitten des Sturms der Diagnose. Ich hatte mich damals für den Segen entschieden und das gab Halt und Trost.

Unsere Tochter kam wenige Monate später völlig gesund zur Welt, es handelte sich damals also um eine Fehldiagnose, das kommt vor, wenn auch sehr selten. Als wir sie zum ersten Mal sahen, ließ es sich nicht erkennen und es interessierte uns in diesem Moment auch gar nicht. Wir waren nur eines: glücklich, dass sie da war und atmete. Seit diesem Erlebnis habe ich einen tiefen Respekt vor Eltern, die voll und ganz Ja sagen, auch wenn ihr Kind so ganz anders als erwartet durch diese Welt geht. Das bedeutet nicht, dass ich die Entscheidung von Eltern, die sich gegen die Geburt ihres

Kindes entscheiden, abwerte oder verurteile, das kann und würde ich mir niemals anmaßen. Es ist schon schwer genug, in solchen Momenten eine Entscheidung zu treffen, und wir alle sollten selbst genug Selbstwahrnehmung haben, zu wissen, wie viel wir uns zumuten können oder sollten.

Meine Familie, mein Partner und ich lernten in dieser Zeit auf alle Fälle eine Seite des Lebens kennen, die uns so viel Kraft und Mitgefühl für jede »Seite« schenkte, auch heute noch durch Stürme trägt und hoffentlich noch lange tragen wird. Ich möchte dieses Erlebnis niemals missen. Denn uns wurde bewusst, dass wir im Grunde nichts im Leben planen können, schon gar nicht wie und auf welche Weise unsere Kinder in unser Leben treten. Aber eines ist sicher:

» **WENN ES UNS GELINGT, IM ANGESICHT DES SCHEINBAREN »SCHRECKENS« IN VERBINDUNG UND LIEBE MITEINANDER ZU BLEIBEN, LASSEN SICH VIELE TALFAHRTEN MEISTERN.**

Kinder sind der Himmel auf Erden, nur unsere Art und Weise mit ihren Besonderheiten umzugehen, lässt nicht selten die Hölle an die Tür klopfen. Unsere Kinder kommen genauso, wie sie sind, richtig in unser Leben und letztes Endes braucht es nur unser Ja. Ich wünsche allen Eltern von ganzem Herzen die Kraft und vor allem das Umfeld, das diese Ja-Umgebung schafft.

»Halt doch einfach mal die Klappe!«

Die Mama will anonym bleiben und auch keinen Fake-Namen zu ihren Ausführungen angemerkt bekommen. Ich denke, sie steht für wirklich viele Eltern:

»Wir sitzen am Frühstückstisch. Ich will einfach nur in Ruhe mein Buch lesen. Nicht lange. Vielleicht fünf Minuten, um zu schauen, ob Christian und Anastasia doch wieder zueinander finden. Ich hab extra Backpapier um den Umschlag gewickelt und halte das Buch besonders nah an meine Nase, damit keines der Kinder auf die Idee kommt, auch nur ansatzweise zu entdecken, was Mami da liest. Ich könnte mir vorstellen, dass die Art, wie ich atme, irritierend auf meine Kinder wirken könnte. Ich bin aufgeregt, vielleicht auch deshalb, weil mein Mann und ich das letzte Mal vor vier Monaten Sex hatten und dieser seither nur in meiner Fantasie und an der Seite der beiden Protagonisten stattfindet. Als plötzlich mein Sohn, vier Jahre alt, anfängt eine ›Warum-Frage‹ nach der nächsten zu stellen. ›Mama, warum bekomme ich heute keine Marmelade aufs Brot? Mama, warum schmeckt die Butter so komisch? Mama, wann ist mein Kakao fertig? Mama, wieso darf Marlen immer so lange aufbleiben und ich muss immer so früh ins Bett? Mama, Mama, Mama! Mama, warum hörst du mir nicht zu?‹

Allzugleich hätte ich gesagt: ›Verdammt, weil ich seit einer halben Ewigkeit keinen Sex mehr hatte und am Ende des Kapitels eine meiner heißesten Fantasien ausgelebt wird, eine, die ich mit deinem Vater vermutlich nie erleben werde. Eine, für die ich auf alle Fälle fremdgehen würde und es wäre mir schnurzpiepegal, ob du dann ein Scheidungskind wärst und Mami die böse Fremdgeherin. F*ck wie gern wäre ich jetzt Anastasia!‹

Aber was mache ich stattdessen? Das, was sich für eine brave und bedürfnisorientierte Mama gehört: ›Mein Schatz,

Mami liest noch ganz kurz die eine Seite des Buches zu Ende und macht dir dann sofort deinen Kakao. Danke für deine Geduld, du bist ein Schatz!‹ Ach, da war doch noch was, denke ich mir und ergänze: ›Marmelade habe ich gestern leider vergessen einzukaufen, die Butter heißt Rama, hat Oma mitgebracht, Marlen ist schon 15 und ihr Gehirn braucht nicht mehr so viel Schlaf wie deines, ich höre dir gleich zu, nur einen Moment, mein Engel, ja?‹ Als er nicht aufhört und wieder nachfragt, raste ich aus und schreie: ›Jetzt hör endlich auf und iss das scheiß Brot!‹

Ich fühle mich schrecklich. Wie konnte das jetzt passieren? Warum um Gottes Willen lasse ich meinen Frust am Kind aus?« Je weiter unser Rhythmus von dem der Kinder entfernt ist, desto mehr Wut oder Machtkämpfe gibt es.

Es kommt eine Zeit im elterlichen Leben, wo das eigene Leben und Bedürfnisse wieder enorm wichtig werden, um wieder etwas wie Lebendigkeit zu fühlen. Gerade in den ersten drei Lebensjahren eines Kindes verzichten Eltern auf vieles. Zweijährige erkennen, wie erwähnt, noch nicht, dass ihr eigenes Bedürfnis mit dem der Eltern nicht immer deckungsgleich ist. Erst wenn ein Kind drei Jahre alt wird, kann es langsam differenzieren und erkennt: »*Aha, es gibt andere Menschen mit anderen Bedürfnissen, nicht jeder will Barbie spielen oder im Matsch hüpfen, nur weil ich das will!*« Deshalb berichten viele Eltern davon, dass sie sich wie in Alcatraz fühlen – das Kind der Gefängniswärter, der dirigiert, wann sie was zu tun haben.

Zwischen den eigenen und den Bedürfnissen des Kindes eine gesunde Balance zu finden, ist eine der größten Herausforderungen, gerade für besonders bedürfnisorientierte Eltern. Mir kommt von Eltern nicht selten zu Ohren, dass ihnen von Experten geraten wurde: »*Permanent und unentwegt die Bedürfnisse des Kindes an erste Stelle zu stellen, ansonsten würden die Kinder in ihrem Vertrauen in die Welt und sie als Eltern stark negativ beeinträchtigt werden.*«

Ich möchte einen wichtigen Zusatz anfügen: »*Es verlangt nicht zwingend nach den Eltern, sondern einfach nach jemandem, der es feinfühlig versorgt. Das bedeutet im Umkehrschluss, dass die Eltern sehr wohl Zeit für sich haben sollten, solange sie dafür Sorge tragen, dass das Kind in guten Händen ist!*«

Im Grunde ist das Zusammenleben zwischen Eltern und Kindern ein ständiger Balanceakt zwischen Geben und Nehmen, Freiheit und Grenze, Nähe und Autonomie. Mal treffen Eltern den Mittelweg, mal schießen sie über das Ziel hinaus. Das ist grundsätzlich menschlich.

Eine ausgewogene Beziehung zwischen Eltern und ihren Kindern bedeutet nicht, dass Eltern in ihren menschlichen Bedürfnissen keine Rolle mehr spielen dürfen. Es bedeutet: »*Ich sehe dich und zeig mich dir. Ich weiß, ich bin der Ältere und Größere und du das Kleine. Ich bin schon etwas länger auf dieser Welt und habe deshalb einen gewissen Vorsprung an Erfahrungen. Gleichzeitig bin auch ich noch am Lernen und Weiterentwickeln, insofern sind die gemeinsamen Schnittmengen, die wir miteinander haben, immer wieder spannend neu zu entdecken und herauszufinden, wie es uns miteinander am besten geht.*«

Ich halte es allerdings für sehr unwahrscheinlich und wenig alltagstauglich, dass Eltern im alltäglichen Umgang mit ihren Kindern permanent so präsent und klar agieren können. Die Gefahr, die besteht, ist, dass sich Eltern unter Druck gesetzt fühlen, stets reflektiert zu sein und ihre Flexibilität und Authentizität sowie Menschlichkeit verlieren.

Wenn ich überfordert bin, habe ich mir angewöhnt, zu meinen Kindern zu sagen: »*Ich weiß im Moment einfach nicht, was zu tun ist, aber ich werde herausfinden, wer es weiß und nachfragen oder mir Mühe geben, die Antwort in mir zu finden.*«

Mein persönliches Fazit ist:

Wir haben zwischendurch und parallel dazu auch das Recht, in Ruhe ein Kapitel zu Ende zu lesen oder abends mal ins Kino zu gehen, ohne fünfzehn Anläufe dafür zu brauchen. Wenn es uns gelingt, unsere Bedürfnisse altersgerecht, verständlich und gewaltfrei zu kommunizieren, lernen auch unsere Kinder eines Tages, die ihrigen altersgerecht, verständlich und gewaltfrei aus- und anzusprechen, und auch der oben erwähnte Vierjährige wird gesund groß werden können, selbst wenn Mama am Frühstückstisch einmal die Woche von Christian Grey träumt und kein Trauma davontragen, weil Mama einmal danebengriff.

Passiert es den Eltern allerdings häufig, ist das eine andere Geschichte. Denn dann leiden die Eltern und die Kinder. Dahinter steckt aber nicht wie vermutet, das Unvermögen, ein guter Elternteil zu sein, sondern nicht selten ein Trauma in der eigenen Biografie, das bisher unentdeckt blieb. Aber auch einfach die Botschaft: »Du brauchst eine Pause. Ändere etwas, dringend!«

Mama, ich bin ein Mädchen!

Franny erzählt: »Juhu, ich bin Mama geworden! Natürlich wusste ich schon vor der Geburt, dass es wieder ein Junge sein wird. Schließlich wurde dies nach dem Ultraschall im siebten Monat der Schwangerschaft von der Gynäkologin verkündet und gleich nach der Geburt durch den geübten Blick der Hebamme zwischen die Beine des neuen Erden-Menschleins bestätigt. Was ist nun aber, wenn der vermeintliche Sohn nach einigen Jahren vor Mama und Papa steht und mit voller Überzeugung verkündet: ›Ich bin ein Mädchen!‹? Oder andersherum: Papas und Mamas vermeintliche Prinzessin behauptet, sie sei ein Prinz! Gerade bei Kindern kommt einem schnell der erlösende Begriff, das bekannte Müttermantra »Es ist nur eine Phase« in den Sinn. Alles scheint sich schnell oder doch in absehbarer Zeit in Wohlgefallen aufzulösen. Was aber, wenn dem eben nicht so ist?

Mir und meiner Familie ist genau das passiert. Mein geliebtes Kind, von dem ich neun Jahre lang dachte, es sei ein Junge, teilte uns mit, dass es endlich wisse, was mit ihm nicht stimme. Seitdem habe ich eine Tochter. Jetzt könnten Stimmen laut werden, was ich mir alles einreden lassen würde, wie sehr mich mein Kind manipulieren könne – ich habe das alles gehört.

Und doch, wer unser Kind in den Jahren vor dem Coming-out kannte, bekannte stets, dass das einiges erklären würde. Auch wir als Familie stellten rückblickend fest, dass wir wohl mit Blindheit geschlagen gewesen sein mussten, unser Kind ernsthaft für einen Angehörigen des männlichen Geschlechts zu halten. So viele Hinweise waren vorhanden gewesen, so viele Versuche unseres Kindes, uns subtil mitzuteilen, dass wir es falsch einordnen: die Armbänder, die Ringe, die Frage, wann ihm denn die Brüste wachsen würden. Das Problem dabei ist, wenn ein Kind etwas nicht benennen kann, ihm buchstäblich die Worte fehlen, wie soll es sich dann mitteilen?

Durch Zufall hat mein Kind mit neun Jahren den Begriff »Transgender« kennengelernt und festgestellt: Das bin ich! Dass es sich uns als Eltern mitgeteilt hat, erfüllt mich noch heute mit Freude, denn es zeigt, dass mein Kind mir und uns vertraut.

Statt eines oft traurigen und an sich selbst verzweifelnden Jungen lebt inzwischen ein fröhliches und selbstbewusstes Mädchen bei uns. Dabei ist es noch immer derselbe Mensch, dieselbe Person. Der Unterschied zu früher? Mein Kind wird gemäß der eigenen Identität behandelt, wird als das Mädchen akzeptiert, das sie ist. In Fachkreisen nennen wir das die »soziale Transition«. Gerade bei Kindern, die noch nicht in der Pubertät sind, ist dies der entscheidende Schritt. Keine Medikamente und erst recht keine Operationen. Einfach nur so angenommen werden, wie das Kind sich fühlt.

Das Leuchten in den Augen meiner Tochter, als sie ihr erstes Kleid anziehen durfte oder als sie das erste Mal bei einer Begegnung mit einer unbekannten Person als Mädchen angesprochen wurde.

>> ICH ALS MUTTER KANN MIR NICHTS
SCHÖNERES VORSTELLEN, ALS MEIN
KIND SO GLÜCKLICH ZU SEHEN.

Ja, nicht jedes Kind, das sich mal im anderen Geschlecht ausprobiert, ist wirklich trans. Aber wenn das Kind in der zugewiesenen Geschlechterrolle leidet, eventuell sogar selbstgefährdendes Verhalten aufweist, ist es allemal einen Versuch wert herauszufinden, ob es nicht doch trans ist.

Wer kann schon sein Geschlecht beweisen? Okay, sehen wir mal davon ab, dass die Gesellschaft das vor allem an den Genitalien festmacht. Ich musste nie in meinem Leben beweisen, dass ich eine Frau bin. Meine Tochter dagegen hat diese Beweisführung in den vergangenen zwei Jahren mehrfach durchgestanden. Sie ist regelmäßig in einer psychologischen Sprechstunde, weil das für ihren weiteren Weg so vorgeschrieben ist, wenn sie dann doch die männliche Pubertät und die damit einhergehenden körperlichen Veränderungen vermeiden will. Zwei verschiedene Gutachter haben meiner Tochter offiziell bescheinigt, dass sie ein Mädchen ist, nun wird noch ein Richter darüber entscheiden, ob sie offiziell einen weiblichen Vornamen annehmen darf. Dieses Vorgehen wird in Deutschland durch das Transsexuellengesetz (TSG) geregelt, das inzwischen über 40 Jahre alt und tatsächlich veraltet ist.

Auch meiner Tochter ist es wichtig, dass anderen Kindern geholfen wird, denen es so geht wie ihr. Darum ist sie als Kinderbotschafterin bei der »SK Welcome Home Die Transgenderstiftung« aktiv. Diese Stiftung hilft meiner Tochter und vielen anderen trans-Menschen und steht ihnen bei. Außerdem bemüht sie sich genau darum, was auch meiner Tochter am Herzen liegt: Sichtbarkeit von trans-Menschen im täglichen Leben, damit trans sein so normal wird, dass keine trans-Person oder deren Eltern Angst vor einem Coming-out haben müssen.

Hierzu erzählt Susanne von ihrem Sohn, der ihr mit 15 seine erste große Liebe vorstellte, einen Jungen namens Leon: »Irgendwie hatte ich immer im Gefühl, dass unser Sohn überaus an Jungs interessiert ist. Unser Psychologe sagte, dass man das nicht wirklich ahnen kann, aber vielleicht war es meine mütterliche Intuition, die das spürte. Mein Mann flippte aus. Er braucht noch etwas Zeit, fühlt sich schuldig und hat Angst, dass er versagt hat. Da haben wir es recht schwer miteinander.«

Susannes Mann fragte des Öfteren: »*Bleibt das so? Ist mein Sohn wirklich schwul oder geht das wieder weg?*«

Gerade wenn das Kind plötzlich am eigenen Geschlecht sexuell interessiert ist, werden viele Eltern unruhig und haben zahlreiche Ängste: »*Soll ich mein Kind darauf ansprechen? Habe ich in meiner Erziehung etwas falsch gemacht? Wie soll ich damit umgehen?*«

Grundsätzlich möchte ich diesem enorm wichtigen, von

Vorurteilen durchtränkten Thema Raum geben und Hilfestellungen anbieten: Sobald die Pubertät eintritt, ist eine gewisse Verliebtheit zum eigenen Geschlecht ganz normal. Wenn Jungs und Jungs – Mädels und Mädels – sich mal näherkommen, ist das noch lange kein Indiz für homosexuelle Neigungen, sondern etwas, mit dem man rechnen kann. Ich erinnere an zahlreiche »Doktorspielchen«, die viele Eltern selbst als Teenager im gemeinsamen Einvernehmen mit den besten Freunden erlebt haben. Da Sexualität, gerade unter Jugendlichen, oftmals noch ein Tabuthema ist, wird großteils in den Schulen und nicht im Elternhaus aufgeklärt. Viele Eltern, die meine Hilfe in Anspruch nehmen, haben selbst negative Erfahrungen mit Sexualität gemacht und große Hemmungen dabei, ihre Kinder aufzuklären oder mit ihren jugendlichen Kindern über Sex zu sprechen. Dabei wäre das durchaus sinnvoll.

Immerhin machen bis zu 40 Prozent der Jungen zwischen 13 und 17 Jahren sexuelle Erfahrungen mit anderen Jungs. (Wir sprechen hier natürlich davon, dass keine Gewalt, kein Missbrauch oder sonstige Nötigung stattfindet, sondern eine natürliche Neugierde auf das eigene Geschlecht. Ist dem nicht so, muss dringend Hilfe angeboten werden!)

In den meisten Fällen würden die Teenager ihre Neugierde selbst wahrscheinlich nicht mal als sexuelles Interesse verstehen, sondern viel mehr als Spaß oder Spielerei. Da wird schon mal ausprobiert, ob man sich selbst einen blasen kann oder wie lange man braucht, um zu »kommen«. Die Zahl der experimentierfreudigen Mädchen ist wahrscheinlich sogar größer. Leider ist das Umfeld und die Gesellschaft per se mit dem Stempel schwul oder lesbisch schnell bei der Hand. Was Jugendliche nicht gerade ermutigt, homosexuelle Gefühle öffentlich zu machen. Eltern bekommen von diesen Erfahrungen deshalb nur selten etwas mit. Umso überraschender dann das Outing.

Nachdem Sex in vielen Familien ein Tabuthema ist und auch die Medien mit zahlreichen Schreckensmeldungen gleichzeitig dazu beitragen, dass es ein noch größeres Tabu geworden ist, mit den Eltern darüber zu sprechen. Da Eltern die natürliche spielerische Neugierde schnell mit Übergriffigkeit untereinander vermengen, schämen sich viele Jugendliche, weil sie neugierig sind.

Manche Eltern wollen ihren Verdacht bestätigt haben und sprechen ihre Kinder direkt darauf an. Wenn du dein Kind direkt darauf ansprichst, schwingen oftmals deine eigenen Sorgen, Ängste und Unsicherheiten mit. So wirst du keine Türen öffnen – im Gegenteil. Wichtiger wäre, deinem Kind über eine aufgeschlossene Erziehung von Vornherein eine entsprechende Offenheit mitzugeben. Nicht unbedingt für homosexuelle Erfahrungen, sondern viel mehr, dass homosexuelle Liebe genauso zu unserer Gesellschaft gehört wie die heterosexuelle. Und eines ist klar: Mit Druck wirst du nicht herausbekommen, was du wissen willst. Wenn dein Kind feststellt, dass es sich homosexuell orientiert, wirst du mit großer Wahrscheinlichkeit nicht der erste Ansprechpartner sein.

Dein Kind wird sich seiner besten Freundin, seinem Freund oder der Peer Group anvertrauen, das ist völlig normal. Denk dran, wem du selbst etwas Intimes erzählst, meist erst der besten Freundin und dann dem Partner, vor allem, wenn du Angst hast zu enttäuschen.

Wichtig ist, dein Kind spüren zu lassen, dass es keine Angst zu haben braucht, dich zu enttäuschen. Gerade wenn du selbst einige Herausforderungen mit Sexualität oder vielleicht auch eigene unausgesprochene Neigungen hast, wird dein Kind durch die unsichtbare Nabelschnur, mit der ihr beide miteinander verbunden seid oder aber auch einfach durch dein Verhalten, sobald es um Sex geht, wittern, dass das Thema heikel ist und besser nicht angesprochen werden sollte.

Nichts ist peinlicher für Jugendliche, als mit den Eltern über die eigene Sexualität zu sprechen und oft auch umgekehrt. Dennoch sollte Sex kein Tabu sein und gegebenenfalls auch gesagt werden: *»Schatz, ich tu mich selbst schwer damit, über Sex zu reden, vielleicht geht es dir ähnlich. Weißt du, ich bin noch zu einer Zeit groß geworden, in der wenig darüber gesprochen wurde und es viele Tabus gab. Wie geht es dir damit?«*

Unangenehme Gesprächsthemen lassen sich selten dadurch überwinden, indem wir so tun, als gäbe es sie nicht. Deshalb ist es vermutlich das Beste, deinem beinahe erwachsenen Kind einfach ehrlich mitzuteilen, dass es dir sehr schwerfällt, dieses Thema offen zu besprechen.

Wenn dein Teenager sich outet, ist das für viele Eltern erstmal eine Art Schock, denn mit diesem Outing sterben auch häufig elterliche Träume, die sie für das eigene Kind und sich selbst hatten. Vielleicht hast du dich schon darauf gefreut, Enkelkinder zu haben (was dennoch möglich ist) oder gemeinsam mit deiner Schwiegertochter eines Tages shoppen gehen zu können? Vielleicht bist du noch in alten Rollenbildern gefangen oder sehr religiös und es fällt dir aufgrund dessen schwer, dich auf dein Kind einzulassen.

Wichtig ist, dass du deine Erwartungen für dich betrauerst und diese nicht in Vorwürfe deinem Kind gegenüber enden. Dein Kind ist genauso richtig und liebenswert, wie es ist. Es ist weder krank noch kaputt oder irgendwie gestört, wie furchtbarerweise viel zu lange angenommen wurde, genauso wenig hast du irgendetwas in der Erziehung falsch gemacht. Homosexuelle Menschen haben unglaublich viel Leid erfahren und müssen dies oft bis heute noch. Es macht mich betroffen, die einzelnen Geschichten zu hören, und es ist mir ein großes Anliegen, allen Menschen, die womöglich noch in alten Glaubenssätzen und Ideologien homosexuellen Menschen gegenüber feststecken, oder aber damit konfrontiert sind, mitzuteilen, dass es an der Zeit ist, diese so

schnell wie möglich abzulegen und sich nur eines bewusst
zu machen:

» *DIESES KIND IST GENAUSO RICHTIG, WIE ES IST.*
EGAL WEN ODER WIE ES LIEBT.

Eine positive und vor allem offene Reaktion ist wünschens-
wert, aber nicht immer leicht. Gerade wenn wir selbst Vorurteile in uns tragen. Dein Kind hat bestimmt lange mit
sich gerungen, bis es sich mit seinen Gefühlen an dich ge-
wandt hat, soviel ist klar. Denn leider ist es noch immer
ein Tabuthema. An diesem Punkt einfühlsam zu agieren,
ist genauso wie mit einem Schreibaby oder anderen ungeplanten Ereignissen – nicht immer so einfach und dennoch
dringend erforderlich. Auch in Zukunft wird dein Kind
noch einige Hürden nehmen müssen, das weißt du, und
deshalb möchtest du es vermutlich davor bewahren. Dein
Kind beschützen zu wollen, ist ein natürlicher Instinkt.
Was homosexuelle Menschen nach wie vor erleben müssen,
ist erschaudernd. Dass du deinem Kind einen leichteren Le-
bensweg wünschst als diesen, ist erstmal ein Gedanke, der
da sein darf. Dennoch braucht es nur eines: deine Liebe
und deinen Rückhalt! Denn was hilft es nun, wenn Mama
und Papa aus allen Wolken fallen? Es führt zu einer großen
Verunsicherung, dem Gefühl, »nicht richtig zu sein« oder
»den Erwartungen nicht gerecht geworden zu sein und ent-
täuscht zu haben«. Das ist bestimmt nicht, was du dir für
dein Kind zu Hause wünschst. Deshalb lege ich allen Eltern ans Herz, sich von Geburt an mit dem Thema zu befassen und eine offene, tolerante und liebevolle Haltung
einzunehmen.

Die Sexualität deines Kindes kannst du ohnedies nicht
beeinflussen. Warum auch? Laut der Statistik von Dr. Die-

ter Stieglitz steigt etwa bei Homosexuellen das Risiko zum Selbstmord ums Vierfache. Wie gut Jugendliche mit ihrer Situation zurechtkommen, hängt am meisten von der Reaktion ihres Umfeldes ab.

» IN DER ZEIT RUND UM DAS OUTING IST ES BESONDERS WICHTIG, DASS DIE JUGENDLICHEN MENSCHEN UM SICH HABEN, DIE IHNEN WEITERHIN ORIENTIERUNG, HALT UND LIEBE ZUSICHERN.

Du wirst dein Kind also am besten unterstützen können, indem du es in den Arm nimmst und sagst:»*Ich hab dich lieb, egal was ist.*« Das geht um einiges leichter, wenn du nicht denkst:»*Oje, ich hab etwas falsch gemacht*« oder »*Bin ich dran schuld?*«

Eines ist sicher: Ob dein Kind sich hetero- oder homosexuell orientiert, hat nichts mit der Erziehung zu tun. Es wurde zwar schon oft nach Ursachen für Homosexualität gesucht, doch wissenschaftlich bewiesen ist bis heute nichts. Allerdings wird vermutet, dass Veranlagung eine große Rolle spielt.

Kürzlich hat das Bundesfamilienministerium gemeinsam mit dem Deutschen Jugendinstitut die Ergebnisse der ersten bundesweiten Studie»Coming-out – und dann …?!« vorgestellt. Über 5.000 Jugendliche und junge Erwachsene im Alter von 14 bis 27 Jahren haben von ihren Erfahrungen berichtet. Interessierte Eltern können die Studie einsehen.

Mein Rat: Dein Kind ist dein Kind, auch wenn du es dir anders vorgestellt hättest. Es darf lieben und ins Bett gehen, mit wem es will. Wenn uns die Beziehung zu unseren Kindern wichtig ist, müssen wir lernen, sie so zu akzeptieren, wie sie sind. Mich persönlich und ich muss es so offen ansprechen, kotzt und widert es einfach nur an, dass nach Ursachen für etwas so Natürliches gesucht wird, wie Homosexualität. Jeder Mensch hat das Recht zu lieben, wen und wie auch immer. Punkt.

Das ist zwar nicht immer leicht, aber trotzdem:

» UNSER KIND IST EIN TEIL VON UNS, ALSO MÜSSEN WIR LERNEN, ES GENAUSO ANZUNEHMEN, WIE ES IST. VOM UMTAUSCH AUSGESCHLOSSEN.

VON PUBERGÖREN UND KLEINEN MACHOS

Die Pubertät – keine einfache Zeit, weder für die Heranwachsenden noch für uns Eltern. Von Vollrausch über Antibabypille, seltsame Freunde, Skaterplatz, Schulschwänzen, unkontrollierten Wutausbrüchen oder endlosen Heulattacken ist alles dabei. Dass uns das Verhalten von Teenagern an den Rand des Wahnsinns treibt, ist vorprogrammiert. Wer will schon mitten in der Nacht das vollgekotzte Auto nach dem ersten Rausch waschen? War das süße Kleine gestern noch so herzig, liebevoll und lauschte aufmerksam unseren Worten, ist es über Nacht zum Pubertier mutiert, das uns an die eigenen Grenzen bringen kann. Müsste ich der Pubertät einen elterlichen Namen geben, wäre dieser vermutlich: Loslassen. Am besten mit jeder Menge Humor oder einer guten Flasche Rotwein.

»Ich wünschte, ich könnte die Zeit zurückdrehen und alles, was gerade passiert, einfach umtauschen!« Ein Satz, der häufiger fällt, als wir meinen. Natürlich denken wir, sobald sich der süßliche Duft von Gras auch in der elterlichen Nase breitmacht: *»Mein Kind doch nicht! Wo ist die gute alte Legozeit hin?!«* Gleichzeitig beginnt ein Gedankenkarussell, seine Bahnen zu drehen: *»Wird mein Sohn jetzt einer dieser drogenabhängigen Schulabbrecher, für den ich ein Leben lang alles regeln muss, oder geriet meine Tochter unbemerkt in die Fänge eines Dealers?«* Hier die Ruhe zu bewahren, ist übermenschlich, aber möglich.

Betrachten wir die Pubertät als das, was sie ist, ein Übergang vom Kindsein zum Erwachsenen, kann es mitunter etwas leichter sein, gedanklich nicht gänzlich abzudriften. 1948 entwarf der Pädagoge Robert Havighurst das Konzept der Entwicklungsaufgaben. Danach müssen Menschen auf jeder Entwicklungsstufe bestimmte Aufgaben bewältigen, um zur nächsten fortzuschreiten. Er geht davon aus, dass ein Individuum im Verlauf seines Lebens immer wieder unterschiedlichsten Problemen gegenübersteht, die es zu bewältigen gilt. Havighursts Ansatz leistet auch fünfzig Jahre nach seinem Entstehen einen gewichtigen Beitrag zur Erforschung der Persönlichkeitsentwicklung. In der Adoleszenz etwa ist die Ablösung von den Eltern die wichtigste Aufgabe.

Entwicklungsaufgaben resultieren auch aus kulturellen Erwartungen, und daher wird der Eintritt in eine neue Lebensphase oft mit Übergangsritualen wie förmlichen Abiturfeiern markiert. Schamanen praktizieren nach wie vor solche Riten, aber auch in anderen Kulturen finden diese bewusst statt.

»Rituale ziehen eine Grenze zwischen Vorher und Nachher, stiften Zäsur, gliedern die Zeit, wo sonst nur unmerkliche, fließende Übergänge wären. Sie trennen das alte Jahr vom neuen, Schuld von Unschuld, Recht von Unrecht, Kindheit von Erwachsensein, das Leben vom Tod«, schreibt die Historikerin Barbara Stollberg-Rilinger in ihrem Buch »Rituale«. In Phasen von Trauer und Abschied geben Rituale Halt.

Ein Kollege beschrieb, dass er mit seinem 15-jährigen Sohn den Machu Picchu bestieg. Die Aufgabe des Sohnes war, allein das Ticket für den Flug dorthin zu besorgen und die Anreise eigenständig zu bewältigen. Dort angekommen, empfing ihn sein Vater und gemeinsam kletterten sie auf den Berg. Auf dem Gipfel wurde der neue Lebensabschnitt begrüßt.

Das Ritual half beiden dabei, das Alte loszulassen und das Neue zu begrüßen. Vor allem für Eltern von Einzelkindern oder jenen, die ihre jüngsten Kinder an die »Pubertät verlieren« entsteht eine Trauerphase, die bewusst zelebriert und durchlebt werden sollte. Trauer lässt sich nicht einfach überspringen, sie ist umso schmerzhafter, wenn unbemerkt oder unbeachtet etwas Altes endet und etwas Neues beginnt. Rituale helfen uns bei diesem Prozess.

Mir sagte einmal ein Lehrer an meiner Schule: »Ab einem Alter von zwölf Jahren müssen wir langsam, aber sicher damit aufhören, unsere Kinder zu erziehen. Der Übergang, der uns gelingen muss, ist, vom Erzieher zu ihrem Mentor und Ratgeber zu werden. Wir werden bestenfalls zu jemanden, um dessen Rat sie fragen, aber letzten Endes entscheiden sie selbst.« Mir persönlich gefällt die Denkweise, dass es nicht um Erziehung, sondern um Beziehung geht.

Die Grundsteine dafür, dass unsere Nachkömmlinge durchaus dazu in der Lage sind, eigenständig Entscheidungen zu ihrem Besten zu treffen, haben wir bestenfalls in den ersten zwölf Jahren gelegt, und zwar durch eines: Beziehung. Andere Kulturen sagen hingegen: »*Ein Kind ist bis zu seinem 21. Lebensjahr durch eine unsichtbare Nabelschnur mit der Mutter verbunden. Bis dahin ist es ihr Recht, sich um ihr Kind zu sorgen, danach muss sie es jedoch gehen lassen.*«

Vielen Vätern fällt es oft bedeutend leichter zu akzeptieren, dass ihr Kind erwachsen wird als vielen Müttern. Väter sind schon zuvor, etwa ab dem zweiten Lebensjahr, jene, die den Kindern die Welt zeigen.

Meine Mutter, Sucht- und Psychotherapeutin in Österreich, arbeitete lange Zeit im Hochsicherheitstrakt und hatte viel Kontakt mit jungen Erwachsenen, die auf die schiefe Bahn gerieten. Als ich sie fragte, was sie als eine der möglichen Ursachen darin sehe, meinte sie: »Fehlende Rituale. Denn diese geben Halt, Orientierung und Sicherheit. Fehlen sie, suchen sich Jugendliche eben in anderen Dingen ihren Halt. Manchmal kann das auch die schiefe Bahn sein.«

Wenn der bewusste Übergang in eine neue Lebensphase fehlt, kann eine Lücke im seelischen Erleben entstehen.

Gerade Jugendliche brauchen diese bewussten Übergänge, denn sie wollen Grenzen testen, sich erfahren, beweisen und ausdrücken und über sich hinauswachsen. Wichtig hierbei ist, das Alte zu würdigen, nochmal über die Kindheit zu sprechen, alte Fotos rauszukramen, am Abend zusammenzusitzen und darüber zu plaudern, wie das Erlebte empfunden wurde. Aber auch über all das, was gefehlt hat, traurig oder wütend machte, sollte gesprochen werden dürfen, ohne im Drama zu enden.

Rituale an sich können weder verordnet oder verschrieben werden, sie sollten als Einladung verstanden werden, die auf unterschiedliche Weise erfolgen kann. Manche Eltern fahren gemeinsam in den Urlaub mit dem Teenager, wobei dieser die Planung und somit auch die Verantwortung übernimmt. Andere suchen mit den Teenagern am Dachboden nach alten Fotos und Erinnerungsstücken und erzählen dabei Geschichten, sie feiern die Regelblutung gemeinsam mit ihren Töchtern und Freundinnen und heißen somit das Frausein willkommen, oder sie unterstützen dabei, das Kinderzimmer von der Kindheit zu befreien und neu zu gestalten. Selbst wenn erst ein Jahr zuvor neue Möbel gekauft wurden, sollte der Wunsch nach einer Veränderung in den eigenen vier Wänden von den Eltern unterstützt und nicht abgetan werden.

Ich habe bei einer meiner Töchter beobachtet, wie langsam die Kinderspielsachen in Kisten verpackt und aussortiert wurden. Lieblingsteile durften stehen bleiben, alles andere wurde ausgetauscht. Es dauerte etwa sechs Wochen, ehe ihr Zimmer jenem eines Jugendlichen glich. Ich war froh, dass sie sich nicht von heute auf morgen von ihren Schleich-Tieren, Barbiepuppen und Kuscheltieren trennte, sondern auch ich als Mama meine Zeit bekam, mich davon zu verabschieden. Jede Familie darf in dieser Zeit seine eigenen Wege finden, bestenfalls in einem ausgewogenen Verhältnis zwischen gemeinsam und allein. Du wirst merken, dass dein Kind plötzlich nicht mehr alles mit dir zusammen erleben möchte, sondern sich nach und nach immer mehr in seiner Peer-Group aufhält. Wenn du deinem demnächst erwachsenen Wohngemeinschafts-Partner immer wieder Angebote für gemeinsame Unternehmungen machst, zugleich aber nicht beleidigt reagierst, wenn diese abgelehnt werden, dann kann die Pubertät durchaus eine Zeit der Entdeckungen sein, in der wir uns und unsere Kinder neu kennenlernen.

Eines jedoch vorweg: Das Gehirn eines Heranwachsenden funktioniert auf seine eigene Weise, die irrationalen Gefühlsausbrüche mit sich ziehen können. Wenn wir das wissen, fällt es uns Eltern leichter, mit unseren Teenagern zurechtzukommen.

Obwohl Hirnforscher, Psychologen und Entwicklungsmediziner bereits viel über die Adoleszenz herausgefunden haben, ist noch immer unklar, warum Jugendliche ihre Grenzen überschreiten, sich irrational danebenbenehmen, rebellieren und impulsiv oder sogar aggressiv reagieren.

Jetzt wollen Eltern natürlich wissen: *»Ja und, was können wir tun?«* Ein Patentrezept gibt es leider nicht. Im Prinzip gilt auch hier: Mut zur Authentizität und weg von der Perfektion! Ich erinnere mich noch gut daran, als ich zu meiner damals 17-jährigen Tochter sagte: »Dein Verhalten geht mir sowas von auf die Nerven, dir sicherlich auch, oder?« Sie sah mich an und sagte: »Mama, und wie!«

» ELTERN MÜSSEN LERNEN, DASS IHNEN DIE KINDER
EMOTIONAL IMMER MEHR ABHANDENKOMMEN
UND SIE DIE ERZIEHERISCHE KONTROLLE ZUNEHMEND
VERLIEREN. SIE SOLLTEN GEDULDIG SEIN,
DIE TÜRE IMMER OFFENHALTEN, SOHN UND TOCHTER
MÖGLICHST WIE ERWACHSENE BEHANDELN
– IM WISSEN, DASS SIE ES NICHT SIND.
(REMO LARGO)

Dieser Tipp ist nicht immer leicht zu beherzigen und im Alltag so kaum umsetzbar, aber dennoch unfassbar wichtig. Wir Eltern sind auch nur als Menschen geboren und kommen somit aus der realen Welt und nicht aus dem Erziehungsratgeber. Wir werden an unsere Grenzen gebracht, doch manchmal findet sich doch ein guter Weg. Vielleicht schaffst du es, die Pubertät mit einem Glas Wein und einem guten Buch, samt hilfreicher Netflix-Serien oder einem Stück Torte, etwas Humor und viel Kaffee, zu überstehen. Ich wünsch es dir auf jeden Fall. Mir selbst im Übrigen auch. Da sitzen wir alle im gleichen Boot.

Ich hätte so gern ein cooleres Kind mit mehr Selbstvertrauen!

Noah, Vater von Karl, 13, berichtet: »Ich erkenne unseren Sohn kaum wieder. Er war immer ein interessierter Schüler, aber seit einigen Monaten ist er irgendwie faul geworden. Er macht kaum noch Hausaufgaben und hängt nur noch mit seinen Freunden am Sportplatz ab. Ist das jetzt die beginnende Pubertät, oder hat er womöglich irgendwas Schreckliches erlebt, das ich übersehen habe? Kann er nicht wieder so cool und schlau wie früher sein?«

Nachdem ich ein Gespräch mit Karl hatte, klärte sich seine schulische Nachlässigkeit schnell auf. Ein Zwillingspaar hatte in Karls Klasse gewechselt, zwei coole Jungs, wie er sie nannte, die von jetzt auf gleich die beliebtesten der Klasse waren. Er konnte mir nicht genau sagen, woran das lag, aber er war sich sicher: »Die zwei sind so cool, mit denen muss man einfach befreundet sein!« Als ich ihn nach der schulischen Leistung der beiden fragte, wurde er plötzlich etwas leiser und sagte: »Tom und Pete sind keine guten Schüler ...«

Damit war mir vieles klar. Denn das Selbstwertgefühl beziehen Jungs häufig aus der Anerkennung in einer Gruppe. Eventuell darf ein Schüler gar nicht besser werden als ein anderer der Peer Group, weil er sonst beispielsweise aus dem »Schlechtleser-Club« fallen würde oder als »Streber« die Achtung seiner Kameraden verlieren würde.

» DIE ANGST VOR ABLEHNUNG IN EINER GRUPPE IST OFT GRÖSSER ALS DER WUNSCH, BESSER ZU WERDEN!

Mädchen hingegen sind Individuen, sie bauen Beziehungen zu anderen Einzelnen auf und koordinieren sich in kleinen Grüppchen. Jungen hingegen übernehmen Ziele eher von außen, dadurch gelten sie manchmal als zielloser.

Mädchen wollen gern ihr Bestes geben, denn gute Leistungen steigern das Selbstwertgefühl, schlechte Noten hingegen lassen sie eher leiden. Jungen hingegen machen sich gern über schlechte Noten lustig, wenn sie in einer Gruppe integriert sind, die gute Noten als »doof« oder vielleicht sogar als »Weiberkram« ablehnt.

Als ich Noah erklärte, dass Karl durch seine neuen Klassenkameraden anscheinend das Gefühl hatte, nur mithalten zu können, wenn auch er sich auf ihr schulisches Niveau begab, konnte er seinem Sohn anderes und einfühlsamer begegnen. Bezüglich schulischer Leistungen machen wir Eltern uns oft enormen Druck. An vielen Stellen müssen wir lernen, darauf zu vertrauen, dass unser Kind seinen Weg finden wird und immer wieder das interessierte Gespräch suchen und gegebenenfalls unsere Unterstützung, ohne Maßregelung, anbieten.

Ich hasse das Lehrer-Eltern-Gespräch!

Sybille und Arno erzählen: »Jedes Mal, wenn mitten im Meeting das Telefon klingelt, zucken wir beide kurz zusammen, weil wir annehmen, dass es wieder die Schule ist und unser Sohn Luis etwas angestellt hat. Wir hassen das Elterngespräch und spielen Schnick-Schnack-Schnuck, ehe wir wissen, wer von uns beiden hingehen muss.«

Ich kenne viele Eltern, denen es ähnlich geht, sobald die Nummer der Schule am Display erscheint. Lehrergespräche können gerade dann ätzend werden, wenn entweder der Lehrer unser Kind auf dem Kieker hat oder wenn unser Kind tatsächlich einen Bock nach dem anderen abschießt und wir immer ranmüssen. Immerhin wollen Eltern ihre Kinder beschützen und gehen tendenziell eher davon aus, der Lehrer oder unser Kind würde den Fehler machen. Grundsätzlich ist es immer einfacher, die »Schuld«, sofern es diese überhaupt gibt, beim anderen zu suchen. Das ist nicht immer sinnvoll, aber menschlich.

Selbstverständlich werden Elterngespräche von Schule zu Schule, aber auch von Lehrer zu Lehrer völlig unterschiedlich gehandhabt, und grundsätzlich können wir schon davon ausgehen, dass Lehrer deshalb Lehrer geworden sind, weil sie eine positive Grundhaltung Kindern und Teenagern gegenüber haben. Aber natürlich gibt es, wie bei allen Berufsständen, hier und da auch schwarze Schafe. Es gibt Lehrer, die sich schlicht nie melden, weil sie alles im Unterricht oder danach mit den Schülern direkt regeln, es gibt aber auch welche, die wegen jedem Pips anrufen. Es gibt Lehrer, die definitiv viel Gutes tun, und es gibt Lehrer, die besser keine hätten werden sollen. Das sehen wir doch Eltern gegenüber genauso, nicht wahr?

Ich erinnere mich an Klara, die ihr Kind in einer alternativen Schule angemeldet hatte und erzählte: »Am Anfang dachte ich ja noch, wie überaus toll und engagiert der Klassenlehrer war. Er rief mindestens einmal pro Woche an, um mir von meinem Kind im Unterricht zu erzählen. Aber mit der Zeit wurde das immer nerviger. Irgendwann artete es sogar so aus, dass der Lehrer vormittags bei mir anrief, als ich gerade im Büro war und mich sofort in die Schule zitierte. Ich dachte schon, weiß Gott was ist passiert. Als ich ankam, erzählte er mir nur, dass mein Sohn unerlaubterweise während des Unterrichts Wasser getrunken hatte und er deshalb im Kreis stehen musste. Meine Freundinnen dachten schon, der Lehrer wäre in mich verliebt, so oft wurde ich in die Besprechung zitiert. Nach einem halben Jahr hatte ich keine Lust mehr und sagte ihm: ›Hören Sie endlich auf damit, mich wegen jeder Kleinigkeit anzurufen und machen sie gefälligst Ihren Job.‹ Der Lehrer zeigte sich ziemlich irritiert und hat seither nie mehr bei mir angerufen. Ich bin froh drum, ehrlich, das war das schrecklichste Schuljahr meines Lebens.«

Tom erzählt: »Mich nerven diese Elterngespräche enorm. Ich weiß nicht, wozu sie dienen sollen. Abends noch schnell nach einem anstrengenden Tag im Büro zwei Stunden lang dabei zuhören, welche Arbeiten die Kinder die kommenden sechs Wochen machen, warum sie gesunde Jause mitbringen sollen und ich vor acht anrufen muss, wenn sie krank ist – alles Dinge, die mir der gesunde Hausverstand sagt. Ich finde, Elternabende und Lehrergespräche sind meist nur Zeit- und Energieverschwendung. Es wäre deutlich sinnvoller, Feedbackgespräche, wie bei uns in der Firma, zu veranstalten, mit Feedbackbögen für beide Seiten, Zielsetzungsbesprechungen und das Erarbeiten von sinnvollen Strategien, wie es mit dem Lernen noch besser klappen könnte. Natürlich geh ich trotzdem hin und sitze die Zeit ab, Spaß macht es mir aber nicht. Das Problem sind meist die vielen Vorgaben für Lehrer von der Schule, an die sie sich halten müssen, die Vorgaben, was wir Eltern alles zu tun haben oder aber auch andere Eltern, die immer alles über ihr Kind wissen wollen.«

Ich kenne unglaublich tolle und engagierte Lehrkräfte, die sich wirklich bemühen, um den Kindern in Anbetracht der hundert Jahre alten Schulstruktur eine gute Zeit zu bescheren. Erst vergangene Woche lernte ich die australische Lehrerin meines Sohnes kennen und dachte mir, als ich ihrem Vortrag lauschte: »Eine grandiose Pädagogin, klug, reflektiert, liebevoll und humorvoll, die hat es echt drauf.« Aber ich kenne natürlich auch Lehrer, denen man durchaus so einige Pathologien diagnostizieren könnte. Von der hochneurotischen Klassenlehrerin bis zum zwanghaften Mathelehrer über den depressiven Geschichtslehrer ist alles dabei.

» LEHRER SIND AUCH NUR MENSCHEN UND KEINE HALBGÖTTER.

Eltern stellen natürlich gewisse Erwartungen an Lehrer, so wie diese an sie oder die Schüler haben, und nicht selten beißt sich hier die Katze in den Schwanz. Wer ist nun wofür zuständig, und wann sollten die Eltern rausgehalten und wann doch involviert werden? Der Satz: »Das solltest du eigentlich in der Schule lernen« versus »Das solltest du eigentlich zu Hause gelernt haben« steht nicht selten im Ring des »Recht-haben-Wollens«. Was ist nun die Aufgabe der Eltern und was der Lehrer? Lernen Kinder soziales Verhalten in der Schule oder zu Hause? Im Grunde müssen wir gemeinsam eine Brücke erbauen, die uns verbindet.

Letzten Endes kann ich dir nur eines raten: Es geht bei der Wahl der richtigen Schule natürlich in erster Linie darum, ob dein Kind sich wohlfühlt. Aber auch du solltest mit dem Lehrer, dem Konzept und der Schule klarkommen. Du erwartest nun vielleicht, dass ich gesagt hätte: »Es geht bei der Wahl der Schule nur um dein Kind, nicht um dich. Bedauerlicherweise habe ich schon Dramen erlebt, weil sich zwar das Kind pudelwohl fühlte, aber die Mutter partout nicht mit dem Lehrer klarkam. Es ging einmal sogar so weit, dass sich eine Elternschaft zusammengetan hat und gemeinsam einen Lehrer aus der Schule mobbte, den die Kinder über alles schätzten und mochten. Es bringt also nichts, wenn du den Lehrer total doof findest und diese Haltung deinem Kind vermittelst, weil dein Kind irgendwann zum verlängerten Arm und Sprachrohr deiner Stimmung wird oder sich, wie bei getrennt lebenden Eltern, in einem Loyalitätskonflikt befindet, vor allem dann, wenn der Lehrer zu einer Bezugsperson geworden ist. Deshalb hast du letzten Endes mehrere Möglichkeiten:

• Du tust alles dafür, um mit dem Lehrer klarzukommen (vor allem, wenn dein Kind ihn/sie mag). So leid es mir tut, aber in diesem Fall ist es wirklich unser Job als Eltern, die Gefühle der Ablehnung in den Griff zu bekommen.

• Du suchst gleich nach dem ersten Gespräch zwischen dir und dem Lehrer oder der Lehrerin eine neue Schule, weil du schon jetzt weißt, dass die Chemie zwischen euch nicht stimmt und du keine Lust auf eine vierjährige Beziehung mit viel Frust hast.

• Du schreibst auf, welche Erwartungen du an das Lehrpersonal hast und überprüfst, ob diese Sinn machen oder überhaupt erfüllbar sind. Manchmal erwarten wir einfach zu viel und entdecken durch das Bewusstmachen erst, dass dem so ist. Du findest dadurch heraus, ob deine Erwartungen wirklich im Leistungsspektrum des Lehrers liegen oder eine Wunschvorstellung oder schlicht Projektion deinerseits sind.

• Du versuchst herauszufinden, ob dieser Mensch, der dein Kind viele Stunden des Tages betreut, grundsätzlich eine positive Haltung deinem Kind gegenüber hat. Es gibt einfach auch zwischen Schülern und Lehrern eine Chemie. Manche Lehrer, so gern sie Kinder auch haben, kommen einfach nur mit einem bestimmten Schülertypus klar. Es kann sein, dass ein Kind, weil es aufmüpfiger ist als der Rest der Klasse, spürt, nicht willkommen zu sein. Fragt man die Lehrkraft nach seinen oder ihren ehrlichen Gefühlen dem Kind gegenüber, gestehen sie sich vielleicht ein: »Es ist anstrengend mit dem Kind. Ich habe dafür zurzeit einfach keine Nerven. Vielleicht wäre es bei jemand anderem besser aufgehoben.« Aus meiner Sicht sollte das kein Tabu sein, wenn sich deine Intuition bestätigt, denn viel zu oft passiert es, dass Schuld hin- und hergeschoben wird und sich am Ende einer der beiden definitiv schlecht fühlt. Es kann in der Beziehung zwischen Menschen, ja auch zwischen Lehrern, Eltern und Schülern, einfach auch die Chemie nicht stimmen. Das sollte nichts Verwerfliches sein. Kritisch wird es, wenn du feststellst, dass es dir kein Lehrer wirklich Recht machen kann oder dass dein Kind tatsächlich etwas über die Stränge schlägt. In diesem Fall empfehle ich viele aufrichtige Gespräche. Besteht grundsätzlich eine Bereitschaft unter den Parteien, einander mit Respekt und Wertschätzung zu begegnen, können solche zunächst aufreibenden Beziehungen auch sehr erfüllend werden. Schule ist bestenfalls auch ein Lernfeld in Sachen Beziehung.

Grundsätzlich schlage ich immer vor, das Gespräch zu suchen. Dabei solltest du jedoch folgende Punkte beachten:

• Sende nur ICH-Botschaften, das bedeutet, dass du lediglich über deine eigenen Gefühle und Wahrnehmungen sprichst, ohne zu sagen: »Sie sind« ... oder »Sie machen« ... oder »Sie haben« ... sondern: »Ich bin unsicher, weil ich erfahren habe, dass mein Kind offenbar nachsitzen musste. Dabei stellten wir fest, dass der Grund dafür *schwer nachzuvollziehen war. Ich bitte Sie deshalb um eine Klärung, damit wir uns wieder wohler fühlen.*« Das kommt ganz anders an als: »*Sie haben mein Kind ungerecht behandelt und schon wieder nachsitzen lassen. So etwas Ungerechtes dürfen Sie nicht machen!*«

– Im ersten Fall wirst du feststellen, dass die Lehrerin mit dir vermutlich offen und harmonisch kommunizieren wird, im zweiten Fall bekommt der Lehrer eine Ladung elterlicher Emotionen ab und wird sich, je nachdem wie gut gelaunt er an diesem Tag ist, vermutlich verteidigen oder dich und dein Kind verbal angreifen. Beides sind, wie du bereits gelernt hast, Strategien des Bodyguards. In einem Eltern-Lehrer-Gespräch möchten wir jedoch auf der Ebene des Zen-Meisters sprechen.

• Versuche, dich vor dem Gespräch zu beruhigen. Je sachlicher du agierst, desto kompetenter wirkst du und desto leichter findet ihr eine gute Lösung. Wenn Erwachsene emotional nicht gut drauf sind, kann so ein Gespräch schnell ausarten.

Ich hör nur: »Kein Bock!«

»Pete, würdest du mir bitte kurz in der Küche helfen?«, fragt Frank, Petes Papa.

»Kein Bock«, antwortet Pete und baut weiter an seinem Lego Star Wars-Schiff.

Frank ist ziemlich sauer und sagt: »Hör mal, wenn du mir jetzt nicht sofort in der Küche hilfst, sperr ich dir das Internet!« Jetzt wird Pete wütend: »Was hat das denn jetzt damit zu tun? Du nervst so dermaßen Papa, keine Worte!«

Jetzt reicht es Frank. Er knallt die Tür zu, geht zu Marie,

seiner Frau und sagt:»Wenn der Junge jetzt nicht bald mal mehr Respekt mir gegenüber zeigt, schlägt es dreizehn! Mir reicht es. Ich fahr mit ihm am Wochenende bestimmt nicht zum Zelten!« Marie sitzt gerade über einem Blogartikel, den sie schreibt und kann Franks Toben gar nicht zuordnen, deshalb antwortet sie:»Hör mal Frank, du weißt, dass ich immer nur eine Stunde pro Tag für meinen Job aufbringen kann, und genau da störst du mich. Außerdem kannst du deine Streitereien mit unserem Sohn sicherlich auch alleine austragen und brauchst nicht die Mami dazu.« So, das saß, und wie. Frank läuft leicht rot an und schnaubt zurück:»Das ist ja jetzt wohl die Höhe! Wie viele Monate sitzt du nun schon an diesem Blog, ohne dass dabei etwas rauskam? Ich geh täglich acht Stunden ins Büro, und wenn ich nach Hause komme, kümmere ich mich um Pete, muss die Küche aufräumen und niemanden interessiert, wie es mir geht. Ich gehe und komme am Abend wieder, ihr könnt mich mal, ich hab keinen Bock mehr.«

Pete ist 13 und zwischen Kindsein und Pubertät. Er mag sein Lego mindestens genauso gern wie Minecraft. Bevor Frank nach Hause kam, war Petes Freund Max da. Gemeinsam bauten sie an dem Starwars-Schiff. Als Max nach Hause musste, versprach ihm Pete, es so gut es ging fertigzumachen und ihm später davon ein Foto zu schicken. Pete hilft Frank sonst gern, aber gerade hat er einfach viel um die Ohren, so ein Starwars-Schiff baut sich nicht von allein auf.

Frank ist 46, Ingenieur und Führungskraft in einem mittelständischen Unternehmen. Er ist zurzeit ziemlich gestresst, weil er mehreren Mitarbeitern kündigen musste, was ihm echt schwerfiel. Als er nach Hause kam, wollte er eigentlich kurz joggen gehen, aber als er die Küche sah, plagte ihn sein Pflichtbewusstsein und er dachte sich:»Komm, das mach ich noch schnell und dann läufste los.« Mittendrin, als er den Milchreis von heute Morgen vom Boden des angebrannten Topfes kratzte, dabei abrutschte und sich den Finger anknackste, überlegte er es sich aber dann doch anders und wollte Pete zur Mithilfe mit ins Boot holen. Leider hat Frank in diesem Intermezzo weder kommuniziert, warum er sauer auf Pete war, noch die Konsequenz schlüssig erklärt oder gesetzt. Außerdem war ihm nicht bewusst, dass sein Ärger, eigentlich durch den Stress im Job und die Entscheidung zu spülen, anstatt etwas für sich zu machen, ausgelöst wurde. In seiner Welt waren es Petes Null-Bock und Maries Blogzeit, die ihn nervten. Marie hatte heute einen richtig gestressten Tag, deshalb konnte sie auch nicht spülen. Zuerst rief Franks Mutter an, dass sie unbedingt zum Arzt gefahren werden muss, danach hatte Marie noch ein Elterngespräch in der Schule und später rief noch ihre Blogkollegin an, die überlegt, aus dem gemeinsamen Projekt auszusteigen. Als Frank so geladen in der Tür stand und ihr vorhielt, was sie selbst zwar wusste, aber nicht zwischen Tür und Angel besprechen wollte, wurde auch sie sauer. Seit Wochen war Frank enorm angespannt und auch sie selbst merkte, dass ihre eigene Laune genauso zu wünschen übrigließ.

Eine alltägliche Familiengeschichte, wie sie die meisten von uns doch auch kennen, nicht wahr? Als die drei sich bei mir meldeten, brachten sie auf den Punkt, wie es im Grunde jedem einzelnen von ihnen ging: »*Wir haben alle keinen Bock mehr!*«

Pete war einerseits gefrustet, weil seine Eltern ständig am Nörgeln waren, andererseits weil es ihm schwerfiel, zwischen Kindsein und Teenagerleben hin- und herzupendeln. Marie wollte die Haushaltskasse unbedingt mit ihrer Blogidee auffüllen, aber das Unternehmen hakte an jeder Stelle. Außerdem war sie damit überfordert, die Schwiegermutter zu pflegen, irgendwie ist sie da so reingerutscht, und statt Dank von Frank dafür zu bekommen, war er dann obendrauf genauso unausgeglichen. Und Frank, ja Frank wollte im Grunde genauso mutig wie seine Frau sein, sein eigenes Unternehmen starten und endlich kündigen, hatte aber Angst vor diesem Schritt.

Erinnerst du dich an Situationen, in denen du keinen Bock mehr hattest? Wir Erwachsenen können zwischen: »Ich muss es trotzdem machen!« und »Nein, das delegiere ich oder schiebe es in meiner Prioliste nach hinten!« unterscheiden. Kinder nicht. Wenn sie keinen Bock haben, lernen sie den Unterschied erst. Beispielsweise gibt es Kinder, die absolut keinen Bock auf Schlafen gehen, Zähne putzen, Schule, Gemüse, mithelfen oder Offlinezeit haben und nach und nach lernen, dass das ein oder andere trotzdem zum Leben dazugehört. Von Teenagern erwarten wir, dass sie schon zwischen »wichtigen Dingen« und »unwichtigen Dingen« unterscheiden können. Genau diese Erwartung ist oft das oberste Frustthema. Nicht selten denken Eltern:

»In deinem Alter musste ich schon arbeiten gehen und Geld verdienen und du liegst hier nur faul rum!«

Wenn wir unseren Kindern beibringen, dass Pflichten auch mit Freude erledigt werden können, fällt es um einiges leichter. Das kennen wir selbst genauso gut. Es gibt aber auch Kinder, die so dressiert werden, dass sie überhaupt nicht mehr wahrnehmen, ob sie nun Bock haben oder nicht. Sie tun, was von ihnen verlangt wird, ohne darüber nachzudenken. Ähnlich wie die Ponys aus unserer Kindheit, die stundenlang auf dem Kirmes im Kreis gehen mussten, ohne einen eigenen Willen zu zeigen.

Klar ist Null-Bock nervig, und es wäre definitiv leichter, wenn die Kinder machen, was wir wollen, aber stell dir mal vor: Wie wäre es, wenn jemand zu deinem Kind sagen würde: »Spring von der Brücke« oder »Nimm diese Droge« oder »Zieh dich aus und leg dich hin« und es zustimmt? Fändest du es in diesen Situationen nicht absolut notwendig, dass sich dein Kind klar ausdrücken kann und bekommt »Kein Bock« in diesem Kontext nicht eine Notwendigkeit?

» ES IST ÜBERLEBENSNOTWENIG, UNSEREN KINDERN BEIZUBRINGEN, DASS ES DINGE GIBT, DIE NOTWENDIG UND VERPFLICHTEND SIND UND ANDERE, DIE WENIGER WICHTIG ODER GAR SCHÄDLICH SIND.

Die Fähigkeit, diese beiden Dinge voneinander zu unterscheiden, wird deinem Kind enorm helfen. Sei es in Beziehungen, im Alltag, innerhalb von sozialen Systemen, aber auch im Business. Wie oft ertappen wir uns in der Situation, die Prioritäten falsch gesetzt zu haben und erfahren dadurch Nachteile? Die Erfahrung lehrt uns meist, worauf wir verzichten können und worauf wiederum nicht.

Damit wir unseren Kindern diesen Unterschied beibringen können, haben wir ihnen einige Lebenszeit hier auf Erden voraus und aufgrund dessen auch mehr Erfahrung. Problematisch wird es, wenn wir aufgrund unserer eigenen Biografie womöglich selbst als Kind niemals gelernt haben, unsere Grenzen wahrzunehmen oder auszudrücken. Wenn wir etwa in der Phase der Autonomie stets gebremst wurden, dann werden wir später als Eltern womöglich dazu tendieren, unseren Kindern enge Grenzen zu setzen oder genau das Gegenteil tun, um sie vor demselben Schmerz, den wir als Kind erlebt haben, zu bewahren. Wir werden vermutlich genau das tun, was unsere Kinder für richtig halten und uns selbst enorm zurücknehmen.

Mit dem Gedanken, den Kindern dadurch etwas Gutes zu tun, kommen wir jedoch spätestens, wenn sie mit System-Einrichtungen konfrontiert werden, an die Grenzen. Frühestens aber, wenn wir völlig erschöpft im Bett liegen. Damit beginnt letzten Endes derselbe Kreislauf, den wir als Kind hatten. Wieder übergehen wir unsere eigenen Grenzen. Viele Eltern, die ihren Kindern keine oder sehr wenige Limits setzen, befinden sich in einem emotionalen Hamsterrad. Ihr inneres Kind möchte Freiheit und erlebt nun, dass gewisse Grenzen durchaus sinnvoll sind und Grenzenlosigkeit irgendwann erschöpft. Ähnlich einem Wasserglas, ohne Glas. Einem Ufer, ohne Ufer. Das Wasser oder Meer fließt ohne Halt und Orientierung ins Land hinein und versiegt dort so lange, bis nichts davon mehr vorhanden ist. »Kein Bock« zeigt oftmals einfach nur an, dass wir unsere Bedürfnisse übergehen.

Ich persönlich finde diesen Zustand bedenklich und würde gern dazu ermutigen, die eigenen Grenzen, mit jenen der Teenager in Einklang zu bringen. Das geht meist nur mit Kompromissen. Denn jede Entscheidung, die wir treffen oder aber auch nicht, bringt Konsequenzen mit sich.

>> *DER KOMPROMISS IST OFT DIE BRÜCKE ZWISCHEN EINER ENTSCHEIDUNG UND DER DAMIT VERBUNDENEN KONSEQUENZ.*

Ich glaube, das ist eine der größten Herausforderungen der modernen Elternschaft.

Jetzt ist es in der Beziehung zwischen Eltern und Kindern so, dass jede Partei zwar das Gefühl »keinen Bock« wahrnehmen und fühlen kann, aber letzten Endes doch keine andere Wahl hat, als eine Entscheidung zu treffen, denn was ist die Konsequenz dieses Gefühls?

Die meisten Eltern machen mit ihren Alltagspflichten weiter und die Kinder tun entweder, was von ihnen verlangt wird, weil sie keine andere Wahl haben, oder sie rebellieren.

Wenn das »Keinen-Bock«-Haben überhandnimmt, aber die eigentliche Ursache für dieses Gefühl übergangen oder nicht gefunden wird, folgen meist seltsame Handlungsschritte: Denn die Rebellion kann auch von Eltern vollzogen werden.

- Papa zieht aus, weil er sich von Mama und den Kindern nicht mehr verstanden fühlt.
- Mama hat eine Affäre, weil sie sich von Papa nicht mehr gesehen, verstanden und wertgeschätzt fühlt.
- Das Kind probiert doch mal Drogen aus, ist doch eh schon alles egal.
- Papa hat täglich Frust und liegt am liebsten auf dem Sofa, weil er keinen anderen Ausweg kennt, soll Mama doch den Haushalt schmeißen.
- Mama ist gefrustet und hat weder Bock auf Sex mit Papa noch darauf, den ganzen Tag den Kindern hinterherzuräumen, lieber geht sie zum Tennis und legt sich unters Messers. Wo man Botox überall verwenden kann, ist erstaunlich! Mama findet es garantiert heraus.

Weder die Kinder noch die Erwachsenen können aus ihrer Sicht das Setting »Alltag« oder Familienleben einfach verlassen. Aus diesem Grund wird das Gefühl *»Ich hab keinen Bock«* kompensiert, ignoriert oder auf andere total wichtige Aufgabenbereiche verlagert. Die Rebellion hat begonnen! Vielleicht zuerst im Kleinen, aber irgendwann endet sie an einem Punkt, an dem das Familiensystem zu kippen droht.

Eine Seminarteilnehmerin sagte mir mal: »Mein Mann ging sonntags immer in die Kneipe. Am Anfang sagte ich nichts dazu, aber als es anfing, mich zu ärgern, hab ich ihm dann keine Knödel mehr zum Sonntagsbraten dazugemacht. Ich hatte einfach keinen Bock mehr, ihm seine Vorlieben zu erfüllen. Da guckte er ziemlich doof aus der Wäsche. Als ich dann auch absichtlich seine Hemden nicht mehr gut bügelte und Sex verweigerte, fragte er mal nach, was das alles sollte. Natürlich hörte er nicht mit dem Trinken auf und genau deshalb gibt es sonntags eben nach wie vor keine Knödel zum Braten.«

Das war ihre Art der Rebellion. Anstatt mit ihrem

Mann über ihre Wünsche und Grenzen zu sprechen, fand sie einen Weg, ihm eins auszuwischen. Sinnvoll ist das nicht gerade, aber je nach eigener Prägung durchaus verständlich und nachvollziehbar. Denn die liebe Frau hatte nie gelernt, dass ihre Wünsche wichtig sind. Aus diesem Grund gab sie schon früh auf, darüber zu sprechen und fand andere Wege, um auf sich aufmerksam zu machen. Mit ihrem Mann suchte sie sich einen Partner, der ihre bisherigen Erfahrungen an Mitmenschen widerspiegelte: *»Ich bin dir doch sowieso egal.«*

Wenn uns der Alltag oder die Art, wie mit uns umgegangen wird, zu viel wird, suchen wir nach Auswegen. Denn in einer Familie ist es nur eingeschränkt möglich, einfach auszusteigen.

Wenn wir keinen Bock mehr haben, aber keinen Ausweg sehen, kommt Frust, Wut und Ärger hoch, dann schubsen wir das Problem weg. Ignorieren wir die Wut, die uns ein wunderbarer Wegweiser dafür wäre, dass dringend etwas verändert werden muss, ist der nächste Schritt die Erschöpfung, Depression oder eben: *»Null-Bock«*. Im Grunde können wir »keinen Bock« mit Folgendem übersetzen:

- »Ich habe zurzeit keinen richtigen Antrieb oder eben etwas Besseres, Anderes oder Einfacheres zu tun. Ich sehe keinen Anreiz darin zu tun, was von mir verlangt oder gefordert wird, weil mir der Sinn und die Motivation dahinter fehlt.«

Familienmitglieder sind einander ausgeliefert, im wahrsten Sinne des Wortes. Wenn Kinder überlastet sind, sich nicht gehört oder wahrgenommen fühlen, hören Eltern oft: »Ich hab keinen Bock!«

Wenn wir Menschen nicht mehr wissen, wie wir an einen anderen Menschen rankommen oder bekommen können, was wir wollen, drohen wir. Das Ding ist, mit Macht,

Druck und Dominanz klappt das Ganze nur bedingt, das wissen wir im Grunde. Trotzdem geht das Dominanzpferd mit uns besonders dann durch, wenn wir überlastet oder in die Enge getrieben sind. Wie kommen wir also raus aus der Falle?

Einerseits dadurch, dass wir uns wieder für uns selbst und den anderen interessieren. Wenn etwa Frank und Marie sich zumindest einmal die Woche konsequent zusammensetzen, um zu besprechen, wie sie sich wirklich und wahrhaftig fühlen, anstelle nur über Alltags-To-dos zu sprechen, hätten sie zumindest eine Ahnung, was in beiden vorgeht. Vielleicht wäre es dann möglich zu sagen:»Aha, da stehst du, ich verstehe, dass es dir zu viel geworden ist. Wir müssen uns um eine Lösung kümmern und schauen, ob wir alle damit zurechtkommen.« Kein Bock ist im Grunde ein Plateau, das anzeigt, dass eine Veränderung an die Tür klopft.

>> *WIR MÜSSEN IN DIESER LEISTUNGSORIENTIERTEN GESELLSCHAFT ERSTMAL ZULASSEN, KEINEN BOCK HABEN ZU DÜRFEN.*

Die Lösung ist, wie bei allem: Reflektion, Austausch und ehrliches Hinsehen.

- Wo fehlt mir der Antrieb in meinem Leben?
- Welche Aktivitäten außerhalb meiner Pflichten würden mein Herz zum Hüpfen bringen?
- Nehme ich meine persönlichen Grenzen wahr und kommuniziere sie auch?
- Erlaube ich meinen Kindern und meinem Partner, ihre persönlichen Grenzen anzusprechen und nehme diese wahr? Finden wir Kompromisse?
- Welche Art der Kommunikation würde ich mir wünschen?

- Worauf reagiere ich selbst trotzig, weil meine eigene Autonomie eingeschränkt ist, und wie öffne ich mich, weil ich mich in meinen Bedürfnissen gesehen und gehört fühle?
- Worauf bezieht sich mein »Null-Bock«-Gefühl wirklich?
- Wo ist meine eigene Initiative gefragt, um dem Alltag wieder mehr Sinn und der Familie wieder mehr Wert zu geben?

Piercing, Arschgeweih und ständiges Genörgel ... Das Kind soll endlich ausziehen!

»Bernd, du regst mich so auf! Das kann doch nicht sein, dass du zu allem Ja und Amen sagst! Wie soll ich dir vertrauen, wenn du jeden Scheiß mitmachst?«

Arndt ist frustriert, weil sein Sohn Bernd ohne Führerschein mit dem Moped am Parkplatz herumfuhr, nur weil einer seiner Kumpels ihn dazu aufforderte. Bernd ist das Ganze zwar unangenehm, aber warum sein Vater daraus jetzt so ein Drama macht, ist ihm nicht klar. »Es war doch nur Spaß! Meine Güte, jetzt reg dich nicht so auf, es ist mein Leben und nicht deines!«, wirft er ihm entgegen.

Laura, 17, kommt mit einem Nabelpiercing und einem »Arschgeweih-Tattoo« nach Hause. Ihre Eltern wussten davon nichts und waren entsprechend sauer. Auch sie sagen zu ihr: »Das hast du nur gemacht, weil deine Freundinnen den gleichen Mist haben! Du wärst doch nie allein auf diese Idee gekommen!« »Natürlich«, erwidert Laura. »Ich wollte das selbst schon immer haben, nur weil ihr so altbacken seid, heißt das nicht, dass ich eurer Meinung sein muss. Ich will mit dem Trend gehen. Alle auf Insta haben das gleiche Tattoo und ich find es cool! Was ist schon dabei? Das ist mein Körper! Ich kann damit machen, was ich will.«

Das saß. Beide Elternteile sind ob der Antworten erstmal geschockt und wissen nicht wirklich, was sie darauf sagen sollen. Arndt antwortet deshalb entgeistert:»Solange du deine Füße unter meinen Tisch stellst, hörst du damit auf, so einen Mist zu machen! Immerhin musste ich mich jetzt bei der Polizei erklären, denkst du, ich habe auf so etwas Lust? Ich bin derjenige, der deinen Karren aus dem Dreck zieht, nicht du! Du kannst ja schauen, wie weit du kommst, wenn du ohne mich leben musst.«

Auch das saß. Erika, Lauras Mama, erwiderte ihrer Tochter:»Ich sag dir mal was, mein Fräulein. Mir ist egal, wer auf Insta alles ein Arschgeweih hat oder nicht, du bist meine Tochter und mir deshalb nicht egal. Ich will wissen, wenn du sowas vorhast! Wenn du das noch einmal verheimlichst, streich ich dir das Taschengeld, dann kannst du sehen, wie du dir den nächsten Mist leisten kannst!«

Jetzt könnten wir, als reflektierte Eltern denken:»*Naja, das hätten die beiden deutlich besser kommunizieren können. Jetzt ist es eh schon rum und daran ändern lässt sich nichts mehr. Besser sie ergründen gemeinsam, wie es hat so weit hat kommen können.*«

Ich verstehe beide Seiten. Die jungen Erwachsenen wollen sich selbst ausprobieren, ihre Grenzen finden und dem kindlichen Zeitalter, in dem sie die Eltern um alles bitten mussten, entfliehen. Die Eltern sind noch einige Jahre für ihre Kinder verantwortlich und möchten natürlich wissen, was diese ohne sie treiben.

Als ich mit Erika sprach, sagte sie nach einer Weile: »*Was denken die anderen jetzt von mir? Dass ich meine Tochter nicht im Griff habe? Warum tut sie so etwas ohne mich? Früher war ich bei allem dabei, jetzt will sie sogar bei so wichtigen Dingen, dass ich weg bin. Das macht mich traurig. Ich will, dass sie wieder klein ist. Ich will, dass sie sicher ist und nicht in den falschen Freundeskreis gerät.*«

Erika sagte mit diesen Sätzen vieles aus. Ihre Sorge, im

Leben ihrer Tochter keine Rolle mehr zu spielen und ihre Trauer darüber, dass die Zeiten des engen Kontaktes nicht mehr in der früheren Form vorhanden waren, aber auch ihre Angst, versagt zu haben. Gemeinsam arbeiteten wir daran, dass Erika ihre Tochter etwas mehr loslassen konnte und gleichzeitig die Frage stellte: *»Wie kann ich mich mit meiner Tochter auf einer neuen Ebene verbinden?«*

Sie fand ihre Antwort darin, Insta zu installieren, sich gelegentlich in Lauras Zimmer zu setzen und sich gemeinsam mit ihr die Storys von deren Idolen anzusehen. So realisierte sie, dass diese »Welt« für Laura wichtig war, zeigte mehr Interesse daran und hörte auf sie schlechtzureden. Natürlich fand sie es nach wie vor nicht gut, dass Laura ein Piercing und Tattoo hatte, aber nun war sie sich um einiges sicherer, dass ihre Tochter sie in ihre Vorhaben einweihen würde, weil sie wieder zu einer respektierten Vertrauten wurde.

Bei Arndt war das ein wenig anderes. Er hatte absolut kein Verständnis für die Abenteuer seines Sohnes und spannte ihn, wie er ausdrückte: *»zu Hause so eng an den Karren, dass er keine freie Zeit mehr für dumme Ideen hat«.*

Arndt kam zu mir in die Praxis, als sein Sohn mit 18 Jahren in einer Nacht-und-Nebel-Aktion auszog und er keine Ahnung mehr hatte, wo sich dieser aufhielt. Arndt war am Boden zerstört und murmelte: »Ich wollte das doch alles nicht! Ich hatte nur Angst um ihn und wollte nicht, dass er auf die schiefe Bahn gerät. Bei mir hat das damals doch auch funktioniert. Mein Vater hatte ständig irgendwas im Haus zu tun und ich half ihm dabei. Ich habe zwar auch den ein oder anderen Blödsinn gemacht, aber nie Gravierendes. Ich verstehe nicht, warum Arndt ausziehen musste und mir den Rücken kehrte. Wie kann er nur so undankbar sein, bei allem, was ich für ihn getan habe?«

Erst nach einigen Stunden im Gespräch mit mir wurde Arndt bewusst, dass er damals die gemeinsame Zeit mit seinem Vater nur deshalb genossen hatte, weil er sich freiwillig zu ihm gesellt hatte, um ihm nah sein zu können. Er selbst wählte den »braven Weg«, um sich der Familie zugehörig zu fühlen. Sein Sohn rebellierte und wollte sich aus den engen Regeln innerhalb der Familie befreien. Arndt gelang nur zögerlich der dringend notwendige Perspektivwechsel. Nach einigen Recherchen fand er heraus, dass sein Sohn eine neue Freundin hatte und bei ihr untergekommen war. Arndt entschuldigte sich für sein Verhalten und hörte Bernd das erste Mal so richtig zu. Dieser sagte: »Papa, ich bin ein ganz normaler Teenager. Ich habe meine Flausen im Kopf, aber auch nicht mehr. Ich mache meine Schule, meine Ausbildung und hatte einfach mit ein paar Freunden Spaß. Ich weiß selbst, dass ich zu weit ging, aber das war es auch. Schau, ich nehme weder Drogen noch trinke ich oder bau anderen Bockmist und trotzdem war ich nicht gut genug. Du hast mir das Gefühl gegeben, ein Trottel zu sein, der nicht weiß, was er zu tun hat. Wie sollte ich denn an deiner Seite ein Mann werden?«

Bernd drückte sich unglaublich reflektiert aus, vor allem, mit seinem letzten Satz, sagt er im Grunde etwas, das uns viele Teenager entgegenrufen: »*Wie soll ich denn ich werden, wenn du mir nicht vertraust?*«

Die Zeit, in der unsere Kinder erwachsen werden und ihre Idole nachahmen, ist herausfordernd, vor allem, wenn es sich um durchoperierte Influencerinnen oder um abenteuerliche Moped-Peers handelt. Wenn das Idol unseren Wünschen für unsere Kinder so gar nicht entspricht oder es sogar auf Wege führt, die wir ihm niemals wünschen würden, hadern wir. Waren wir es doch so lange Zeit, denen die Kinder nacheiferten und wir waren in unseren Augen wenigstens »gute Idole und Peers«!

Wir wissen doch selbst, wie viele Dinge im Leben wir nur deshalb gelernt haben, weil wir genau das Gegenteil von dem erlebten, was wir wirklich wollten. Durch Fehler lernen wir. Wie oft waren wir schon in einer Beziehung und wussten durch das Ende, was wir nie mehr erleben wollen. Wenn Jugendliche das Gefühl haben: *»Die Eltern setzen Vertrauen in mich und können auch meine Irrpfade mittragen oder zumindest aushalten«*, dann gehen sie erfahrungsgemäß deutlich weniger stark an die Grenzen, als wir womöglich befürchten würden.

Der Sohn meiner Klienten, die beide enorme Angst davor hatten, dass dieser Drogen nehmen könnte, sagte einmal: »Denkt ihr ernsthaft, ich wäre so bescheuert und würde Drogen nehmen? Ich schätze mein Leben doch viel zu sehr! Und selbst wenn, würde ich es sicherlich kein zweites Mal tun, ich kenne meine Grenzen.« Aus ihm wurde ein gesunder und selbstbewusster junger Mann, der seinen Weg geht.

Ich habe drei jüngere Brüder, und als diese jünger waren, machte meine Mama so einiges mit. Ich erinnere mich noch gut daran, dass sie sich an den Lianen, die an den Bäumen hingen, über den von Hochwasser überschwemmten Fluss schwangen und ihre Mutproben machten. Auch daran, dass einer meiner Brüder mit 14 Jahren meine Mama um Zigaretten bat, weil einer seiner Freunde zu Hause rauchen durfte. Aber auch dass sie ihre Mopeds frisierten und nicht nur einmal damit verunfallten. Meine Mum reagierte nicht immer gelassen, aber auf ihre Reaktion war dennoch immer Verlass. Sie sagte: »*Probiert euch aus, aber kennt eure Grenzen. Ich war selbst kein Engerl und bin meinen Weg gegangen, so werdet ihr das auch tun.*« Aus meinen Brüdern wurden verantwortungsvolle Familienväter und ich bewundere meine Mama für ihr Vertrauen. Sie schaffte es, uns gesunde Grenzen aufzuzeigen und uns gleichzeitig dennoch Freiheiten zu ermöglichen. Dafür danken wir ihr alle sehr. Wenn ich daran denke, dass meine Kinder das tun würden, was sie damals so veranstalteten, dann wird mir beim Gedanken schlecht und ich ertappe mich bei dem Wunsch: »*Bitte lass diesen Kelch an mir vorüberziehen.*«

Freunde sind in diesem Alter ebenfalls enorm wichtig. Sie helfen dabei, einen eigenen Weg ins Leben zu finden und sich von den Eltern abzunabeln. Klar wollen die meisten Eltern, dass die Freunde ihrer Kinder »ordentlich« und aus gutem Hause kommen, zur Schule gehen und einen angenehmen Umgangston haben. Aber was willst du machen, wenn dein Kind einen schwarz bemalten Emo, rauchenden Rocker, operierten Instastar, tätowierten Skater oder Schule schwänzenden Punk als Freund hat? Du kannst dir hier nur eines sagen: »*Mein Kind findet etwas besonders toll an seinen Freunden und ich möchte wissen, was genau das ist. Ich muss meine Klischees und Vorurteile ablegen und mich ihnen gegenüber öffnen, um auch meinem Kind weiterhin nah sein zu können.*« Klar kannst du auch der Klischee -Treiber und Spießer sein, wenn du das möchtest. Das könnte allerdings zur Folge haben, dass du dir das dann auch an den Kopf werfen lassen musst, Teenager sind nicht zimperlich, wenn es um das Verteidigen ihrer Freunde geht, ob uns das gefällt oder nicht.

Wenn dein Kind in deinen Augen den »falschen« Umgang hat, versuche deshalb nicht, gegen die Freunde deines Kindes zu hetzen, denn das führt dazu, dass es sich noch mehr gegen dich wendet. Und seien wir mal ehrlich: Oft stecken doch einfach nur Vorurteile in der elterlichen Ablehnung und nur in den seltensten Fällen ist diese auf die intuitive Kompetenz zurückzuführen, die richtigerweise Alarm schlägt. Es wird kaum ein Kind geben, das sagen wird: »*Okay Mama, du hast recht. Mein bester neuer Freund raucht und das heiße ich nicht für gut, ich werde deshalb Abstand zu ihm halten.*« Nein, es wird eher so ablaufen, dass dein Kind dich um Vertrauen bittet und sagen wird: »*Hey Mama, ich weiß, was ich tue, nur weil XY das macht, heißt das nicht, dass ich das auch tun werde.*«

Damit hat dein Kind recht. Dennoch wissen wir auch, dass das Umfeld ziemlich viel über uns aussagt. Ich persönlich wäre entspannt, wenn es sich um einen von einigen handelt und unentspannt, wenn sämtliche Freunde dabei sind, auf die schiefe Bahn zu geraten. Da würde ich persönlich doch genauer hinschauen wollen und mich für mein Kind interessieren: »*Was genau findest du spannend an dieser Clique?*«

Gleichzeitig ist es nämlich auch wichtig, dass du sie davor beschützt, Dinge zu tun oder mit Leuten abzuhängen, die deinem Kind langfristig schaden können. Das gelingt am besten, wenn du sein Vertrauen nicht missbrauchst und irgendwelche Stalkingaktionen startest, wie Tina, eine liebe Bekannte, die das Handy ihrer Tochter regelmäßig durchleuchtete, ihr Zimmer durchsuchte und verlangte, dass alle Freunde an der Tür ihre Taschen leeren. Wenn es für die Teenager nicht so anstrengend wäre, könnte man ja darüber lachen. Tina ist eine leidenschaftliche Mama, mit der ab und an die Kontrollnerven durchgaloppieren. Wenn du heimlich irgendwelche Aktionen machst, um sie von ihren Freunden zu separieren, wird das dir und der Beziehung zu deinem Kind mehr schaden. Tinas Tochter stellte fest:»Mama, chill mal dein Leben, sonst hängen wir nicht mehr zu Hause ab, sondern suchen uns einen anderen Ort. Dann weißt du gar nicht mehr, wo ich bin! Willst du das?«

Und wenn es gar nicht geht und du innerlich am Rotieren bist, suche dir ein persönliches neues Hobby, das lenkt ab.

Handy, Handy, Handy – ich schmeiß das Scheißding aus dem Fenster!

»54 Stunden, sag bist du wahnsinnig?«, schallt es aus dem Zimmer der jugendlichen Joana. Ihr Vater Bernd ist aufgebracht und kann nicht glauben, was er sieht. Seine erst 14-jährige Tochter hat in der letzten Woche 54 Stunden online verbracht. Die meiste Zeit auf TikTok. »Zählt denn jetzt nur noch dieser Scheiß in deinem Leben, oder was? Hast du sonst nichts zu tun? Zweieinhalb Tage am Handy sitzen und irgendwelchen Bekloppten beim Tanzen und Wirres-Zeug-Reden zusehen, meine Güte, wo soll das noch enden?«

Joana antwortet schockiert: »Papa, das ist total normal, alle machen das! Meine Freunde sitzen genauso lange vor dem Handy, das macht man jetzt halt so! Da kennst du dich nicht aus!«

Papa antwortet entsetzt: »Mir ist egal, was andere machen, mir ist wichtig, was meine Tochter, also du, machst. Du hast dich verändert, bist kaum wiederzuerkennen, ständig nur müde und keine Lust auf gar nichts. Dein Handy bekommst du nie mehr!« Daraufhin stürmt Joana wutentbrannt aus dem Zimmer und schreit:»Ich hasse dich, du bist so scheiße, Papa.«

Warum reagiert Joana so derart impulsiv, und wieso kennen viele von uns Eltern exakt solche Reaktionen, sobald es um das Handy geht? Wurde uns früher Hausarrest gegeben, ist eine der neusten Erziehungsmethoden im Teenageralter eine »Handy- oder Internetpause«. Der Horror für jeden Teenager, der vor allem während der Coronazeit nur dadurch überhaupt Kontakt zur Außenwelt hatte. Das Handy befriedigt so gut wie jede einzelne der »Wo-bist-du«-Fragen. Es verbindet uns mit anderen, gibt Sicherheit und Halt, wir erhalten Aufmerksamkeit, Liebe und Zuwendung, aber auch Abwechslung, weil immer was Neues passiert. Da ist Suchtpotenzial vorprogrammiert. Aber der größte vermeintliche Bonus liegt darin:»Wenn wir keinen Bock mehr auf Kommunikation haben, schalten wir das Ding einfach ab.« Sprich: Kaum jemand muss sich mehr auf Gespräche einlassen, die zäh oder unangenehm werden. Ich meine, mit dem Handy wird heutzutage sogar Schluss gemacht!

Ich kann Bernds Reaktion nachvollziehen, ehrlich, aber auch die seiner Tochter, und ich bin sicher, dass diese Art von Diskussionen in zahlreichen Haushalten stattfindet. Bernd weiß, dass dieser übermäßige Handykonsum richtig schädlich sein kann. Sowohl für die gesunde Entwicklung von Joanas jugendlichem Gehirn als auch für ihre Körperhaltung und Seele. Denn immer mehr Kinder haben durch übermäßigen Handykonsum bedenkliche Haltungsschäden und psychische Auffälligkeiten. Eine Übung, die der weltweit bekannte Physiotherapeut Brian Egoscue in seinen Videos zeigt, hilft Jugendlichen dabei, in Windeseile wieder eine gesunde Körperhaltung zu bekommen. Bedauerlicherweise zeigen Forschungen jedoch deutlich weitreichendere Probleme, für die ich mir Zeit nehmen möchte, da weder der Großteil der Eltern noch Jugendlichen darüber Bescheid wissen. Es handelt sich dabei um Hinweise, bei unverhältnismäßiger Nutzung!

Aus vielen Forschungen wissen wir etwa, dass Kinder, die sehr viel fernsehen, die Regionen im Gehirn nicht mehr eigenständig und ausreichend entwickeln, die dafür zuständig sind, sich Bilder vorstellen zu können. Später wundern wir uns, dass diese auch im fortgeschrittenen Alter nicht dazu in der Lage sind, selbstständig zu spielen oder kreativ zu sein. Dabei ist Langeweile ein enorm wichtiger Prozess fürs Gehirn, der durch zu viel Fernsehen oftmals unterdrückt wird. Außerdem haben einige Kinder und Jugendliche durch das Fehlen von »In-die-Ferne-schauen« auch zusätzliche Probleme mit ihren Augen und der Konzentration. Darüber hinaus schränkt der Konsum ihre sozialen Fähigkeiten oftmals enorm ein, weil sie aufhören, sich miteinander zu beschäftigen und meist deutlich älteren Erwachsenen auf TikTok folgen, die nicht altersgemäßen Inhalt hochladen. So zeigt sich für Mädchen eine höhere Wahrscheinlichkeit für Schlafstörungen bei einer stärkeren Handynutzung, für Jungs jedoch nicht. In diesem Zusammenhang weisen verschiedene Studien außerdem auf die Bedeutsamkeit psychosozialer Probleme hin. Beispielsweise steht die häufige nächtliche Nutzung des Handys mit einer geringeren Schulleistung, einem höheren Stresslevel, geringeren Selbstwert sowie höherer Ängstlichkeit und Depressivität im Kontext.

Viele Punkte, über die Bernd Bescheid weiß. Die Aktion »Dein Handy ist nun weg« startete er vermutlich deshalb, um seine Tochter vor möglichen Schäden zu beschützen. Jetzt ist es aber auch so, dass die Digitalisierung ein unabdingbarer und wichtiger Bestandteil unserer Gesellschaft geworden sind und wir einen gesunden Umgang finden und diesen unseren Kindern beibringen müssen.

Eltern erteilen Verbote meist aus zweierlei Gründen. Einerseits, um das Kind vor möglicher Gefahr zu schützen, andererseits, um ihre eigenen Grenzen zu bewahren. Grundsätzlich menschlich nachvollziehbare Gedanken, es kommt nur darauf an, ob diese schlüssig kommuniziert werden, sinnvoll sind oder unwillkürlich und unberechenbar, aus dem »Nichts« herausgesetzt werden. Je mehr wir Eltern in Sorge oder Rage sind, desto eher passiert es, dass wir generelle und irrationale Verbote aussprechen, wie es Bernd passiert ist. »*Dein Handy bekommst du nie mehr!*« ist natürlich ein Verbot, das wenig Sinn macht, weil es von Bernd nicht eingehalten werden kann. Wir leben nun mal in einer Zeit der Digitalisierung. Jedes sechste Kind, das heutzutage in einer Grundschule startet, wird später in einem Beruf landen, den es heutzutage noch nicht einmal gibt, und dieser wird aller Voraussicht nach etwas mit künstlicher Intelligenz, Digitalisierung oder IT zu tun haben.

Bitte lauf deshalb nach dem Lesen dieses Kapitels nicht auf das Zimmer deines Kindes und reiß ihm das Handy aus der Hand. Am besten du liest es zuerst und danach gemeinsam mit deinem Kind. Miteinander könnt ihr einen gesunden Umgang mit dem Handy besprechen. Komplett verbieten ist Nonsens.

Wir selbst sind auch selten Vorbilder, die ohne Handy auskommen – schauen wir uns eine Parkbank am Spielplatz an, dann sehen wir von zehn Eltern geschätzt sechs, die gerade am Handy sind. Wir alle müssen den gesunden Umgang mit digitalen Medien und Handys erst erlernen und diesen unseren Kindern einerseits vorleben, andererseits auch beibringen, wie Zähneputzen und Haarewaschen. Ich denke, dass unsere Kinder später, wenn sie selbst Eltern sind, deutlich mehr Kompetenzen darin haben werden als wir heute.

Doch was ist nun der beste Umgang, und ab welchem Alter können wir wie viel Bildschirmzeit rechtfertigen und schlüssig erklären? Zunächst sind klare Regeln und Grenzen wichtig, die einfach akzeptiert werden müssen, wie etwa beim Straße-Überqueren nach rechts und links zu schauen. Zeitgleich müssen wir Eltern auch einen Weg finden zu akzeptieren, dass unsere Kinder, anders als wir, mit Internet, Handy und Co. aufwachsen und deshalb gemeinsam lernen, einen gesunden Umgang damit zu finden. Ich persönlich finde, wir müssen hier ein Stück weit noch nach dem Trial-and-Error-Prinzip vorgehen. Einfach deshalb, weil die gesamte Menschheit seit gerade mal 25 Jahren damit konfrontiert ist. Viel zu kurz, um Topexperten auf diesem Gebiet zu sein. Eines ist aber klar: Die Welt ist schneller geworden, seit wir zum ersten Mal das Licht der Welt erblickt haben und noch schneller, seit unsere Kinder es taten. Mit dieser rasanten Geschwindigkeit und Flut an Informationen muss der Mensch erst einen kompetenten Umgang finden. Das wird, aus meiner Sicht, noch einige Zeit andauern, was das Paradoxe an der ganzen Sache ist.

» DAS KANNST DU NUN TUN: INFORMIERE DICH UND SUCHE DAS GESPRÄCH MIT DEINEM TEENAGER!

Im Anhang habe ich einige Studien und eine Menge Literatur für dich zusammengesucht, die du lesen kannst, um deine Argumente fachlich hinterlegen zu können.

- Teenager sollten definitiv ihre Bildschirmzeit minimieren. Zum einen wird durch die Reduktion der Bildschirmzeit ein Arousal (Erregung) durch den Inhalt unwahrscheinlicher, zum anderen auch die Dauer des Lichteinflusses kürzer. In einem Experiment wurden Jugendliche angehalten, eine Stunde vor ihrer normalen Zubettgehzeit keine elektronischen Medien mehr zu nutzen. Sie berichteten von einer früheren Bettgehzeit sowie einer längeren Schlafdauer. So empfiehlt die Bundeszentrale für gesundheitliche Aufklärung im Alter von elf bis dreizehn Jahren nur eine maximale Bildschirmzeit von einer Stunde am Tag. Ja, das wird kaum möglich sein bei Teenagern, vor allem bei längeren Schulwegen, deshalb würde ich alltagstauglich empfehlen, dass ihr euch auf maximal drei Stunden einigt und auf alle Fälle das Handy eine Stunde vor dem Schlafengehen nicht mehr benutzt. Vielleicht könnt ihr gemeinsam zu Abend essen, quatschen oder einen Spaziergang machen. Ich weiß, hört sich schön an und ist in der Realität meist nicht umsetzbar, weil die Teenies keine Lust auf gemeinsame Sache mit den Eltern haben. Kurzum: Schreibt gemeinsam Dinge auf, die sie ohne Eltern und ohne Handy die Stunde vor Schlafengehen machen können, wie Duschen. Vielleicht hilft es auch, erst abends die Hausaufgaben zu erledigen und abends wieder auf Festnetztelefonie umzusteigen, um mit dem Kumpel zu plaudern?

- Benutzt bitte einen Blaulichtfilter: Da Blaulicht für zwei oder mehr Stunden die Produktion von Melatonin unterdrücken kann, ist es hilfreich, dies mit einer Blaulichtfilter-App zu vermeiden. Alternativ gibt es Brillen und Schutzfolien, um das blaue Licht vom Auge fernzuhalten. Aber eben auch entsprechende Handys, die das integriert haben.
- Lasst es draußen – kein Handy im Schlafzimmer! Falls dies nicht möglich sein sollte, weil ihr zum Beispiel den Wecker übers Handy laufen habt, wäre eine Alternative, zumindest den »Flugmodus«, den »Nicht-Stören«-Modus oder das »geplante Herunterfahren« zu nutzen, um keine Störungen durch eintreffende Nachrichten zu erfahren und nicht den Drang zu verspüren, das Handy auf neue Nachrichten zu prüfen, was ebenfalls mit einer schlechteren Schlafqualität einhergeht. Wir müssen alle lernen, Beziehungsdiskussionen oder andere Infos während des Tages zu klären.
- Überprüfe die Motivation, das Handy (und/oder Social Media) zu benutzen: Warum müssen wir noch kurz vor dem Schlafen am Handy sein? Hat dein Kind Liebeskummer? Kann es nicht allein einschlafen und hält sich damit »über Wasser«? Möglicherweise braucht es das Handy, um sich mit Peers per Chat auszutauschen? Aber ist es

wichtig, Dinge vor dem Schlafen zu besprechen? Oder sollten wir lernen, Wichtiges von Unwichtigem zu unterscheiden? Möchten wir bloß »up-to-date« bleiben, aus Angst etwas zu verpassen oder gar die Norm zu verletzen, immer erreichbar zu sein? (Auch das kennen wir Erwachsene nur zu gut aus unseren Jobs! Hier hilft: schalte am Handy die Funktion aus, dass der andere sieht, wann du online bist und ob du die Nachricht schon gelesen hast.)

Ich persönlich habe mir angewöhnt, mein Handy im Bett als Meditationsquelle zu nutzen. Ich stelle dazu automatisiert ein, dass es sich nach einer gewissen Zeit eigenständig abschaltet, weil ich meist mittendrin oder am Ende einschlafe und selbst zu müde dazu bin. Grundsätzlich funktionieren diese Apps auch im Flugmodus.

Wenn ich mich darüber austausche, wie mein eigenes Handyverhalten ist, kann ich auch ehrlich in die Schuhe meiner Kinder schlüpfen. Als mich meine Tochter damals nach den Reiterferien nach meiner Handyzeit fragte, war ich erstaunt über die Zahl. Ich rechtfertigte dies mit:»Aber für mich ist es Arbeit, mein Job.« Ich musste aber feststellen, dass ich mich hier an gewissen Stellen selbst belog. Vor allem wenn ich mich dabei ertappe, Zeitungsartikel online zu lesen, Insta-Storys anzusehen (mit der Rechtfertigung der Buchrecherche) oder irgendwelche alten Familienfotos stundenlang zu sortieren. Ist das wirklich notwendig? Oder könnte ich auch einen anderen Weg finden? Naja, mal ehrlich – es ist nicht notwendig, aber bequem. Und genauso wird es vermutlich auch unseren Teenagern gehen. Das sollten wir im Hinterkopf haben, ehe wir sie dafür verurteilen, wieder zu lange am Smartphone gewesen zu sein.

Fazit: Diese Glorreichen aber gleichzeitig Drecksdinger haben die Welt und unser Leben revolutioniert und können, falsch angewandt, ein Fluch – richtig angewandt ein echter Segen sein.

Mit meiner Teenager-Tochter (13) habe ich mich etwa auf Folgendes geeinigt: *»Ich erlaube sehr gern die Nutzung deines Handys, weil ich es wichtig finde, dass du damit umgehen lernst, allerdings gibt es dafür klare Regeln. Einmal die Woche schaue ich mit dir gemeinsam nach, wo du dich online so »rumtreibst«, es gibt kein Social Media und eine limitierte Zeit pro Tag.«* Sie sah es etwas widerwillig ein, aber sie tat es und das ist die Hauptsache.

Meine Kinder genieren sich, weil wir uns nicht alles leisten können

Joachim und Erna erzählten:»Unsere Kinder genieren sich, weil wir uns nicht alles leisten können. Das ist belastend und irgendwie auch erniedrigend für uns.« Joachim erzählt weiter:»Unser ältester Sohn beispielsweise will nicht mehr, dass irgendjemand uns zu Hause besucht, weil er sich dafür schämt, dass unsere Möbel schon fünfzehn Jahre alt sind. Wir sind ordentliche Leute, ich verdiene durchschnittlich gut, meine Frau geht halbtags arbeiten, wir sind weder arbeitslos noch irgendwie verlottert, aber wir müssen aufs Geld schauen, ist doch normal, oder? Das Schlimmste ist, dass er seine zwei jüngeren Geschwister auch schon mit reingezogen hat. Lia, unsere Jüngste will keine Klamotten mehr vom Flohmarkt anziehen, obwohl ihr das früher nie etwas ausgemacht hat, und Konrad, unser mittlerer, gibt sein gesamtes Weihnachtsgeld für ein einziges T-Shirt aus, nur weil es gerade ›in‹ ist. Was soll das?«

Geld und Konsum haben in unserer Gesellschaft einen hohen Stellenwert. Leider messen viele Menschen nach wie vor den Wert eines Menschen daran, wie viel dieser verdient. »*Der Erfolg gibt einem recht*«, heißt es. Doch ist das wirklich so, oder steuern wir hier immer mehr auf eine oberflächliche und unbefriedigende Konsumgesellschaft zu, die innerlich leer und depressiv macht?

Ich bin immer wieder erstaunt darüber, wenn sich junge Leute mit 21 Jahren in Social Media als »Big Boss« oder »Stil-Ikone« darstellen, sich gleichzeitig aber von den Eltern noch Geld zustecken lassen und gar nicht auf die Idee kommen, einen Beruf zu erlernen.

Ich bin zugleich aber auch immer wieder erstaunt darüber, mit welcher Selbstverständlichkeit Eltern zum Goldesel werden oder sich in ihrem Wert als Mensch und Eltern schämen, den Kindern »nichts Besseres« bieten zu können.

» *UNSERE EINZIGE PFLICHT ALS ELTERN IST ES, DAFÜR ZU SORGEN, DASS UNSER KIND GESUND GROSS WERDEN KANN UND NICHT, DASS ES MIT 16 GUCCI-HANDTASCHEN UND PRADA TRAGEN KANN.*

Die verbreitete Annahme, Markenprodukte und Luxusgüter würden zeigen, wie sehr wir unsere Kinder wirklich lieben, kommt nicht von ungefähr, immerhin lässt es sich mit Geld um einiges leichter und gesünder leben als ohne, das erkennen selbst die kleinsten Kinder recht schnell. Dadurch hat eine ungesunde Verschiebung stattgefunden. Denn wenn materielle Werte mit Liebe gleichgesetzt werden, kann das nur ein emotionales Trümmerfeld hinterlassen. Wenn Jonas immer die neusten Lego-Teile bekommt und Tom noch kein einziges hat, fragt Tom sich schnell: »*Was mach ich falsch?*« oder »*Haben mich meine Eltern etwa nicht so lieb?*«

Dadurch, dass Geld die Brücke zwischen einem qualitativ hochwertigen und eher mangelhaften Leben ist, messen wir dieser Ressource schon früh einen hohen Stellenwert ein. Geld und Besitz wurden fälschlicherweise an den Wert oder die Verhaltensweise eines Einzelnen gekoppelt. Das ist auch ein großes Thema bei Geburtstagsfeiern. Wenn ich mir ansehe, wie in Beverly Hills oder an manchen Orten Partys für Vierjährige gefeiert werden und Tausende von Euros investiert werden, um zu zeigen, »*wie lieb ich dich habe*«, dreht sich mir der Magen um. Das kann ich bedauerlicherweise nur so formulieren.

Ich glaube, es ist enorm wichtig, Geld und Status von Liebe und Wertschätzung zu entkoppeln. Das ist oft gar nicht so einfach, weil emotionale Erpressung nicht selten über Geld stattfindet und das unbewusst und selten böse gemeint ist. Wenn du deinem Kind eine lang ersehnte Barbiepuppe mitbringst, wird es dir mit hoher Wahrscheinlichkeit um den Hals fallen und sagen: »*Danke, du bist der/die Beste!*« Wiederholt sich dieses Szenario drei bis vier Mal, kann schnell der Glaubenssatz entstehen: »*Ich bin dann ein guter Elternteil, wenn ich mein Kind glücklich mache. Das passiert am wahrscheinlichsten, wenn ich ihm etwas schenke!*«

Das Streben nach Geld und den damit verbundenen Möglichkeiten ist per se nicht verkehrt, sondern vielmehr die Art und Weise, wie wir Geld in Zusammenhang mit Status, Wert, Liebe, Aufmerksamkeit und Erfolg bringen.

Geld wird, und das ist fataler als wir meinen, gleichgesetzt mit emotionaler Verbindung zu diesem. Wir lernen außerdem schon früh, dass wir unsere Lebenszeit gegen Geld tauschen müssen, was es umso bedeutsamer macht, so viel wie möglich davon anzuhäufen. Das trifft besonders jene Eltern hart, die viel Zeit auf der Arbeit verbringen und ihre Kinder in Fremdbetreuung abgeben müssen, einfach deshalb, weil das Geld zum Leben ansonsten nicht reichen würde. Lesen sie dann in einschlägigen Foren, dass sie sich im »Hamsterrad« befinden und mehr Zeit mit ihren Kindern verbringen sollten, statt sich abzurackern, verzweifeln sie oftmals und versinken in Versagensgefühlen. Besonders wenn sie andere Väter oder Mütter sehen, die auf Social Media präsentieren, wie einfach es wäre, an Geld ranzukommen, wenn man denn nur wolle. All das führt bei dem Großteil der Eltern zu Komplexen und mangelndem Selbstwert, worunter auch die Verbindung zum Kind leidet. Aber auch Alleinerziehende trifft das Thema Geldmangel hart. Zahlreiche Umfragen zeigen, dass viele von ihnen bereits unter oder an der Armutsgrenze leben, obwohl sie arbeiten gehen und fleißig sind! In Deutschland gibt es sogar Menschen, die trotz 40 Wochenstunden nicht einmal eine Wohnung bezahlen können. Geldmangel sagt pauschal nichts über den Fleiß oder Wert eines Menschen aus, beeinflusst unser Leben aber enorm.

»Jeder ist seines Glückes eigener Schmied«, hören diese Eltern dann nicht selten von ihrem Umfeld.

Diese Denkweise ist der Art und Weise geschuldet, wie wir in der kapitalistischen Gesellschaft leben. Es ist bedauerlich, dass wir Geld nicht als natürlichen Rohstoff ansehen könnten, der völlig losgelöst vom Wert Einzelner existiert. Es ist genauso bitter, dass Eltern und Alleinerziehende nicht mehr unterstützt werden, vor allem wenn Familien schon am Hungertuch nagen. Ich bin nicht der Meinung, dass für Eltern und Kinder genug getan wird, vor allem beim Blick in den Mietpreisspiegel der Großstädte zeigt sich das deutlich.

» LETZTEN ENDES IST DIE QUALITÄT UNSERER ELTERNSCHAFT KEINE FINANZIELLE FRAGE.

Wenn Eltern danach streben, Geld zu verdienen, sagt das nicht gleichbedeutend aus, dass sie schlechte Eltern sind, die wenig Zeit für ihre Kinder haben. Und wenn für Eltern Geld weniger Bedeutung hat, heißt das nicht, dass ihnen das Leben ihrer Kinder egal ist, sie faul wären oder keine Ahnung vom Leben haben. Es zeigt nur, dass beide unterschiedliche Werte, Chancen oder Möglichkeiten haben. Genau das sollten wir Kindern vermitteln, wenn es um das Thema Geld und Status geht.

Unsere Haltung ist letzten Endes jene, die darüber entscheidet, welche Art von Beziehung unsere Kinder zu Geld aufbauen. Wenn wir sie dafür tadeln, dass sie gern ein Spielzeug, ein Eis oder neue Jeans haben wollen, bewerten wir einen völlig natürlichen Drang: *»Ich möchte dazugehören«* oder: *»Ich sehe etwas und habe ein Verlangen danach.«* Beides ist per se nicht schlimm, sondern grundsätzlich völlig legitim.

Wenn wir sagen oder selbst als Kind gehört haben: *»Hör auf damit, immer alles haben zu wollen. Man kann nicht alles haben, was man sieht«*, lernt unser Kind genau das: *»Ich darf kein Bedürfnis danach haben, mehr zu wollen und es ist schlecht zu zeigen, dass ich etwas gern hätte.«* Es wird sich vermutlich eher zu jemandem entwickeln, der sich mit weniger zufrieden gibt und sich auch später selbst sagen wird: *»Man kann halt einfach nicht alles haben, was man will.«*

Besser wäre es zu sagen: *»Ich weiß, du hättest gern diese Süßigkeiten, das Spielzeug oder die Kleidung. Das kann ich sehr gut verstehen, es sieht toll und verlockend aus. Leider habe ich das Geld dafür gerade nicht, auch wenn ich es dir gern kaufen würde.«* Aber gerade das fällt so schwer, wenn wir uns dafür schämen, dem Kind nicht jeden Wunsch erfüllen zu können. Eine weitere und mögliche Lösung wäre zu sagen: *»Lass uns einen Weg finden, wie du es bekommen könntest. Vielleicht kannst du beim Rasenmähen helfen*

*oder es auf den Wunschzettel für Weihnachten schreiben,
vielleicht könntest du Oma oder deine Tante fragen, ob sie
es dir kaufen können, wir könnten aber auch Freunde fragen, ob sie aussortieren und das Spielzeug zufällig dabei ist,
vielleicht merkst du aber auch, dass es heute Abend schon
gar nicht mehr so wichtig ist.*«

Diese Art der Reaktion zeigt:

• Ich nehme dich in deinem Bedürfnis wahr und das ist völlig in Ordnung – du darfst das und ich nehme gleichzeitig
auch mich wahr und schmälere meinen Wert als Elternteil nicht.
• Ich zeige dir Wege und Lösungen auf und lehne nicht ka-
tegorisch ab.

Das geht allerdings nur, wenn unsere eigene Einstellung zu
Geld nicht mit Negativem gekoppelt ist. Deshalb lege ich dir
ans Herz zu schauen, wie es dir in Bezug zu Geld geht. Wenn
du deinen Wert mit dem Stand deines Kontos gleichsetzt, erinnere dich daran, dass du viel mehr bist als die Menge deines Geldes. Wenn du beispielsweise einen zerknitterten oder
am Boden liegenden 100er-Schein findest, würdest du nie
auf die Idee kommen zu sagen, er hätte an Wert verloren.
Ähnlich ist es mit uns Eltern. Manches Mal passiert es im
Leben, dass wir »am Boden liegen« und aus eigener Kraft
nicht so gut hochkommen oder einfach zu wenig Geld in der
Kasse ist, diese Situation sagt allerdings nichts über deinen
Wert als Mensch aus.

Unsere Wahrnehmung wird auch durch andere Personen beeinflusst. Ein Kind, das mit reicheren Kindern seine
Zeit verbringt, wird sich selbst, wenn es zur Mittelschicht
gehört, im Vergleich zu ihnen eher als »arm« wahrnehmen.

Der sogenannte Gruppenzwang wirkt sich besonders
stark auf Jugendliche aus. Die Wahrnehmung von Menschen
verändert sich vor allem, wenn eine Gruppe Druck auf uns

ausübt. Recht eindrucksvoll passiert das in Sekten oder aber auch während der Pandemie. Je nachdem, welchem »Lager« einzelne Menschen angehörten, deuteten sie Berichte von Journalisten in die von ihnen »gefärbte« Richtung. Wenn es ums Thema Geld geht, kann das volle Kinderzimmer im Vergleich mit dem Freund XY schon mal »leer« und »armselig« aussehen. Im Anhang habe ich einige spannende Experimente zum Thema Geld angeführt, die du mit deinen Kindern und Jugendlichen diskutieren kannst. Je mehr sie darauf geschult werden, ihre Wahrnehmung zu erfassen und je mehr psychologische Hintergründe sie selbst kennen, desto weniger tappen sie in die Konsumfalle. Geld kann dadurch wieder zu genau dem werden, was es ist: eine Ressource.

Sieht aus wie ein Strohhalm und jammert, weil sie zu »dick« ist!

Nina und Franz, beide 52 und Eltern von der 14-jährigen Lina, erzählten mir Folgendes: »*Es ist so frustrierend, wenn du dein Kind siehst, das eine perfekte Figur hat, falls es die überhaupt gibt, aber ständig rumjammert, dass sie zu dick wäre und Kalorien zählt. Außerdem ist sie ständig auf Insta und hat nur noch das im Kopf. Was sollen wir tun?*« Nina ergänzt: »*So zuverlässig, wie Lina mich mit dem schrecklichsten aller Gefühle, der Scham, in Kontakt bringt, schafft das sonst keiner. Wenn ich neben ihr am Spiegel stehe und sehe, wie perfekt ihre Figur ist, komm ich mir vor wie eine fremde Spezies. Ich betrachte sie staunend und denke mir: ›Wow, ist die hübsch.‹ Dann faucht sie mich an und sagt: ›Warum starrst du mich so an? Sicher, weil ich so viel Speck an den Hüften habe, gell?‹*«

Prinzipiell ist es natürlich bedenklich, dass immer mehr Jugendliche an sich und ihrem Körper zweifeln, weil sie sich mit Influencern vergleichen oder generell unglücklich mit der aktuellen Pandemie-Situation sind. Viele Jugendliche scrollen Tag und Nacht durch ihren Account und sehen ein Bild nach dem anderen, auf dem idealisierte Körper zu sehen sind. Aufgespritzte Lippen, die über Amazon zu bekommen sind, weiße Zähne, die ganz einfach und preiswert mit Rabattcodes erhältlich sind, neu operierte Brüste und sogar schon mit der Kamera im OP-Saal von den Followern der Stars mitzuverfolgen.

Ein falsches Bild von Schönheit, das einen viel zu hohen Preis hat – den Selbstwert und die Gesundheit unserer jungen Generation. Während es auf der einen Seite jene gibt, die auf Freeletics, grüne Smoothies, vegane Ernährung und den grünen Fußabdruck stehen, existiert dazu eine Parallelwelt, die von dem perfekt operierten und topgestylten Body träumt, koste es, was es wolle. Wenn du merkst, dass dein Kind sich immer mehr an den gefilterten Insta-Schönheiten orientiert, empfehle ich dir, das Gespräch mit ihm zu suchen. Ich weiß, dass es Angst macht, unser Kind so irrational leiden zu sehen und oft ziehen wir uns durch diese Furcht getrieben aus Gesprächen zurück oder werden angespannt und aggressiv und fordern: *»Iss endlich was und stell dich nicht so an!«* Beides führt nicht zu einer Änderung, das hast du sicherlich schon gemerkt und bist womöglich deshalb gefrustet.

Mach dir vor dem Gespräch bewusst, dass dein Kind womöglich Unsicherheiten bezüglich der »Wo-bist-du«-Frage hat und sich als Jugendliche zwangsläufig an Gleichaltrigen oder Stars orientiert und sich mit ihnen vergleicht. Es könnte sein, dass dein Kind sich unterbewusst fragt: *»Wo bist du, der mir das Gefühl gibt, akzeptiert zu sein, so wie ich bin?«* und dadurch in einen Konflikt gerät, weil die Scheinwelt auf Instagram voll mit Influencern ist, die sug-

187

gerieren: »*Zu uns gehörst du, wenn du cool und schön bist. Schön bist du, wenn du dich nicht mit dem Normalen zufriedengibst, sondern nur mit dem Extravaganten, dazu gehören eben auch aufgespritzte Lippen und operierte Nasen, große Pos und Brüste.*«

Ich würde dir ans Herz legen, deinem Kind die »Wo-bist-du«-Frage zu erläutern (du selbst findest alle Infos dazu im Kapitel »Erste Hilfe für gestresste Eltern«) und über psychologische Vorgänge zu informieren. Manchmal ist die Aufnahmebereitschaft dahingehend zurecht extrem eingeschränkt, was natürlich nachvollziehbar ist, vor allem wenn es belehrend rüberkommt, oder wie: »So, jetzt setz dich mal hin und ich erkläre dir, was bei dir nicht richtig läuft.« Das sollte natürlich so auf keinen Fall passieren. Du selbst kannst hier am besten den Zugang zu deinem Kind einschätzen und findest sicherlich einen Weg, in den Kontakt zu kommen, was du auf jeden Fall tun solltest. Zum Beispiel, indem du sagst: »Schatz, mir fällt auf, dass du in letzter Zeit so wenig isst, wollen wir darüber sprechen?« Wenn dein Kind ein Gespräch ablehnt, könnte auch hilfreich sein, wenn du deinen Teenager dazu ermunterst, sich mit Freunden zu treffen. Denn wenn er oder sie sieht, dass das echte und wahre Leben völlig konträr zur Insta-Welt läuft und hier niemand aus Gründen der Schönheit mit operierten Körperteilen herumläuft, hat er oder sie die Chance, wieder einen Bezug zur Realität zu bekommen.

Gefährlich wird es, wenn Jugendliche eine tägliche Bildschirmzeit von mehreren Stunden haben, in denen sie durch Insta scrollen, Storys anschauen und mit der designten Welt der Stars konfrontiert werden, dafür aber kaum noch Kontakt zur Realität haben, immer weniger kommunizieren oder gar essen. Dann wird diese künstliche Welt zur einzig wahren Realität und nichts anderes existiert mehr nebenbei.

Das Gefühl, »zu dick« zu sein, entspringt oftmals dem Vergleich mit Peers, diese finden sich immer öfter in der Welt der Insta-Sternchen. Hier bringt selten das elterliche gute Zureden etwas. Wenn dein Kind länger als zwei oder drei Wochen deutlich reduzierter isst und dabei depressiv oder niedergeschlagen wirkt, wende dich bitte dringend an eine Beratungsstelle und euren Arzt.

Eine Kundin von mir hat es geschafft, eine Influencerin dazu zu bewegen, ihrer Tochter eine Nachricht zu schreiben, in der sie ihr versicherte, wie großartig sie sie findet – genauso wie sie ist. In diesem Fall war das der Turning-Point. Die Jugendliche fühlte sich plötzlich wieder schön und akzeptiert.

Ich fand die Idee der Mutter grandios und bin jedem Influencer enorm dankbar, wenn sie oder er zumindest zurückschreibt. Parallel würde ich mir jedoch wünschen, dass Influencer sich ihrer Verantwortung bewusst werden und deutlich mehr darauf achten, welche Realität sie ihren vor allem immer jünger werdenden Followern präsentieren. Wenn den Account nur noch Schönheits-OPs, irgendwelche Hilfsmittelchen, die meist wenig Sinn ergeben, protziger Reichtum, neueste Filter und unsinnige Diäten dominieren, um die eigene Tasche aufzufüllen, muss ich leider sagen: Thema klar verfehlt und nichts verstanden. An dieser Stelle kann Kritik Leben retten und ist zurecht angebracht.

Ich persönlich würde mich daran erfreuen, wenn es mehr durch Experten betreute Initiativen gäbe, die Influencer darauf aufmerksam machen, welche Folgen ihr Verhalten auf Teenager hat. Nun können wir sagen: *»Früher gab es auch die Bravo und darauf waren die topgestylten Stars zu sehen.«* Das ist einerseits richtig, aber die geballte Kraft, mit der Jugendliche heute konfrontiert werden, ist weit weg von analogen Zeitschriften, die einmal im Monat erschienen sind.

Ich persönlich schaffe bei meinen Kindern schon früh ein Bewusstsein dafür, dass Bodyshaming ein Tabu ist und kritisch auf die modernen Schönheitsideale geachtet werden muss. Ich ermutige sie dazu, sich in ihrem Körper wohlzufühlen und bei Nicht-Gefallen herauszufinden: Woran liegt das eigentlich wirklich?

>> WENN WIR UNSEREN KINDERN SCHON FRÜH BEIBRINGEN, WIE DIE MENSCHLICHE PSYCHOLOGIE, WERBUNG UND MARKETING, ABER AUCH MANIPULATION DURCH SOZIALE MEDIEN FUNKTIONIERT, GEBEN WIR IHNEN EINE DER WICHTIGSTEN KOMPETENZEN DES 21. JAHRHUNDERTS MIT.

Ein Kind, das in der Lage ist, zwischen Fiktion und Realität zu unterscheiden, wird auch dazu fähig sein schnell herauszufinden, dass viele der heutigen Insta-Stars einer ungesunden Ich-Haftigkeit unterliegen. Je mehr Jugendliche etwa über Narzissmus und Pathologien wie Magersucht oder Ähnlichem Bescheid wissen, desto schwerer werden sie selbst in diese Fallen tappen und genau schauen, wem sie folgen und wem nicht. Wenn du allerdings bemerkst, dass dein Kind leidet oder sich immer mehr zurückzieht, suche bitte dringend den professionellen Rat einer Psychotherapeutin oder eines Psychologen.

Meine Tochter will die Pille – ich sehe mich schon als Oma

Als ich 18 Jahre alt war, wurde ich schwanger. Ich nahm damals die Pille, trotzdem und Gott sei Dank wollte meine wundervolle Tochter das Licht der Welt erblicken. Ich erinnere mich noch sehr gut daran, wie meine Mama reagierte. Sie war eine der wenigen, die sich unglaublich freute. Mein

Papa hingegen war schockiert und wenig begeistert. Damals fühlte ich mich dadurch sehr traurig, jetzt, 21 Jahre später, kann ich seine Gefühle verstehen. Er war erst 38 Jahre alt und machte sich einfach Sorgen. Außerdem hatte er sicherlich damit zu kämpfen, so jung Opa genannt zu werden. Später wurde er zu einem ganz großartigen Großvater, der sich liebevoll um meine Tochter kümmerte.

Heute könnte ich rein theoretisch auch schon Oma werden und fühle Eltern, die diese Ängste haben, sehr nach. Einerseits ist so ein kleines Zwergerl das Seelenglück schlechthin, andererseits möchte ich meinen Töchtern gern so einiges, durch das ich damals gehen musste, ersparen. Es ist nicht leicht, als Teenager ein Kind großzuziehen, vor allem dann, wenn das Umfeld einem die Fähigkeit abspricht. Deshalb möchte ich in diesem Kapitel mit euch über Verantwortung und Vertrauen sprechen.

Ich finde es enorm wichtig, dass Jugendliche nicht nur in der Schule oder durch Social Media und Freunde, sondern auch durch Gespräche mit den Eltern aufgeklärt werden. Selbstverständlich kommen viele Jugendliche an einen Punkt im Leben, an dem Sex eine Rolle spielt. Meist wissen die Eltern nichts davon, weil das Thema schon vorher ein Tabu ist, oder weil es als »peinlich« gilt, sich mit den Eltern darüber zu unterhalten. Nicht selten deshalb, weil es den Eltern selbst peinlich ist und in ihrer Familie wenig darüber gesprochen wird.

Ich persönlich finde, dass ein gesunder Umgang mit Sex mindestens genauso zum Leben dazugehört wie ein Gespräch über die richtige Ernährung oder eine gute Ausbildung, gerade auch im Hinblick auf die Fähigkeit, Missbrauch zu erkennen. Wenn deine Tochter die Pille möchte, dann wäre es sinnvoll, wenn du ein gutes Gespräch mit ihr darüber führst und es dir gelingt, das Thema so natürlich wie möglich zu betrachten. Dafür braucht es etwas Vorarbeit:

- *»Mein kleines Mädchen will Sex? Oh mein Gott, ich will, dass sie wieder klein ist.«* Ein völlig natürlicher Gedanke, aber dadurch wirst du sie im Gespräch auch kleinhalten und ihr das Gefühl geben, es existiere eine große Distanz zwischen euch, die sie entweder durch Rebellion oder dadurch verringern kann, indem sie dir erzählt, was du hören willst: »Nein, Mama, ich hab eh noch keinen Sex, wir kuscheln nur. Ich will die Pille wegen meiner Pickel.«

- *»Hoffentlich ist der Typ kein Assi, ich lass mir ein polizeiliches Führungszeugnis geben.«* Wenn du an der Entscheidung deiner Tochter zu ihrem gewählten Liebespartner zweifelst, wird sie sich vermutlich, je nach Beziehung, die ihr miteinander habt, von dir distanzieren. Immerhin bist du dann der oder diejenige, die ihr Urteilsvermögen in Frage stellt. Sinnvoller wäre, ein Gespräch über Sexualität, Beziehung, Gefühle und Nähe im Allgemeinen zu führen.

- Zeitgleich ist es natürlich schon so, dass du einschreiten musst, wenn es sich um einen deutlich älteren Jungen handelt. Du könntest sagen: *»Ich mach mir Sorgen um dich. Ich bin etwas länger hier auf der Erde, wodurch ich schon ein wenig Vorsprung an Erfahrungen habe, vor allem in Bezug auf Männer. Ich weiß, dass die meisten von ihnen nur die besten Absichten haben, aber ich kenne auch welche, die nur auf Sex aus und weniger an dir als Mensch interessiert sind. Wenn du das Gefühl hast, etwas tun zu müssen, wozu du dich nicht bereit fühlst, dann wird ein Mann, dem du wichtig bist, immer einen Gang zurückschalten, er wird dich respektvoll behandeln und deine Bedürfnisse werden ihm wichtig sein. Mir ist wichtig, dass du weißt, dass du das Recht dazu hast, immer Nein zu sagen, wenn du etwas nicht willst und Ja zu sagen, wenn du etwas gut und richtig findest. Beides sollte akzeptiert werden.«*

Jetzt wären wir bei einem wichtigen Punkt. Wenn dein Kind durch dich früh gelernt hat, dass seine Bedürfnisse wichtig sind, dann wird es auch in der Sexfrage die richtige Entscheidung treffen können. Wenn es jedoch erlebt hat, dass es mit Grenzüberschreitungen zu tun hatte oder die eigenen Bedürfnisse keine Rolle spielen, wird es vermutlich dem Wunsch des Partners entsprechen wollen und sich mit einem Nein bei sexuellen Themen schwertun. Warum? Weil es darauf konditioniert wurde, dass eigene Bedürfnisse hinten anstehen und es tun muss, was andere von ihm verlangen. Deshalb ist es im Grunde so, dass wir mit der Sexualerziehung sehr früh beginnen.

Wir können unseren Jugendlichen in Bezug auf Sexualität dann gut vertrauen, wenn wir ihnen ein gesundes Gefühl für Distanz, Grenze und Nähe mitgegeben haben. Das geht jedoch nur dann, wenn wir uns unsere eigenen Gefühle und Ängste ansehen.

Hilfe! Wird mein Sohn jetzt zum Säufer und Junkie!?

Peter kommt völlig aufgelöst zu mit und erzählt, dass sein erst 15-jähriger Sohn am Wochenende völlig betrunken von einer Geburtstagsparty nach Hause kam. »Wenn das jetzt so ein Alki wird, dann weiß ich nicht mehr weiter! Was hab ich falsch gemacht? Ich trinke überhaupt nicht, Tim weiß das auch! Wieso macht er so einen Unsinn?«

Erstmal: Du kannst nicht verhindern, dass dein Kind Alkohol trinkt oder Drogen probiert. Wichtig ist, wie du darauf reagierst. Wie gehst du damit um, wenn du es herausfindest? Eine mögliche Form ist:

- *»Tim, darf ich dich was fragen, stell dir vor, du hast einen Sohn, der ist 15 und du findest in seinen Taschen Alkohol oder Drogen. Was würdest du deinem Kind sagen?«* Warte auf die Reaktion deines Kindes und gib ihm Raum und Zeit, zu reflektieren.
- *»Oder stell dir vor, dein Kind wird in der Schule gefragt: Was macht dein Vater?«* Dein Kind muss antworten: *»Mein Papa ist drogenabhängig.«*

Du wirst nach so einem Gespräch schnell merken, wie dein Sohn in sich geht und nachzudenken beginnt.

Drogen und Alkohol, regelmäßig konsumiert, sind eine Flucht aus der realen Welt, weil man glaubt, diese nicht ertragen zu können. Jugendliche sind aber auch neugierig und probieren sich gern aus, vor allem wenn es heißt: *»Drogen sind gefährlich!«* Darin liegt schon mal das prinzipielle Problem. Denn wenn Jugendliche Drogen probieren, haben sie erstmal eines der geilsten Gefühle in ihrem Leben und das ist weit weg von gefährlich. Besser wäre es zu sagen: *»Drogen sind deshalb so gefährlich, weil sie einem ein richtig tolles Gefühl geben. Man fühlt sich leicht, unbeschwert und wie* *auf Wolke sieben. Es ist eine Parallelwelt zum Alltag, in die man gezogen wird und genau deshalb sind sie gefährlich. Denn der Mensch will erstmal von allem, was ihm guttut und geil ist, mehr.«* Drogen und Alkohol wirken auf das Limbische System. Dieses ist zuständig für Emotionen, Gefühle, Kontrolle und Sexualität. Alkohol und Drogen geben eine Plattform für Kontrollverlust. Das kennst du sicherlich selbst oder aus Erzählungen von Freunden: *»Ich konnte nichts dafür, dass ich fremdging, ich wollte das eigentlich gar nicht, aber ich war betrunken.«* Alkohol und Drogen machen uns hemmungslos, vor allem gegenüber Moral und Pflicht.

Heroin beispielsweise wirkt auf der emotionalen Ebene der Geborgenheit. Wenn Heroin mit im Spiel ist, gehen Jugendliche in eine geborgene, warme Wattebauschwelt und in der ist es erstmal einfach nur eines: schön.

Kokain oder Crystal Meth bieten eine Welt des: *»Da bin ich jemand«* – hier geht es um den Selbstwert. Ich gehe also in eine bunte Welt – eine Welt, die viel einfacher und schöner ist als die, die ich im realen Leben vorfinde.

Je mehr Jugendliche vor der Realität entfliehen möchten, weil sie beispielsweise Probleme haben, Missbrauch oder Gewalt erlebt haben, desto härter werden die Drogen, die sie verwenden.

LSD zum Beispiel sind Halluzinogene, die einem dabei helfen, sagen zu können: *»Tschüss, ich gehe weg von der tristen Depressionswelt in eine bunte, farbige Welt, die mich anregt und stimuliert. Ich beame mich weg von den Emotionen, weg davon, wie es mir wirklich geht. Denn die Realität ist kaum zu ertragen.«* Oftmals sind Jugendliche, die Drogen nehmen, sensible und feine Seelen, die mit den Ereignissen und Emotionen nicht zurechtkommen und nach einem Weg suchen, es zu können.

Wenn ein Jugendlicher dir sagt: *»Ich hab es nur einmal probiert, ich war neugierig und will es wirklich nicht noch-*

mal nehmen, das macht mir irgendwie Angst«, dann ist das meist ernst gemeint und das Ausprobieren nicht einmal der Rede wert, das Verhalten fällt schlichtweg unter »Neugierde und Ausprobieren«. Schwierig wird es, wenn es öfters passiert.

Als Eltern sind wir oft blind und wollen nicht wahrhaben, dass unser liebes Kind so etwas »Böses, Unvernünftiges und Gefährliches« tut. Dadurch, dass wir den Drogen diese böse Etikette geben, machen wir uns aber zugleich blind für den versteckten Hilferuf und erkennen nicht, dass die Droge offenbar das Ticket ins Glück fürs Kind ist. Reden wir dann anschließend gegen die Droge, werden wir für unser Kind zum Feind. Immerhin »gönnen« wir ihm den Trip nicht und helfen aus seiner Sicht auch sonst nicht dabei, der Realität entfliehen zu können. Umso wichtiger ist es, sofort Alternativen anzubieten, vor allem in Form einer Therapie. Manchmal ist der Weg dahin hart, meistens empfinden die Jugendlichen den Gang zum Therapeuten als Vertrauensbruch und entfernen sich noch mehr von den Eltern. Es ist deshalb empfehlenswert, sich als Eltern erstmal die Unterstützung von Suchtberatern zu holen und gemeinsam zu erarbeiten, wie man dem Jugendlichen helfen könnte.

Doch viele Eltern kommen gar nicht so weit, weil sie nicht erkennen, wann ihr Kind Drogen nimmt, meist aus Unwissenheit. Eltern bemerken zwar, dass ihr Kind sich immer mehr zurückzieht, antriebslos oder aufgedreht wirkt, wissen aber nicht, wie sie dieses Verhalten richtig zuordnen können.

Du kannst Drogenkonsum meist an den Augen feststellen, aber auch in der Sprache. Oft schnäuzen sich Jugendliche parallel häufig, ziehen die Nase hoch, schmatzen viel und ihre Pupillen sind erweitert und lichtempfindlich, um nur einige Hinweise zu geben. (Jetzt aber bitte nicht nach Drogenkonsum fragen, wenn dein Teenager sich ab und an schnäuzt!)

Bei Koks ist das beispielsweise etwas anders: Da sind die Augen wie Stecknadeln, wohingegen rote, glasige Augen bei Marihuana vorzufinden sind. Vielfach meint die Gesellschaft leider immer noch, dass ein Teenager, der Drogen nimmt, sicherlich auch etwas Furchtbares in der eigenen Familie erlebt hat und die Eltern hier Schuld tragen oder wenig liebenswert sind. An dieser Stelle möchte ich mit diesem Mythos gern aufräumen, denn diese Annahme ist schlichtweg pauschalisierend und falsch.

Jugendliche probieren sich gern aus oder werden in der Schule gemobbt, sie haben Liebeskummer, wurden verlassen, sind von Ängsten geplagt, auf die wir Eltern keinen Einfluss haben können, oder tragen andere Sorgen und Nöte mit sich, wo den Eltern der Einblick fehlt. Nicht aus Mangel an Liebe oder Interesse, sondern einfach, weil das Leben nun mal auch Ereignisse in Familien bringt, die keiner vorhersehen konnte.

Wenn das Verhalten deines Kindes sich verändert, es ungeduldiger, aggressiver oder depressiver ist als sonst, ist es ratsam zu sagen: »*Mein Kind, ich habe Angst um dich. Du hast dich so verändert. Ich habe Panik, dass du abdriftest, ich weiß, ich kann dir nicht befehlen aufzuhören. Aber was können wir machen? Tief im Herzen weißt du, dass es nicht passt und dir schadet, sag mir, wie ich dir helfen kann, weil das Zusehen schaff ich nicht.*« Natürlich setzt das voraus, dass du als Elternteil einen liebevollen Umgang zu deinem Kind pflegst, als Leser oder Leserin dieses Buches gehe ich davon grundsätzlich schon mal aus.

Am besten ist: Kein Bargeld geben, dein eigenes Geld verstecken und auf keinen Fall dein Kind aus dem Haus werfen oder damit drohen! Das kann sehr gefährlich werden, denn was tust du, wenn es plötzlich das Weite gesucht hat und auf der Straße lebt? Wichtig ist, dass dein Kind weiß: »*Du bist mein Kind, ich bin da für dich, aber hier gibt es jetzt eine Grenze, das ist zu viel für mich.*« Das Kind braucht Halt und Orientierung, diese findet es auch durch einen Rahmen und das Aufzeigen deiner persönlichen Grenzen.

Oft argumentieren Jugendliche bei Gras: »*Mama, mach dir keine Sorgen, das ist total harmlos, das wird sogar zur Schmerztherapie eingesetzt.*« An dieser Stelle wissen Eltern oft nicht, was sie sagen sollen. Wichtig zu wissen ist, dass das »neue« Gras Schizophrenie und Paranoia auslöst. Du kannst also Folgendes erklären: »*Der THC-Gehalt von Gras liegt heutzutage meist bei 30. Früher war es deutlich niedriger, nämlich 0,2, weil es nicht chemisch besprüht wurde und an der frischen Luft wachsen durfte. Dadurch, dass das künstliche Gras auf das Limbische System wirkt, hat es einen großen Einfluss auf deine Gefühle und Emotionen, der außerhalb deiner Kontrolle liegt.*«

Das nächste Argument kann sein: »*Das ist doch besser als Alkohol!*« Antwort: »*Beides ist schädlich, mein Kind. Die Droge und Sucht lügen einen an. Sie gaukeln vor, dass sie uns in eine weichere, bessere Welt tragen, doch sie sind wie jemand, der einen entführt und schließlich umbringt. Diese Lügen der Drogen und des Alkohols sind nicht real, beides schadet. Früher wurden die Pflanzen noch draußen natürlich angebaut, heutzutage werden sie chemisch mitbehandelt. Mittlerweile sind Halluzinogene mit in der Packung und das löst Paranoia aus. So schnell kann ein Teenager gar nicht schauen und er hat Verfolgungswahn, hört Stimmen und fühlt sich panisch. Manch einer bleibt drin hängen und kann sein Leben nie mehr wieder bewältigen oder bestreiten.*«

Es ist wichtig, den Teenager aufzuklären, welche Auswirkungen Suchtstoffe haben. Aber: Immer bei der Wahrheit bleiben und auch erzählen, welches geniale Gefühl einem die Droge vorgaukelt, ehe sie uns in ihren Fängen hat und nicht mehr loslässt. Manch einem Jugendlichen hat es auch schon geholfen, mit in eine Obdachlosenstation zu gehen oder eine Drogen-Frühchenstation zu sehen. Auf jeden Fall sei dir gesagt: Tief durchatmen, keine Schuldmonster verteilen und dranbleiben, wenn nötig, auf alle Fälle mit professioneller Hilfe.

Mein Teenie ist seit dem Lockdown faul und depressiv, der kann sein Leben niemals allein meistern!

Liane ruft mich verzweifelt an und erzählt:»Mein Sohn sitzt seit dem Lockdown nur noch in seinem Zimmer rum und schaut Netflix bis drei Uhr früh. Er ist total depressiv, hat zu nichts Lust, isst nur Mist, wird immer dicker und spricht sogar davon, dass sein Leben keinen Sinn mehr macht! Ich mache mir wahnsinnige Sorgen. Mein Mann denkt da anders, er sagt: ›Wie kann man sich nur so gehen lassen und so faul sein? Er macht den ganzen Tag nichts, schaut nur Netflix und hat zu nix Lust, unmöglich so ein Benehmen, Lockdown hin oder her!‹«

Fynn ist 15 Jahre alt, das bedeutet, er ist Teil der Generation Y, die sowieso schon vieles hinterfragt, sehr bedacht ist und sich die Frage nach dem Sinn des Lebens früh stellt. Seit dem Lockdown, der die Generation Y noch einmal mehr in eine tiefere Krise stürzte, hinterfragt Fynn jedoch auch den Sinn seines eigenen Lebens. Aber auch die sogenannte Alpha-Generation, die ab 2010 das Licht der Welt erblickte, litt unter den Folgen des Lockdowns. Psychologen sprechen sogar davon, dass es »in Deutschland noch nie so viele unglückliche Kinder gab«. 60 % mehr Fälle von Adipositas, 10 % mehr Essstörungen wie Bulimie und 8 % mehr Fälle von Depressionen, die Dunkelziffer ist nicht einzuschätzen. Die Geschichte von Liane und Fynn ist demnach eine, die in zahlreichen Haushalten mit Teenagern stattfinden hätte können und genau aus diesem Grund führe ich das Gespräch der beiden detailliert aus. Denn zu sehen, wie das einst so fröhliche Kind plötzlich von Ängsten und Trauer aufgrund des Lockdowns geplagt ist, hat viele Gefühle in Eltern ausgelöst, vor allem aber Ohnmacht, Hilflosigkeit aber auch Wut. Damit Eltern, denen es ähnlich erging, eine Strategie an die

Hand bekommen, um sich aus dieser Ohnmacht und Wutschleife zu befreien und dadurch ihr Kind etwas besser begleiten zu können, zeige ich anhand des folgenden Beispiels, wie das gelingen kann:

Liane erzählt:»Ich habe schon vieles versucht, gut zureden, zu gemeinsamen Spieleabenden ermuntern, Globuli und Bachblüten, sogar irgendwelche tibetischen Kräuter gab ich ihm, aber es hilft immer nur kurz und danach ist er wieder so depressiv, das macht so viel mit mir. Ich fühle mich ohnmächtig, aber ich bin auch so wütend auf diese Pandemie und alles was dazugehört. Bisher lief es so gut in seinem Leben und jetzt das!«

Ich frage Liane danach, woran sie festmacht, dass sie alles richtig macht als Mutter. Sie antwortet:»*Wenn er glücklich ist und mit sich im Reinen ist. Wenn er fröhlich ist und Lust auf das Leben hat.*« Sie ergänzt:»*Das ist der Beweis dafür, dass ich alles gut gemacht habe.*« Liane denkt also, dass sie das Glück ihres Sohnes mitgestaltet, genau diese Denkweise könnte nun dazu führen, dass sie gerade zur Zeit der Pandemie zwischen Gefühlen der Ohnmacht und Wut hin- und herpendelt.

Ich frage sie deshalb:»Was wäre eine positive Schlussfolgerung aus dem Glaubenssatz: ›Ich bin dann eine gute Mutter und habe alles richtig gemacht, wenn mein Sohn glücklich, in seiner Mitte und fröhlich ist?‹«

Sie antwortet:»Ich habe stets darauf geschaut, dass es ihm gut geht. Mir war er nie egal. Ich wollte immer sein Bestes. Wir waren miteinander oft in Harmonie, weil wir viel miteinander geredet haben. Mir war Beziehung und Bindung wichtig und ich habe ihn deshalb immer ernst genommen. Ich habe Liebe gezeigt.«

Ich frage sie:»Könntest du dir vorstellen, dass dies Ressourcen sind, aus denen dein Kind schöpfen kann?«

Sie sagt:»Ich habe alles, was in meiner Macht steht, getan, dass er einen vollen Topf an Liebe und Bindung hat, aber was gerade geschieht, kann ich offenbar nicht kontrollieren und das macht mich wütend.«

Ich bitte sie um Folgendes:»Fühle in deinem Herzen, dass du alles gegeben hast, das in deiner Macht steht. Sag es nicht einfach, sondern fühle diese Kraft in deinem Herzen. Wie nimmst du dein Kind wahr, wenn du fühlst, dass du alles in deiner Macht Stehende getan hast, damit auch nach dunklen Tälern wieder alles gut werden kann?«

Liane beginnt zu weinen, weil sie erkennt:»Ich muss ihm und meiner Erziehung einfach vertrauen und mir eingestehen, dass es kein Beweis für mein Scheitern ist, wenn er anderweitige Hilfe braucht oder Depressionen hat. Manches liegt außerhalb meiner Macht. Ich darf nicht glauben, zu wenig getan zu haben, das macht mich kaputt.«

Ich frage sie:»Was könnten die negativen Folgen deines Glaubenssatzes sein? ›Ich bin nur dann eine gute Mutter, wenn er glücklich ist?‹«

Sie antwortet:»Es setzt mich, aber auch ihn unter Druck. Er muss dadurch immer performen und darauf achten, dass er glücklich ist, weil er auch mich glücklich machen will. Er darf in Folge nicht bockig, antriebslos, traurig oder wütend sein, weil mir das womöglich das Gefühl gibt, versagt zu haben. Umgekehrt gilt das Gleiche. Ich erlaube mir meine Gefühle genauso wenig und spiele weiterhin die, die alles im Griff hat.«

Wir als Eltern müssen eines verstehen: Ein Kind will uns immer nah sein, weil dadurch sein eigenes Überleben gesichert ist, und gerade deshalb will es auch, dass es uns gut geht. Denn nur dann wird es schlussfolgernd ihm selbst gut gehen können. Gerade wenn externe Ereignisse das eigene Leben auf den Kopf stellen, wissen wir nicht, was wir tun können, um unser Leben wieder in den Griff zu bekommen, denn das Geschehene liegt nun mal schlichtweg außerhalb unserer Kontrolle. Umso wichtiger ist es, sich genau an diesen Stellen des Lebens bewusst zu machen, dass wir entscheiden, wie wir mit den Bällen, die uns zugespielt werden, umgehen, aber nicht immer, wann und wie das Leben uns diese zuspielt.

Wenn unser Kind beispielsweise annimmt, uns ginge es nur dann gut, wenn es glücklich, fröhlich und in seiner Mitte ist, wie geht es ihm dann, wenn es sich gerade jetzt, während der Pandemie, so schlecht fühlt?

• Es muss dadurch schon früh wissen, wo es im Leben steht.
• Es erlaubt sich womöglich nicht, negative Gefühle zu empfinden.
• Es orientiert sich eher an mir als an sich selbst.

Fynns Botschaft ist nun eine Zwickmühle, deshalb sitzt er womöglich vor Netflix fest, er teilt seiner Mama damit mit: *»Mama, ich muss mich erst in der Welt umsehen, bevor ich überhaupt weiß, wer ich bin. Aber das darf ich einerseits durch den Lockdown jetzt nicht tun, andererseits, weil du mich glücklich sehen möchtest und ich noch gar nicht weiß, was mich glücklich macht!«*

Ich frage sie, ob sie ihm ihren Segen geben kann, in dem Wissen, dass sein Glück kein Gradmesser für ihr Versagen oder ihren Erfolg als Mutter ist. Er kann erst dann in seine Mitte kommen, wenn er die Erlaubnis dafür hat, Fehler machen zu dürfen und alle Emotionen fühlen zu dürfen, ohne dabei Rücksicht auf seine Mutter nehmen zu müssen.

Liane antwortet:»Auf der einen Seite selbstverständlich und auf der anderen ist es aber auch anstrengend, weil es einfach belastet.«

Ich frage sie:»Ist die Belastung wirklich sein Verhalten oder die Art, wie du damit umgegangen bist?«

Sie antwortet:»Ich denke mir dann: Dann hab ich versagt – die Angst versagt zu haben – etwas falsch gemacht zu haben ist diejenige, die mich belastet, gar nicht sein Verhalten.«

Was wäre ein einfacher Glaubenssatz, den dein Sohn mit Leichtigkeit erfüllen könnte? Einer, der euch alle entlastet?

》 JEDEN TAG, AN DEM ICH EIN- UND AUSATME, GEBE ICH ALS MAMA MEIN BESTES.

»Allein durch die Tatsache, dass ich da bin, gebe ich schon mein Bestes. Es braucht im Moment von mir auch gar nicht mehr.«

Es war so schön zu sehen, wie Liane zu dieser wichtigen Erkenntnis kam. Denn es ist in der Elternschaft nun mal so, dass Dinge im Leben unseres Kindes passieren, die wir weder geraderücken noch verändern oder rückgängig machen können. Wir können nur eines tun: Einfach da und nah sein.

Je mehr wir an Liebe, Orientierung, Halt und Beziehungsqualität in den ersten 13 Jahren investiert haben, desto größer ist die Wahrscheinlichkeit, dass sich unsere Kinder in Zeiten von Krisen wiederfinden können. Nicht immer durch unser aktives Mitwirken, wohl aber durch unsere Präsenz. Wenn wir feststellen, dass dem nicht so war, weil wir Fehler machten oder nicht ausreichend an Liebe und Halt geben konnten, dann haben wir immer noch ausreichend Zeit, um gerade in einer Krise damit anzufangen. Jedes Kind in jedem Alter lechzt nach der Liebe und dem Zuspruch der Eltern, für sie gibt es kein zu spät, solange es dir gelingt, deine Fehler einzugestehen, dich nicht weiter in ihnen zu suhlen, hinter ihnen zu verstecken oder so zu tun, als würde dein Kind übertreiben und es wäre ja alles nicht so schlimm gewesen. Das Schlimmste für Kinder und Jugendliche ist, wenn sie in ihrer Wahrnehmung nicht ernst genommen werden. Wenn dir also ein Teenager sagt: »*Ich will keinen Kontakt zu dir*«, dann musst du das ernst nehmen. Etwas anderes bleibt uns bedauerlicherweise nicht übrig.

Du solltest, ehe es so weit kommt, alles dafür tun herauszufinden, warum er die Distanz sucht und wo sein Schmerz liegt. Das gelingt am besten, indem du aufmerksam zuhörst und dich ernsthaft für seinen Schmerz interessierst. Höre deinem Kind zu, halte aus, was es auszuhalten gilt und zeige, dass du an ihm interessiert bist, indem du zulässt, dass es über seinen Schmerz sprechen kann. Das ist gerade dann, wenn wir selbst Wut oder Angst fühlen, natürlich alles andere als leicht, und genau an diesem Punkt brauchen auch Eltern Unterstützung.

Nichtsdestotrotz sind die Auswirkungen der Pandemie für Kinder und Jugendliche enorm belastend, und genau aus diesem Grund appelliere ich an die Politik, ausreichend Unterstützung und Gelder für zusätzliche Therapien und psychologische Beratungen zur Verfügung zu stellen und alles daranzusetzen, Eltern und Kinder zu helfen. Hier braucht es gemeinschaftliches An-einem-Strang-ziehen und aktives Handeln, denn es kann weder nur in der Hand der Eltern noch in der Hand der Kinder und Jugendlichen liegen, wieder vernünftig zurück ins Leben zu finden.

ERSTE HILFE FÜR GESTRESSTE ELTERN

Jeder von uns ist mal gestresst, das ist total normal. Das ist auch einer der Gründe, warum wir nicht davon ausgehen sollten, dass wir, jetzt wo das Kind endlich da ist, völlig stressfrei durchs Leben gehen. Das Gegenteil ist oft der Fall. Mit dem Kind kommen viele Dinge und Themen in unser Leben, mit denen wir vorher nicht konfrontiert waren und die uns deshalb stressen, weil wir uns Sorgen um unser Kind machen oder einfach überlastet sind.

Doch wann wird unser Stress zu viel und unkontrollierbar?

Im Grunde kommen wir alle mit nur einer einzigen relevanten Frage in diese Welt, und die Antwort darauf entscheidet maßgeblich, wie wir uns später als Eltern, Partner oder Söhne und Töchter fühlen. Sie ist der Hauptgrund dafür, warum wir jede einzelne Entscheidung im Leben treffen, warum wir uns erschöpfen und hinten anstellen, süchtig werden oder zu viel auf uns selbst als auf andere Rücksicht nehmen.

Sie ist der Motivator dafür, wie wir Beziehung leben, miteinander interagieren und welchen Beruf wir wählen, aber auch welche Rolle wir als Eltern einnehmen. Die Antwort auf diese Frage nicht zu kennen ist, als würden wir uns selbst nicht kennen. Denn sie gibt uns die Antwort darauf, ob wir uns in unseren Bedürfnissen gehört und verstanden oder abgelehnt fühlen. Das ist wiederum eine Grundvoraussetzung dafür, ob wir die Dinge, die uns im Leben passieren, als für oder gegen uns interpretieren können. Das bedeutet auch, dass wir auf Basis der Antwort unsere Kinder und ihr Verhalten genauso entweder für oder gegen uns interpretieren. Denn wir alle kommen mit nur einer Frage auf diese Welt und stellen sie unserem Umfeld:

Wo bist du?

Wo bist du, der mir:

- Sicherheit gibt? Dafür sorgt, dass ich genug zu essen und ein Dach über dem Kopf habe und vor wilden Tieren (unliebsamen Menschen) geschützt bin?
- Liebe und Verbindlichkeit schenkt? Dafür sorgt, dass ich mich geliebt und geborgen fühle und mich auf dich verlassen kann?
- Aufmerksamkeit und Bedeutung verleiht? Dafür sorgt, dass ich mich willkommen und gebraucht fühle und mir meinen Platz in der Welt zeigt?
- Abenteuer und Abwechslung bietet? Dafür sorgt, dass ich Anregungen erhalte, mich weiterzuentwickeln und zu lernen, mit dir die Welt zu entdecken und explorieren?
- Das Wachstum meiner Potenziale zulässt? Dafür sorgt, dass ich genug Raum bekomme, meine Erfahrungen zu machen, aus Fehlern zu lernen und zu erkennen, dass ich mich im Leben und an deiner Seite immer weiterentwickeln kann?
- Sinn und Bedeutung im Leben gibt, mir zeigt, dass ich wichtig bin und mein Dasein eine Relevanz hat?

Sofern die »Wo-bist-du«-Frage durch unser Umfeld und unsere Erfahrungen adäquat beantwortet wurde, entwickeln wir uns zu einem selbstbewussten Menschen, der im Leben steht, bodenständig ist und mit Herausforderungen und

Schwierigkeiten umgehen kann. Wir finden Lösungen, anstatt auf Problemen herumzureiten und können den inneren Zen-Meister eher ans Steuerrad setzen als den Bodyguard. Wir nehmen das Leben und unser Umfeld als gut, schön und wahrhaftig wahr und sehen nicht hinter allem und jedem etwas Vernichtendes. Warum? Weil unserer innerer Bodyguard uns nicht wegen jeder Kleinigkeit beschützen muss und weiß:

- Wir sind in Sicherheit.
- Wir werden geliebt.
- Wir sind anerkannt und gemocht.
- Wir haben ausreichend Freiheit.
- Wir sind zu neuen Taten und somit auch zur Veränderung und zum Wachstum bereit.
- Wir sind hier willkommen und dürfen da sein.

Das bedeutet kurzum: Wenn unserer innerer Brunnen prall gefüllt ist mit Liebe, Sicherheit, Anerkennung, Abwechslung, Sinnhaftigkeit und Erfüllung, nehmen wir das Leben mit all seinen Herausforderungen als weniger schwer und hart wahr. Wir empfinden selbst in angespannten Situationen weniger Stress, weil wir tief in uns wissen: »Das wird wieder.« Es bedeutet aber auch, dass der Mensch, sobald er geboren wird, den Quell dieses Brunnens erstmal in seinem Umfeld sucht und erst viel später in sich selbst finden kann. Logisch, immerhin sind wir als Säuglinge und Kinder zu 100 % darauf angewiesen, dass externe Menschen die »Wo-bist-du«-Frage beantworten. Nehmen wir deren Engagement als unzureichend wahr, fühlen wir ein Defizit in uns. Dieses Defizit sorgt dafür, dass wir schneller Stress empfinden, vor allem in Beziehungen. Einer der Gründe, warum die Antwort der Eltern auf die natürliche »Wo-bist-du«-Frage des Kindes, durchaus einen Einfluss hat.

Du kennst sicher Zeiten in deinem Leben, in denen du

dir Sorgen machst, weil du entweder zu wenig Geld, Zeit oder Hilfe hast. Wie reagierst du, wenn dann noch dein Kind viel weint, wenig schläft oder ständig etwas von dir will? Vermutlich gereizt. Dein inneres Toleranzfenster für Stress ist dann eher kleiner. Du wirst folglich davon ausgehen, dass dein Kind doch verstehen müsste, warum es sich jetzt zurücknehmen sollte, weil du mit total wichtigen Dingen beschäftigt bist. (Was natürlich nicht die Aufgabe unserer Kinder ist.)

Wenn du hingegen supergelaunt bist, weil du ausreichend Geld hast, deine Beziehung toll läuft, dein Körper gesund und vital ist und du demnächst Urlaub hast, ist dein inneres Toleranzfenster für Stress groß. Dasselbe Kind verhält sich nun genauso wie zuvor, aber du wirst vermutlich deutlich gelassener auf sein Verhalten reagieren. Hat sich das Kind oder sein Verhalten verändert? Nein. Ausschließlich deine Lebensumstände sind anders. Das ist auch einer der Hauptgründe dafür, dass wir dann eher und deutlich »bessere« Eltern sind, wenn sonst alles im Leben rundläuft. Aber, und jetzt kommt's: Kann ein Elternteil auch entspannt und gelassen auf sein Kind reagieren, wenn es gerade schlecht läuft? Definitiv, ja! Was ist die Voraussetzung dafür?

• Dass wir grundsätzlich in uns verankert haben, dass die »Wo-bist-du«-Frage auch in schlechten Zeiten beantwortet wird. Das bedeutet, wir haben durch unsere eigene Interaktion mit unserem Umfeld gelernt, dass die schlechten Zeiten vorübergehen werden, wir ausreichend Unterstützung haben und sich eine Lösung finden wird, auch wenn es gerade nicht danach aussieht. Wir haben das nötige Urvertrauen ins Leben, in uns selbst und in die Menschen, die mit uns leben und wissen, dass auf irgendeine Weise schon für uns Sorge getragen wird. Manchen Eltern hilft auch der Glaube an ihre Religion, anderen der Halt der Familie. Das bedeutet, dass nicht nur die Umstände dafür verantwortlich sind, wie wir letzten Endes mit unseren Kindern umgehen, sondern auch die Art und Weise, wie wir von Grund auf geprägt sind.

- Fühlen wir uns sicher, verstanden, geliebt und wahrgenommen, sind wir darüber hinaus dazu in der Lage, um Hilfe zu bitten, Freundschaften zu schließen und Beziehungen aufrechtzuerhalten, die uns wichtig sind, Neues zu wagen und mit Ängsten und Gefühlen umzugehen.
- Genauso ist es wichtig zu wissen, welcher Stresstyp du bist. Reagierst du auf Stress hippelig, aufgedreht, laut oder gibst dich dem wilden Aktionismus hin, dann brauchst du Schlaf, Ruhe, Meditation, Yoga und Tees, um wieder in deine Mitte zu finden. Wenn du Stress jedoch müde, schlaff, antriebslos oder depressiv begegnest, solltest du Sport machen, viel an die frische Luft gehen und dich mit Freunden treffen.

» IN STRESSIGEN SITUATIONEN SOLLTEN WIR DAS GEGENTEIL VON DEM TUN, WONACH UNS AUS GEWOHNHEIT HERAUS IST.

Haben wir aber gelernt, dass unsere »Wo-bist-du«-Frage ins Leere geht und wir selbst dafür verantwortlich sind, eine Antwort zu finden, fühlen wir uns irgendwie von der Welt und den Menschen im Stich gelassen, abgeschnitten, nicht willkommen, oder verfügen über wenig Selbstvertrauen und tragen generell ein Misstrauen dem Leben und anderen Menschen gegenüber in uns. Wir denken in belastenden Situationen eher: »*Selbst mein Kind ist ein Feind oder will mir schaden, mich ärgern oder nimmt mich nicht ernst.*« In Folge ziehen wir uns immer mehr zurück.

Je mehr wir in der Zeit von null bis sieben Jahren gelernt haben, dass wir im Grunde keine passende Antwort auf die »Wo-bist-du«-Frage erhalten haben, desto eher tendieren wir dazu, solche Annahmen zu haben. Logisch, immerhin ist diese Phase sehr prägend.

Es kann uns allerdings auch passieren, dass wir durchs Leben gehen und unbewusst von jedem Menschen, der uns näherkommt, eine Antwort auf diese Frage erwarten. Häufig sogar von unseren Kindern und Partnern. Insgeheim projizieren wir unsere bisher unerfüllten Bedürfnisse dann auf unsere Familie und denken: *»Du Kind solltest doch eigentlich auch für mich sorgen, mich bedingungslos lieben und respektieren, immerhin hab ich dir das Leben geschenkt, du bist mir also etwas schuldig.«*

Die Sache ist nur die: Weder unsere Kinder noch unser Partner, aber auch nicht unsere Eltern sind uns etwas schuldig. Letzten Endes haben unsere Eltern ihre Schuldigkeit getan, indem sie uns das Leben geschenkt und dafür gesorgt haben, dass wir groß geworden sind. Das klingt sicherlich beim ersten Lesen hart, das verstehe ich nur zu gut, vor allem wenn du Eltern hattest, die dich misshandelt oder gar missbraucht haben. Ist das einem Kind widerfahren, wurde die »Wo-bist-du«-Frage auf die schändlichste und verwerflichste Art und Weise beantwortet, die es gibt. Zurecht empfindet man später im Leben Wut, Abneigung, Hass und Unverständnis. Gleichzeitig sind wir ab einem gewissen Alter eben nicht mehr hilflose Kinder, die dem Schrecken der elterlichen oder gesellschaftlichen Missorge ausgeliefert sind, sondern Erwachsene, die dazu in der Lage sind, ihr Leben eigenständig in die Hand zu nehmen und Hilfe zu holen. Sobald wir »groß« sind, können wir sagen: *»Das was ihr getan habt, war falsch und unwürdig. Ich war euch als Kind schutzlos ausgeliefert. Doch jetzt bin ich groß und kann frei entscheiden. Ich passe auf mich auf und hole Hilfe!«*

Die bittere Wahrheit ist: Du kannst dich dazu entscheiden, in Wut, Angst und Hass weiterzuleben oder dir sagen:

»Ich lasse nie wieder zu, dass ich so schrecklich behandelt werde. Ich heiße das Verhalten der Eltern weder für gut, noch kann ich es vergessen. Aber ich werde nicht zulassen, dass der Hass auch mein zukünftiges Leben zerstört. Ich werde mir professionelle Hilfe holen und auf gesunde Art und Weise lernen: ›Ja, ich bin liebenswert, gewollt, sicher und richtig.‹ Selbst wenn die ersten Lebensjahre hart und schwer waren, ist da jetzt jemand (Psychotherapeut etc.), der sich um mich kümmert, und zwar so lange, bis ich mir die ›Wo-bist-du‹-Frage selbst gut beantworten kann.«

Jedes Kind, so wie wir selbst, hat einen Anspruch darauf, bestens behandelt und betreut zu werden. Die Realität sieht jedoch häufig bedauerlicherweise einfach anders aus. Wenn wir selbst in schlechten Bedingungen aufwachsen mussten, ist das bitter, doch ob wir unsere Lebzeit als Erwachsene in die Hand dieser Menschen legen, indem wir Groll, Hass und Zorn hegen, ist und bleibt unsere freie Entscheidung.

》》 WIR MÜSSEN NICHT GUTHEISSEN ODER VERGESSEN, DOCH KÖNNEN WIR LERNEN, ZU VERGEBEN UND LOSLASSEN.

Das hilft uns, uns für eine Art »Nachbeelterung« zu öffnen, was bedeutet, dass wir uns im Leben dafür öffnen, dass uns nun jemand dabei behilflich ist, die fehlende Begegnung und Betreuung durch die Eltern nachzuholen. Am besten, wie bereits erwähnt, innerhalb einer Therapie oder einer gesunden Partnerschaft. Denn es macht schon einen Unterschied, ob wir in einer Beziehung leben, die das alte Lied wiederholt, oder ein neues spielt, indem wir uns in unserer Partnerschaft gesehen und geliebt fühlen.

Das heißt nicht, dass unser Partner nun den Ersatz für die mangelnde Elternliebe darstellen soll, was wiederum ungesund wäre, sondern bedeutet, dass wir begriffen haben, dass wir unsere Partner nun frei wählen können, anders als es uns als Kind möglich war. Heute können wir unsere Entscheidungen selbst treffen.

Wenn wir das begreifen, wählen wir unser Umfeld neu und erkennen, dass auch wir selbst die Antwort auf die »Wo-bist-du«-Frage sind. Dadurch werden wir weniger Opfer oder Täter sein und mehr zum Architekten unseres Lebens. Ein unfassbar befreiendes Gefühl. Eltern, die das für sich begriffen haben, können ihren Kindern auf einer völlig neuen Ebene begegnen. Hier gibt es kaum noch Dramen, Machtkämpfe, tiefgreifende Ängste oder Zerwürfnisse, weil wir verstanden haben, dass wir frei und nicht länger abhängig sind.

Ich würd so gern gelassener sein und wissen, was zu tun ist

»Alle reden von bedürfnisorientiert erziehen, aber was heißt das denn jetzt? Mich erschöpfen diese ganzen Ratschläge! Ich weiß gar nicht mehr, was richtig und was falsch ist.« Sabine fügt hinzu:»Ich habe Angst, etwas falsch zu machen oder in irrationale Impulshandlungen zu verfallen. Ich bin etwas überfordert, dabei sollte ich doch ein gelassenes Vorbild für mein Kind sein!«

Eine andere Mama sagt:»Ich würde so gern entspannter sein und ertappe mich immer wieder dabei, gestresst, genervt oder einfach erschöpft zu reagieren. Dabei ist es mir so wichtig, meine Kinder bedürfnis- und bindungsorientiert zu erziehen. Ich will es besser als meine Eltern machen, scheitere aber immer wieder im Alltag an der Umsetzung. Warum kann ich nicht einfach gechillter sein?«

Gerade Eltern, die sehr bemüht darin sind, ihr Kind bedürfnis- und bindungsorientiert durchs Leben zu begleiten, entdecken in Alltagssituationen nicht selten, wie herausfordernd das sein kann. Eine »Ja-Umgebung« zu gestalten, ist nicht allerseits mühelos umsetzbar, das Bedürfnis des Kindes zu erkennen und gleichzeitig so schnell und einfühlsam wie möglich zu reagieren, genauso wenig. Dem Kind Freiraum und Autonomie zu lassen, ist erstrebenswert, gleichzeitig haben auch Eltern Bedürfnisse. Wo ist also der gesunde Mittelweg und woran orientieren? Schließlich sind wir größtenteils die erste Generation, die diese Art der Begleitung von Kindern überhaupt in Erwägung zieht und umsetzt. Die Elternschaft von heute ist ein Pionier, und dazu gehören eben auch Fehler und nicht nur Errungenschaften.

Es kommt, wie bei so vielem, auch im Umgang mit unseren Kindern immer auf unsere Intention an. Bei allem und in jeder Beziehung dreht sich alles um die Intention unserer Absichten.

》 BEZIEHUNG FÜHREN HEISST: »ICH SEHE DICH, ICH NEHME DICH WAHR, DU BIST MIR WICHTIG.« ABER AUCH: »ICH SEHE MICH, ICH NEHME MICH WAHR, ICH BIN MIR WICHTIG.«

Irgendwo dazwischen finden dann Kompromisse statt, und zwar so viele, bis wir uns wohl miteinander fühlen. Ob wir der Beziehung oder Erziehung zu unseren Kindern nun das Etikett »bedürfnisorientiert oder bindungsorientiert« aufsetzen oder nicht, am Ende bleibt doch nur eines übrig, die Antwort auf die Frage: *»Wie geht es uns miteinander wirklich?«* Sobald wir uns selbst die »Wo-bist-du«-Frage beantworten können, erkennen wir auch die gesunden Grenzen, die notwendig sind, um ein harmonisches Miteinander zu gestalten.

Bedürfnisorientierte Erziehung ist für viele Eltern gefühlt ein verwirrender Dschungel, für andere wieder ein innerer Kompass und eine Haltung. Die einen verlieren sich in Rezepten, die anderen gehen einfach drauflos.

>> **GELASSEN SIND WIR DANN, WENN WIR UNSEREN WEG GEFUNDEN HABEN.**

Das ist zumindest meine Erfahrung. Sobald wir innerlich zu der Art und Weise, wie wir zusammenleben, Ja gesagt haben, entspannt sich vieles. Wir stehen zu unseren Erwartungen, Sehnsüchten, Fehlern, Hilferufen und Verletzlichkeiten, genauso wie zu unseren Erfolgen und Lebenshöhen. Wann immer wir angespannt sind und der Anspannung neugierig folgen, werden wir an irgendeinem Punkt erkennen, dass wir mit etwas im Konflikt stehen. Meist mit der Art und Weise, wie wir unser Leben oder unsere Familie erleben und wahrnehmen. Die Realität steht meist im Konflikt mit unserer Erwartung. Das sorgt für Stress und Anspannung. Doch um an diesen Erkenntnispunkt zu gelangen, braucht es Raum und Zeit, vor allem aber Mut. Immerhin ist es deutlich einfacher zu sagen: »*Du machst es mir schwer*«, oder »*Diese neuen Erziehungsmethoden rauben mir den letzten Nerv, wie anstrengend und anspruchsvoll!*« Gehen wir den darunter liegenden Gefühlen aufrichtig auf den Grund, erkennen wir, dass meist eine Veränderung an unsere Tür klopfen möchte.

Grundsätzlich bedeutet bedürfnis- und bindungsorientiert »erziehen«, dass wir verstanden haben, die »Wo-bist-du«-Frage zu beantworten, und zwar nicht irgendwie, sondern abgestimmt auf unsere individuelle Familienkonstellation. Es bedeutet, dass wir als Eltern bereit sind, wieder zu erlernen, was uns womöglich als Kind abtrainiert wurde. Zu schauen und zu erfühlen: »*Was tut mir/uns/dir jetzt wirklich gut und lässt es sich in unseren Alltag einbauen?*« Es heißt ja so oft: Die Grenzen des einen hören dort auf, wo die Grenzen des anderen beginnen. Ich halte deshalb nichts von pauschalisierten Floskelsätzen wie: »*Du solltest keine Wenn-Dann-Sätze verwenden oder niemals loben, schimpfen oder dem Kind deinen Willen aufzwingen.*« Manchmal ist es nun mal notwendig, dass wir unseren Kindern unseren Willen aufzwingen, wenn sie beispielsweise über eine Straße laufen wollen und wir in dem Moment den Draht der Erklärungen verlieren und einfach handeln müssen.

Manchmal ist loben etwas Wundervolles, vor allem wenn es frei von Erwartungen oder anderen damit verknüpften Bedingungen ist. Genauso fällt kein Komet vom Himmel und landet direkt im Wohnzimmer, nur weil wir unserem Kind sagten: »*Wenn wir aufgeräumt haben, dann können wir in den Park gehen.*« Das ist einfach eine logische Abfolge, die zum Alltag dazugehört. »Wenn-Dann« im Zusammenhang mit einer Drohung ist natürlich wenig sinnvoll – und genau hier kommen wir zu den Grenzen.

Jeder von uns hat andere Grenzen. Für den einen ist es total okay, wenn das Kind um 21:00 Uhr noch mit im Wohnzimmer sitzt und spielt, und für den anderen ist es total wichtig, dass es um 20:00 Uhr schläft, weil die Zeit danach die einzige ist, um wirklich mal eine Pause zu bekommen. Ergo reagieren wir bedürfnisorientiert, indem wir die Bedürfnisse beider Parteien ernst und wichtig nehmen. Brechen wir es runter, werden wir erkennen, dass das Kind ein routiniertes Bedürfnis nach Schlaf hat, und wir werden womöglich feststellen, dass es deutlich ausgeglichener ist, wenn es rechtzeitig in den Schlaf begleitet wird und wir danach Zeit für uns haben. Nach und nach wird es eine innere Uhr entwickeln und sich darauf einstellen, dass es etwa ab sieben müde wird.

Manche Kinder weinen, sobald sie Abschied vom Tag

und all dem Abenteuer nehmen müssen. Ihr Weinen bedeutet aber nicht, dass ihnen Schmerz zugefügt wird, weil sie nun ins Bett gehen sollen, sondern dass sie noch etwas Zeit brauchen, um sich von dem ereignisreichen Tag zu verabschieden. Schlaf bedeutet Loslassen und das ist nicht immer einfach.

> *BEDÜRFNIS- UND BINDUNGSORIENTIERTE BEGLEITUNG HEISST: ICH NEHME DEINE GEFÜHLE WAHR UND BEGLEITE DICH SO FEINFÜHLIG UND GUT ICH KANN – ABER DAS KANN ICH NUR DANN TUN, WENN ICH AUCH GUT FÜR MICH GESORGT HABE.*

Es ist eine Art feinfühliges Dolmetschen der Sprache und Verhaltensweisen des Kindes. Es heißt aber nicht: »*Ich tue, was du willst*«, sondern »*Wir sind ein Miteinander und lernen, aufeinander zu achten.*«

Wenn du diesem Prinzip folgst, wirst du erkennen, dass du um einiges gelassener reagieren kannst. Je kleiner das Kind ist, desto mehr wirst du »zurückstecken«, je größer es wird, desto mehr wird es auch deine Bedürfnisse wahrnehmen können und ein wunderbares Miteinander entsteht, ohne dass du schimpfen, toben oder einen Machtkampf austragen musst – ab diesem Punkt wird beiderseits bindungs- und bedürfnisorientiert gelebt und das Familienleben als Segen erlebt. Aus diesem Grund ist die Pionierarbeit der heutigen Elternschaft so essenziell, weil sie das Leben über Generationen nachhaltig verändern wird, und zwar zum Besseren, davon bin ich überzeugt. Ich möchte mich an dieser Stelle bei allen Eltern und Kolleginnen von Herzen bedanken, die hier so engagiert und unermüdlich den Weg voranschreiten und Aufklärungsarbeit leisten!

Jetzt rede ich schon wie meine Mutter!

Ich erinnere mich noch gut daran, dass ich als Teenager dachte: »*Ich werde das alles anders machen als meine Mama. Ich werde meinen Kindern beibringen, dass sie ihre Sachen selbst wegräumen müssen und Ordnung halten sollen. Außerdem, dass sie zuhören, wenn ich etwas sage und nicht ständig ihr Ding machen.*«

Jetzt, fünf Kinder und 25 Jahre später, ziehe ich den Hut vor ihr und ahme so einiges nach. Was ich damals kritisierte, handhabe ich nun genauso. Irgendwie hatte sie es in vielerlei Hinsicht echt drauf. Sie war authentisch, feinfühlig, ehrlich und berechenbar. Ihr war zwar egal, dass wir überall die Wäsche herumliegen ließen, aber nicht, wenn wir sie um Hilfe baten, da war sie immer für uns da. Beim ersten Kind wollte ich noch beweisen, dass ich die bessere Mutter bin, machte beispielsweise täglich die Wäsche, beim zweiten versuchte ich es noch immer mit Mühe, ab dem dritten erkannte ich, dass Elternsein und Haushalt doch eine anstrengende Kombi sein kann, und ab dem fünften nahm ich sie in den Arm, während sich die Wäscheberge türmten und sagte: »*Mama, du hast das hervorragend gemacht, ehrlich.*«

Aber es geht auch anders, wie Evi erzählt: »Ich wollte nie, nie, nie so werden wie meine Mama. Sie war laut, ängstlich und inkonsequent, eine Kombi wie Gummibärchen auf Schweinebraten. Was mach ich jetzt bei meinem Kind? Ich bin laut, ängstlich und inkonsequent. Was tut mein Kind? Genau das, was ich bei meiner Mutter machte: Sie tanzt mir auf der Nase herum. Mein Kleiner treibt mich oft so in den Wahnsinn, dass ich abends heiser bin. Mir tut das unendlich leid, ich will das unbedingt ändern und schäme mich, weil ich es definitiv anders als meine Mama machen möchte. Unser Verhältnis ist eigenartig und geprägt von ›Ich will dir nah sein, aber lass mich gleichzeitig in Ruhe‹. Letztens schrie ich sie, als sie gerade dabei war, meinem Sohn ein Eis zu geben, ohne das mit mir abzusprechen, so an, dass auch mein Sohn anfing zu weinen. Was ist nur los mit mir?«

Einerseits sind wir den Eltern gegenüber noch selbst wie Kinder, die sich beweisen wollen, andererseits wollen wir uns aus dieser latenten Abhängigkeit ihnen gegenüber befreien. Je mehr wir zeigen wollen, dass wir anders sind als sie, desto mehr ertappen wir uns dabei, genauso zu werden, um ihnen nah sein zu können. Das ist ein natürlicher Trieb, der unbewusst auf uns einwirkt. Meistens sind wir deshalb frustriert und fühlen uns im Anschluss an Schreiattacken schlecht. Immerhin erinnern wir uns selbst noch daran, wie es sich einst für uns anfühlte, wenn Mama oder Papa sauer auf uns waren. Dieses Gefühl, nicht das »geliebte und gute Kind« zu sein, ist unangenehm, und wir tun in Folge vieles, um wieder in diese Schublade passen zu können. Entweder wir nehmen den Job an, den die Eltern sich für uns gewünscht haben, oder wir werden, um zu rebellieren, genau der Mensch, den unsere Eltern verabscheuen. Warum? Auch Rebellion bringt näher, so absurd es auch klingen mag. Je mehr »Terror« wir machen, desto mehr Aufmerksamkeit gibt es. Aus Angst, die Zuwendung der Eltern zu verlieren oder aber aus Wut, weil dem schon geschehen ist, dieses Verhalten kennen einige auch von Kindern.

» JE MEHR WIR VERHINDERN WOLLEN, DASS WIR DEN EIGENEN ELTERN ÄHNELN, DESTO HÖHER IST DIE WAHRSCHEINLICHKEIT, DASS WIR GENAUSO WERDEN.

Warum? Solange wir einen Aspekt ablehnen, wird er größer, weil wir uns darauf konzentrieren, eben nicht so zu werden wie Mama oder Papa damals. Das ist wie beim Fahrtraining. Je mehr wir ins Schleudern geraten, desto mehr schauen wir dahin, wogegen wir nicht fahren wollen – die Wand vor uns. Jeder Fahrlehrer wird dir sagen:»Schau immer dahin, wo du hinwillst, nie dahin, wovon du wegwillst.«

Wenn du ein gelassener, entspannterer Mensch werden willst als deine Eltern es waren, dann konzentriere dich auf alles, was dazu beiträgt. Leichter gesagt als getan, ich weiß. Deshalb ist Veränderung ja so anstrengend und nur wenige wagen sich an sie heran. Wir müssen lernen, die Vergangenheit loszulassen, damit aufhören, den Eltern Vorwürfe zu machen, uns umdrehen und eigene Wege gehen und uns von ihrem lösen, indem wir herausfinden, wie wir eigentlich unser eigenes Elternleben gestalten möchten.

Es gibt eine wundervolle Übung, die sich »Positive Blaming« nennt. Dabei schreibst du am besten alles auf, was dich an deinen Eltern gestört hat und beschreibst gleichzeitig einen positiven Aspekt. Du formulierst es wie folgt:

- »Weil du immer so geschrien hast, liebe ich nun die Stille und habe Meditation für mich entdeckt.«
- »Weil du mich immer ignoriert oder nie ernst genommen hast, bin ich jetzt ein aufmerksamer Mensch geworden.«
- »Weil du so ängstlich mit mir warst, ist aus mir nun ein neugieriger und gleichzeitig bedachter Mensch geworden.«
  – Warum ist diese Übung so überaus hilfreich? Weil wir bisher gelernt haben, uns eher auf die negativen Folgen von erzieherischen Fehlern zu konzentrieren und das Ganze wie folgt zu formulieren:
- »Weil du immer so geschrien hast, hasse ich alles, was laut ist, erschrecke mich, ich bin empfindlich Lautstärke gegenüber.«
- »Weil du mich immer ignoriert hast, laufe ich der Aufmerksamkeit anderer hinterher und gebe mich schnell auf.«
- »Weil du mich als Kind nie ernst genommen hast, bin ich jetzt wenig selbstbewusst und total unsicher.«

- »Weil du so ängstlich mit mir warst, ist aus mir jemand geworden, der alles immer im Vorhinein genau wissen muss und andere damit nervt.«

Positive Blaming hilft uns dabei, uns an ein Verständnis heranzutasten, das unser Selbst wieder ermächtigt, die Ressourcen zu erkennen, die wir entwickeln, wenn uns etwas Negatives widerfährt. Das ist das Schöne an der menschlichen Psychologie. Unser Überlebensinstinkt ist so groß und stark, dass wir uns von Natur aus immer weiterentwickeln wollen und auch das Gute, Schöne und Wahre an Situationen herausfiltern können. Leider wird uns nicht beigebracht, darauf zurückzugreifen, sondern wir werden größtenteils dazu konditioniert, uns auf das Negative zu konzentrieren und dadurch in der Opferhaltung festzuhängen. Im Anschluss jammern wir und sagen: *»Wegen meiner Kindheit ist aus mir jetzt so ein Versager geworden.«*

>> *POSITIVE BLAMING BESAGT: »EGAL WIE DU FRÜHER MIT MIR UMGEGANGEN BIST, ICH HABE EINEN WEG GEFUNDEN, DER MIR NUN ZUGUTEKOMMT.«*

Positive Blaming hilft unserem Gehirn dabei, sich daran zu erinnern, dass das Leben immer eine gute Seite haben kann. Es unterstützt uns dabei, loslassen zu können und unseren eigenen Weg zu finden, vor allem im Umgang mit unseren Kindern.

Wir blicken nicht mehr ausschließlich vorwurfsvoll zurück, sondern öffnen uns dafür, die dadurch entwickelten Ressourcen zu erkennen. Wir haben nicht mehr den Drang, den Eltern beweisen zu müssen, dass wir es besser als sie können, sondern gehen mutig unseren eigenen Weg – mit all unseren elterlichen Fehlern, die nichts anderes sind als Chancen zu wachsen. Wenn es dir schwerfällt nach vorne zu schauen und du aufgrund deiner Kindheit noch immer leidest, suche dir bitte dringend Rat innerhalb einer Therapie, das wird dir dabei helfen, wieder Zuversicht zu finden.

Ich weiß nicht, wie ich Zeit für mich finde

Eine Mama erzählt:»Ich sitze gerade in meinem Büro, nachdem ich mehrere Tage keine Zeit gefunden habe, um »meine Sachen« zu erledigen. Es war die letzten Tage wie verhext. Ich hatte absolut keine Zeit für mich, nicht mal in Ruhe duschen war drin, denn da stand meine jüngste Tochter mit im Bad und entdeckte, dass Badeschaum eigentlich recht toll auf dem Boden aussieht. Mal ruft gerade dann jemand an, wenn man eigentlich keine Zeit dafür hat, dann hängt das Kleinkind ständig am Rockzipfel und will unentwegt Puzzle bauen, oder die Lehrer der Homeschooling-Kids bilden sich ein, unbedingt einen Zoomcall um acht Uhr abends zu machen. Alle Eltern kennen diese Phasen, da bin ich nicht allein.

Wenn ich auf Insta einen klugen Spruch lese, der heißt: *»Wenn du dir selbst wichtig bist, dann findest du auch Zeit für dich«*, könnte ich einmal durchs Tablet springen.«

Das ist nicht selten lebensfremd und weit entfernt vom Alltag mit Kindern. Wenn man Kinder hat, lässt sich einiges, aber eben nun mal nicht alles planen. Wir Eltern müssen eine enorme Flexibilität an den Tag legen, um zwischendurch nicht zusammenzuklappen. Gerade jetzt, während der Pandemie, war es ein Dauerlauf, ohne ersichtliches Ende.

>> *DAS EINZIGE, DAS WIR WIRKLICH IN DER HAND HABEN, IST DIE ART UND WEISE, WIE WIR MIT SOLCHEN SITUATIONEN UND PHASEN UMGEHEN.*

Wir entscheiden uns im besten Fall selbst, ob wir mürrisch, schlecht gelaunt, schreiend oder heulend in der Ecke sitzen und sie ertragen, oder ob wir uns selbst bemächtigen und in die Hände spucken, Hilfe suchen, andere Möglichkeiten abwägen oder das Beste draus machen.

Dauerhaft ist das natürlich nicht möglich, aber wenn wir ein bestimmtes Ziel vor Augen haben, durchaus. Wenn wir etwa wissen, dass unser Kind gerade in den Abschlussprüfungen steckt, wird diese Zeit herausfordernd sein, aber danach wird wieder Entspannung und Ruhe herrschen. Wenn unser Kleinkind gerade unentwegt am Rockzipfel hängt, wissen geübte Eltern genauso, dass dies nur eine Phase ist und die Zeit, in der es uns deutlich weniger braucht, kommen wird.

Das Leben als Eltern besteht aus gewissen Zyklen, ähnlich den Jahreszeiten. Es gibt Phasen des Frühlings, in denen sich vieles weiterentwickelt und Samen dafür gesät werden, es gibt aber auch harte Winter, die kalt sind und von uns andere Qualitäten und Ressourcen fordern als beispielsweise der Herbst, in dem wir die Früchte unserer elterlichen Arbeit ernten können.

Manchmal tappen wir Eltern in eine Falle, weil wir im Winter gegen den Baum treten und rufen: »*Hau endlich den Apfel runter!*«

Als ich meine erste Tochter bekam, tat ich das öfter. Ich war nicht selten der Ansicht, ich könnte gewisse natürliche Phasen in der Entwicklung meines Kindes beschleunigen, indem ich mich vermehrt darüber aufregte: »Wann schläfst du denn endlich mal durch?« Jetzt, nach fünf Kindern, bin ich deutlich entspannter. Zu behaupten, es würde mir nicht mehr passieren, wäre schlichtweg gelogen. Das elterliche Leben steht immer vor Überraschungen und ich bin vielleicht eine Expertin für Bindung und Familie, aber nicht für die individuelle Persönlichkeit meiner Kinder, dafür gab es keine Bedienungsanleitung, hier ist Flexibilität, Geduld und Neugierde gefragt. Denn diese ist so einzigartig und individuell, dafür gibt es einfach keine Schablonen. Schon aufgrund dieser Tatsache bin ich immer wieder gefordert, bei jedem meiner Kinder, neue Wege zu gehen, mich weiterzuentwickeln und Neues zu entdecken. Ich lernte ziemlich schnell: Das eine Kind schläft eher durch als das andere. Daran ziehen oder sich darüber aufregen, führt zu nichts, außer zu Stress.

Wenn du dich nach mehr Zeit sehnst, schau, ob es sich nicht nur um eine Phase handelt. Diese sollte nicht länger als drei Wochen in Anspruch nehmen, spätestens dann brauchst du dringend eine Pause oder etwas, was sich »Compelling Future« nennt – etwas, worauf du dich freust. Ein Urlaub, ein Abendessen, ein gemeinsamer Filmeabend, ein Saunagang oder eine Shoppingtour mit Freunden. Fehlt uns diese Compelling Future, brennen wir uns auf Dauer aus. Sicherlich einer der Gründe dafür, warum das System »*unter der Woche arbeiten und am Wochenende das Leben genießen*« so lange funktioniert hat.

Viele Menschen, besonders die modernen Eltern, haben für sich beruflich ein anderes Prinzip entdeckt: »*Warum bis zur Rente durchhalten, wenn es mir schon früher gelingen könnte, den Großteil meiner Zeit mit etwas zu verbringen, das mir Spaß bringt und Freude macht?*«

In der Elternschaft ist es ähnlich. Wenn wir Eltern sagen: »*Bis dein Kind auszieht, ist es halt so*«, sorgen wir für ein Ungleichgewicht der inneren Ausgeglichenheit. Diese Compelling Future liegt einfach zu weit und unbestimmt in der Zukunft, das überfordert und frustriert auf Dauer. Wenn wir uns jedoch sagen: »*Im Moment ist es anstrengend mit dem Neugeborenen, wir werden vermutlich die nächste Zeit weniger schlafen, aber am Wochenende übernimmt Papa oder Oma eine Schicht*«, gehen wir unseren Anforderungen gelassener entgegen.

Das Fazit ist: Suche dir in schweren Phasen, in denen

du wirklich wenig Zeit für dich hast, einzelne Meilensteine und Ziele. Oft reichen schon zehn Minuten, die nur dir gehören.

- Suche dir im Alltag Orientierungspunkte, die dir Halt geben. Wann könntest du kalendarisch eintragen, dass du ME-Time oder WE-Time hast?
- Vereinbare regelmäßige Zeiten, etwa jeden Montag, zu denen jemand für dich babysittet.
- Mach dir bewusst, welcher Typ Mensch du bist. Es gibt Menschen, die brauchen viel Zeit und Raum für sich, auch als Eltern. Wenn dem so ist, kommuniziere das rechtzeitig und schaffe dir ausreichend Auszeiten, damit du in deiner Mitte bleiben kannst.
- Was müsstest du dafür organisieren, oder wen musst du um Hilfe bitten?
- Welche Einstellung brauchst du im Alltag, um diesen als weniger belastend zu empfinden?
- Welche Hilfen benötigst du?
- Mach dir bewusst, was dich entspannt, dir Freude macht und dich wieder in deine Mitte bringt. Wenn es das abendliche Joggen ist, dann versuche es so umzusetzen, dass du deinem Partner ebenso ME-Time verschaffst. Hier ist Zusammenhalt und Absprache erforderlich.
- Mach dir bewusst, dass Beziehungen nicht durch Zeit errichtet werden. Das ist ein alter Mythos, der sich hält. Beziehung wird durch Momente geschaffen, die wir gemeinsam erleben. Die Art und Weise, wie wir diese Augenblicke gestalten, sorgt dafür, wie wir die Beziehung wahrnehmen. Auch getrenntlebende Eltern können intensive Beziehungen zu ihren Kindern aufbauen!

Die einzig wichtige Frage ist: Wie willst du dich in Gegenwart mit deinen Kindern und mit dir allein fühlen, und was genau müsste dafür getan werden? Je weniger du dich als

Einflussfaktor dafür siehst, desto mehr Frust und Stress wirst du erleben. Je mehr Einfluss du dir selbst auf die Gestaltung deiner Zeit wieder zurückgibst, desto entlastender wird es.

Ich hatte andere Träume für mein Leben

Lars, 31, Vater von Zwillingen mit zehn Jahren, erzählt: »Als meine damalige Freundin schwanger wurde, war ich gerade mal 20 Jahre alt. Ich hatte weder Lust auf Verantwortung noch auf Beziehung. Ich weiß, wir hätten besser achtgeben müssen, aber es ist einfach passiert. Der Schock saß uns beiden in den Knochen, als wir dann auch noch erfuhren, dass gleich zwei Kinder sich auf den Weg zu uns machten. Eigentlich wollte ich ins Ausland studieren gehen, landete dann jedoch in einer Lagerhalle und schichtete Kartons ein. Es war unfassbar frustrierend und beschämend. Auf dem zweiten Bildungsweg und als unsere Jungs dann endlich in den Kindergarten gingen, machte ich mein Studium fertig. Leider ging die Beziehung dabei in die Brüche, irgendwie wurde uns alles zu viel. Die Jungs sind großartig, ich bin hammerfroh, dass sie da sind. Aber eigentlich hatte ich mir mein Leben anders vorgestellt. Heiraten, Haus bauen und dann Kinder, wenn die Karriere läuft.«

Lars ist einer von vielen, die ungeplant Eltern wurden. Einerseits sind wir überglücklich, einem kleinen Wunder das Leben schenken zu können, andererseits auch verzweifelt, weil wir andere Pläne hatten. Das Leben an sich fordert von uns viel Flexibilität. Frust entsteht, wenn wir denken, wir könnten es irgendwann kontrollieren.

Meine beiden unvorhergesehenen Himmelsgeschenke waren und sind, zusammen mit meinen »geplanten Kindern«

(ich mag das Wort nicht so gern) das Beste, das mir passieren hätte können. Aber als ich mittendrin steckte, überwältigte mich oft die Ohnmacht. Eine, von der ich kaum jemanden wissen ließ, zu sehr schämte ich mich ihretwegen, weil ich doch so gern ohne Sorgen »Ja« sagen wollte. Ich dachte mit 18 Jahren, bei meiner ersten Schwangerschaft: *»Wie soll ich meine Ausbildung beenden und unser Leben finanzieren?«* Mit knapp 40, bei meinem fünften Kind, dachte ich: *»Wie soll ich das Arbeitspensum, das ich mir mühevoll erarbeitet habe, aufrechthalten? Einfach pausieren und wieder von vorne anfangen, das geht doch jetzt nicht mehr!«*

Diese beiden Kinder brachten mir rückwirkend gesehen jede Menge Gelegenheiten, feste Vorsätze loszulassen, der Flexibilität Raum zu geben und mein Leben sowie meine Träume immer wieder neu zu erschaffen. Sie führten mich aus den engen Korsetts der vorgefertigten Wege und ließen mich erkennen, dass das Leben selten planbar, dafür immer machbar ist. Wollte ich damals unbedingt, ähnlich wie Lars, zuerst in Ruhe Karriere machen, dann heiraten, ein Haus bauen und erst dann Kinder in die Welt setzen, so machte mir das Leben einen Strich durch die Rechnung. Jetzt kann ich mit meinem Herzen sagen: gut so!

Leid entsteht, wenn wir auf Biegen und Brechen am alten Weg festhalten wollen und partout nicht akzeptieren können, dass sich unser Leben nun verändern wird. Wenn es uns gelingt, auch Ja zu unseren Sorgen sagen zu können, werden sich uns neue Türen zeigen, die, sobald wir sie zu öffnen bereit sind, ein Wunderland für uns bereithalten.

Wer von uns weiß schon, ob unsere geplanten Träume tatsächlich das Beste für uns gewesen wären? Ich glaube daran, dass es da draußen eine Kraft gibt, die für uns sorgt und dass jedes ungeplante Schicksal einen Segen für uns bereithält. Unser Job ist es, danach zu suchen. Ich habe aber auch gelernt, dass wir mit dem Schicksal hadern können, und wenn wir das tun, machen wir es uns und unseren Kinder meist verdammt schwer. Wir haben die Wahl, weil wir freie Wesen sind, und dennoch zeigte mir mein Leben ganz genau, wann es Zeit war loszulassen, mich zu entspannen und darauf zu vertrauen, dass auch der ungeplante Weg gut für mich ist. Meine Kinder sind gerade deshalb mein größtes Wunder, weil sie mich diese wichtige Lebenslektion lehrten.

> **» WIR KÖNNEN NICHTS UND NIEMANDEN DAFÜR VERANTWORTLICH MACHEN, OB WIR UNSEREN TRÄUMEN LEBEN EINHAUCHEN ODER SIE STERBEN LASSEN, AUSSER UNS SELBST.**

Wir allein sind dafür verantwortlich, unsere Träume auch im Angesicht von Schicksalsschlägen und ungeplanten Ereignissen Leben einzuhauchen. Es gibt in der Elternschaft nichts, das frustrierender ist, als eines Tages dazustehen und sagen zu müssen: *»Du bist schuld, dass ich nicht leben konnte, wie ich wollte.«* Wenn der Adressat für diese Zeilen die eigenen Kinder sind, ist das unendlich schmerzhaft.

Verantwortung hat viel damit zu tun, dem Leben Antworten geben zu können. Wenn ein Kind in unser Leben kommt, verlangt es nach einer Antwort. Optimalerweise sollte sie sein: *»Ich sage Ja zu dir und bleibe gleichzeitig auch beim Ja für meine Träume.«*

Manchmal, gerade dann, wenn Kinder zu uns kommen, müssen unsere Träume geduldig darauf warten, bis wir den Boden für ihr Wachstum vorbereiten können. Aufgeschoben bedeutet aber noch lange nicht aufgehoben. Wir sind es sowohl uns selbst als auch unseren Träumen und Kindern schuldig, an ihnen festzuhalten. Nicht immer in der Form, wie wir ihre Realisierung gern gehabt hätten, aber an ihrer Essenz allemal. Ich persönlich habe meine Ausbildungen und Karriere an der Seite meiner Kinder umgesetzt. Sicherlich deutlich langsamer als meine Kolleginnen ohne Kinder oder jene, die später Eltern geworden sind. Doch unterm Strich geht es im Leben nicht um eine Art Wettkampf mit der Zeit, sondern vielmehr um einen Tanz mit ihr. Das Leben passiert sowieso, ob mit oder ohne Pläne. Die Kunst ist, dass wir uns ihm voll und ganz hingeben können, ohne Reue und Hadern. Das Leben mit Kindern ist bunt und außerhalb von Schwarz-Weiß-Malerei am angenehmsten.

Was mach ich mit all meinen Gefühlen?

Manchmal überwältigen sie uns, unsere eigenen Gefühle, aber auch die unserer Kinder. Wut, Zorn, Traurigkeit, Freude, Begehren und Verlangen, Neid, Stolz oder Angstgefühle können ganz schön stark sein. Wenn wir als Kind nicht gelernt haben, mit ihnen auf eine konstruktive Weise umzugehen, erarbeiten wir uns diese Möglichkeiten meist erst als Erwachsene. Frühestens in der ersten Partnerschaft, spätestens wenn wir Kinder durchs Leben begleiten.

Sobald so ein kleiner Zwerg mit seinen zwei Jahren und dem ersten Wutanfall vor uns steht, spüren wir sie – die Gefühle der Ohnmacht, Verzweiflung, Hilflosigkeit oder der eigenen Wut. Wenn wir durch das Verhalten eines anderen mit eigenen unangenehmen Gefühlen konfrontiert werden, kann das mitunter überwältigend werden. Es kann passieren, dass wir plötzlich einen Druck auf der Brust, einen Kloß im Hals oder einen Schmerz in der Magengrube haben, uns etwas schwindelig wird und wir am liebsten laut schreiend davonlaufen würden. Manches Mal wollen wir den Säbelzahntiger aber auch loswerden und schicken ihn auf sein Zimmer.

Je öfter wir mit Gefühlen der Kinder überfordert sind, desto häufiger befinden wir uns auch in solch unliebsamen

Situationen, vor allem wenn wir uns nicht die Frage gestellt haben: »*Warum triggert mich das Verhalten meines Kindes so?*« Dann kann es schnell passieren, dass wir irrtümlich annehmen: »*Du kleiner Zwerg bist schuld dran, dass ich mich so mies fühle.*«

Umtauschgedanken kommen genau in solchen Situationen, in denen wir uns überwältigt fühlen und keine Lösung wissen. Du kennst das vielleicht von deinem Partner. Wenn er uns immer und immer wieder triggert, weil er durch sein Verhalten oder deine Worte genau die wunden Punkte bei uns erwischt, tauchen auch mal Umtauschgedanken auf. Ein Grund, warum wir uns schließlich von ihm trennen, ist, dass wir diese Gefühle nicht mehr ertragen können. Im Grunde aber eher, dass wir nicht gelernt haben, wie wir sie bewältigen können. Das frustriert. Wir kämpfen mit unserem Partner so lange, bis wir uns den tiefen Gefühlen der Sehnsucht oder Ohnmacht in uns stellen können. Bis dahin kann es viel Dramen und Trennungen geben.

Mit unseren Kindern geht es uns ähnlich, gleichzeitig sagt ein gesunder Evolutionsmechanismus in uns: »*Bleib beim Kind, ohne dich kann es nicht überleben.*« Ist uns dies bewusst, tun wir meist alles dafür, uns wieder zu sammeln. Entweder dadurch, dass wir lernen, Gefühle zu meistern oder indem wir so lange darüber hinwegsehen, die Gefühle verdrängen oder hinten anstellen, bis wir »platzen«. Spätestens in der Pubertät ist es so weit: Wir ertappen uns dabei, etwas zu sagen, das wir nie sagen wollten: »*Solange du deine Füße unter meinen Tisch stellst, tust du, was ich sage!*« Wenn wir uns in die Ecke gedrängt fühlen, kann es schon mal passieren, dass die Entweder-Oder-Karte vergangener Erziehungszeiten gespielt wird. Im Grunde kein Zeichen des eigenen Versagens oder des Teenagers vor dir, sondern vielmehr, dass sich hier über viele Jahre Gefühle aufgestaut haben, die nicht befriedigend gelöst oder erfüllt wurden.

Wir Eltern sind Menschen. Menschen gehen vom Prinzip her den Weg des geringsten Widerstandes. Solange wir uns aus einer Situation durch Verdrängen oder Angriff herausschlängeln können, tun wir es. Manche Eltern bekommen Magengeschwüre, andere die Midlife-Crisis, und wieder andere haben täglich Zoff mit dem Teenager oder fangen eine Affäre an. Meist einfach deshalb, weil die eigenen Gefühle überwältigen.

Wenn wir das wissen, ist es im Grunde eine intelligente Entscheidung, frühzeitig damit anzufangen zu lernen, wie sich mit unangenehmen Gefühlen umgehen lässt.

Wenn uns das gelingt, fängt das Leben erst so richtig an.

》 SOLANGE WIR IN WUT ODER TRAUER FESTSTECKEN, SIND WIR MEIST BLIND FÜR DIE SCHÖNHEIT DES LEBENS.

Wir sehen nicht, dass eine Rose im Garten zu blühen beginnt, wenn wir uns gerade darüber grämen, dass unser Achtjähriger wieder seine Hausaufgaben vergessen hat und wir daraus rückschließen, seine Zukunft – und somit unsere – wäre ihm egal.

Wir fühlen nicht, wie die Sonne gerade unsere Haut mit Vitamin D auftankt und unsere Nase kitzelt, wenn wir wütend darüber sind, dass der Teenager wieder nicht den Müll rausgebracht hat und wir uns gleichzeitig von ihm durch sein Verhalten nicht respektiert fühlen.

Vielleicht erkennst du ein Muster. Gefühle folgen einem bestimmten Gedankenmuster – das bedeutet, dass wir sie im Grunde selbst in der Hand haben.

》 FRAGE – GEDANKE – GEFÜHL – ENTSCHEIDUNG – HANDELN – ERGEBNIS

Zuerst stellen wir uns selbst eine Frage, auf die unser Gehirn in der Regel unbewusst und automatisiert innerhalb von zweieinhalb Sekunden eine Antwort ausspuckt.

- »Warum hört das Kind nie auf mich?«
- »Warum macht es nie, was ich sage?«
- »Warum nimmt das Kind Drogen?«
- »Warum streitet es immer mit seinen Freunden?«
- »Wieso macht es seine Hausaufgaben nicht?«
  - Je nach deiner eigenen biografischen Prägung, lautet die Antwort:
- »Weil es dich nicht respektiert.«
- »Weil du ihm egal bist«
- »Weil es seine eigenen Wege geht.«
- »Weil es wie sein Vater ist«
- »Weil mein Wort sowieso nie zählt.«
- »Weil ich alles falsch mache.«
- »Weil ich ein Versager bin.«
- »Weil ich zu wenig streng war.«

Die Antworten, die wir geben, aber auch die Fragen, die wir stellen, sagen viel darüber aus, auf welche Art und Weise wir die Welt sehen und wie wir uns anschließend fühlen.

Gleichzeitig ist es aber auch wichtig zu wissen, dass unser Gehirn nicht gleichzeitig Angst oder Wut und Liebe oder Dankbarkeit fühlen kann. Außerdem ist es so, dass ein Gefühl meist nur wenige Sekunden von sich aus in uns bleibt. Diese Tatsachen zeigen, dass wir uns letzten Endes selbst, ob bewusst oder unbewusst, dafür entscheiden, wie wir uns fühlen oder eben nicht.

Wenn du dich in die oben erwähnten Fragen und Antworten hineinfühlst, wirst du vermutlich feststellen, dass die Kombination aus beiden bestimmte Gefühle in dir auslösen wird, etwa Ohnmacht, Hilflosigkeit, Schuldgefühle, Ärger oder Angst. Diese Gefühle führen dich dazu, eine Handlungsentscheidung zu treffen. Entweder du schreist das Kind an, schubst es emotional von dir weg, ziehst dich zurück oder lässt es tun, was auch immer es will – somit »entfernst die dich aus dessen Lebensraum«, ohne das im Grunde bewusst zu steuern. Denn die Antworten, die du dir gibst, mit den daraus resultierenden Gefühlen, sind zu 90 Prozent unterbewusst von deinen Erfahrungen geprägt. Das bedeutet, dass wir uns im Grunde von ihnen gesteuert fühlen – nicht umgekehrt. Meist sind wir aufgrund dessen mit den Ergebnissen in unserem Leben unzufrieden.

Wenn wir die Ergebnisse in unserem Leben ändern wollen, sollten wir vorerst noch nicht damit beginnen, im Außen etwas zu ändern oder das Kind »zu erziehen«, sondern vielmehr damit, die Fragen und Antworten in unserem Kopf zu hinterfragen – eben bewusster zu denken.

» **DENKEN IST NICHTS ANDERES ALS DER PROZESS, UNS SELBST FRAGEN ZU STELLEN UND ANTWORTEN ZU FINDEN.**

Vielleicht hast du schon mal den Satz gehört: *»Ändere dein Denken, und dein Leben wird sich ändern.«* Übersetzt heißt das: »Beginne damit, dir andere, sinnvolle und lösungsorientierte Fragen zu stellen, um sinnvolle und lösungsorientierte Antworten zu bekommen!« Viele unserer Beziehungen würden völlig anders aussehen, wenn wir diesen Prozess wirklich verstünden. Denn es macht einen Unterschied, ob wir, sobald unser Kind weint, denken: *»Oh nein, jetzt will es wieder Aufmerksamkeit, dabei will ich doch was anderes machen«*, oder: *»Mein Kind braucht meine Zuwendung und zeigt mir das durch sein Weinen. Ich freue mich, für es da sein zu können.«*

Der letztere Gedanke wird zur Folge haben, dass du

deutlich angenehmere Gefühle fühlen wirst, weil deine gedankliche Antwort bereits eine Lösung oder zumindest eine Richtung zur Lösung beinhaltet. Wenn du deine Beziehung zu deinem Kind und die damit verbundenen Gefühle verändern möchtest, achte im ersten Schritt bewusst darauf, welche Art von Fragen du dir in Konfliktsituationen stellst.

- »Was kann ich tun, damit ich mich trotz dieser Situation wohlfühle?«
- »Wie kann ich einen sinnvollen Beitrag leisten?«
- »Was wäre ein mögliches Ergebnis, das ich mir jetzt wünsche?«
- »Wie kann ich jetzt meine Liebe demonstrieren?«
- »Was müsste ich jetzt tun oder denken, um mich geliebt und wertgeschätzt zu fühlen, sodass sich auch mein Kind so fühlen kann?«

Fühle kurz, wie sich in deinem Innersten durch diesen kleinen Perspektivwechsel womöglich etwas Neues in Gang setzt. Denke an eine Situation, in der dich dein Kind getriggert hat und stelle dir eine neue, positivere Frage. Fühlst du dich nun genauso wütend, ängstlich, ungeliebt, nicht respektiert oder hilflos wie vorher, oder hat sich etwas geändert?

Manchmal ist es relativ simpel, unserem Leben als Eltern eine neue Richtung zu geben. Manches Mal steckt mehr dahinter. Auf alle Fälle nehmen uns nicht nur unsere Kinder, sondern auch unsere Gedanken und Gefühle an die Hand und zeigen uns nicht selten einen Raum der Heilung, den wir ohne sie womöglich nie entdeckt hätten. Das ist das Wundersame an herausfordernden Verhaltensweisen oder Situationen im Alltag.

Unser einziger Job ist im Grunde, uns täglich bewusst zu machen, dass weder Verhaltensweisen noch Gefühle oder Gedanken per se schlecht sind, sondern lediglich Hinweisschilder zu einer neuen Ebene der Beziehungen, zu uns selbst und zu unseren Kindern.

Da unser Gehirn darauf ausgelegt ist, uns schnell mit Gedanken und Gefühlen zu konfrontieren, mit denen wir es konditioniert haben, lässt es sich relativ entspannt darauf trainieren, positivere Annahmen in Bezug auf die Macken unserer Kinder zu haben, als wir womöglich zuvor hatten.

Emotionale Fitness ist erlernbar. Gefühle richtig einzuordnen ebenso. Wir können lernen, uns von ihnen nicht hilflos überwältigen zu lassen, indem wir bewusster darauf achten, welche Art von Fragen und Antworten wir uns stellen. Studien zeigten, da wiederhole ich mich gern, dass wir beispielsweise keine Angst empfinden können, wenn wir singen. Sicherlich einer der Gründe, warum viele Eltern instinktiv summen, sobald ihr Kind verängstigt ist.

Folgende Übung könnte dir weiterhelfen:

Sobald ein Gefühl dich überwältigt, bleib stehen, fühle den Boden unter deinen Füßen und atme tief ein und aus. Denk an etwas Schönes. Zum Beispiel den Tag, als du deinem Baby zum ersten Mal in die Augen geschaut oder mit ihm gekuschelt hast. Denk an einen Moment, in dem du von Herzen gelacht hast und einen anderen, in dem du dich geliebt und geborgen fühlst. Dann frag dich: »*Welche Frage müsste ich mir stellen, um mich in diesem Moment wohler mit der äußeren Situation zu fühlen?*«

Du wirst sehen, mit der Zeit wirst du mit deinen Gefühlen besser umgehen können.

Ich hab so oft Angst um mein Kind

Es ist völlig normal, dass wir ängstlicher sind, vor allem wenn wir noch unter Hormoneinfluss stehen. Denn die Natur hat es zumindest bei kleinen Kindern so eingerichtet, dass unser Gehirn vollkommen auf:»*Ich beschütze dich und uns*« ausgelegt ist. Dabei wurde sogar festgestellt, dass derjenige, der sich hauptsächlich um das Kind kümmert, unabhängig davon, ob es ein Mann oder eine Frau ist, ängstlicher reagiert. Auch bei homosexuellen Paaren wurde festgestellt, dass derjenige, der mehr Zeit mit dem Kind verbringt, am Spielplatz eher ängstlich hinterherläuft als der Elternteil, der mehr Zeit bei der Arbeit verbringt. Das sind erstmal die guten Nachrichten: Es ist bis zu einem gewissen Grad völlig gesund und normal, ängstlich zu sein. Immerhin geht es um dein Kind, und du möchtest schon von Natur aus, dass es gesund und sicher groß wird.

Wenn du allerdings merkst, dass deine Ängste überhand nehmen und dein Verhalten dadurch in eine Art Kontrollzwang ausartet, solltest du innehalten und dir professionelle Unterstützung holen.

Du hast ja bereits im Buch gelernt, dass wir dann anfangen zu kontrollieren, wenn wir unter Stress stehen und keine andere Lösung parat haben. Wenn du also ständig hinter deinem Kind her bist und es daran hindern willst, neue Dinge zu erfahren, blockierst du den natürlichen Entdeckerdrang, der wiederum enorm wichtig ist, damit sich dein Kind zu einem selbstbewussten Menschen entwickeln kann. Es muss auch mal hinfallen dürfen, um zu erfahren, dass es auch wieder aufstehen kann.

Das bedeutet im übertragenen Sinn: Fehler und Missgeschicke helfen deinem Kind, Neues zu erlernen und dabei zu entdecken:»*Hey, es geht immer weiter. Manchmal tut es weh, aber es wird wieder besser. Vor allem deshalb, weil ich liebevoll dazu ermutigt werde weiterzumachen.«*

» DIE ERFAHRUNG, DASS ES IM LEBEN TROTZ SCHMERZEN, VERLUST, TRAUER UND LEID WEITERGEHT, IST WICHTIG FÜR UNS ALLE.

Diese Erfahrung gibt Hoffnung und Zuversicht, sie spendet Trost und Vertrauen ins Leben und lässt uns Neues weiterentwickeln. Davor sollten wir unsere Kinder letzten Endes nicht bewahren.

Tust du es trotzdem, kann es einerseits daran liegen, dass du einfach völlig überreizt und belastet bist, sprich: Dein Nervensystem ist schon so »drüber«, dass du nur noch nervös auf- und abläufst und in wilden Aktionismus verfällst, also gar nicht mehr klar und logisch denken kannst. Manchmal sagen wir dann: *»Das Kind treibt mich noch in den Wahnsinn, ständig muss ich hinterher sein!«* In der Regel beruhigt sich dein Kind sofort, wenn es nicht mehr »herumgescheucht« wird und du dich selbst beruhigst. Das Kind passt sich an deine nervöse Verhaltensweise an und wird entweder zum Verweigerer oder geht genauso »aufgedreht« und nervös durchs Leben. Es lernt durch überzogene Ängstlichkeit immerhin, dass das Leben gefährlich ist und es wachsam bleiben muss. Klar ist das Leben gefährlich, aber mindestens genauso sicher und schön. Wenn unsere Kinder eine gesunde Balance dieser beiden Extreme erlernen, ist es ideal. Wenn die Angst aber dominiert, ist es dringend notwendig, dass du auf die innere Stopptaste drückst. Dabei kann dir eine Änderung deiner Verhaltensweisen helfen, vor allem wenn du eigentlich nie ein ängstlicher Typ warst. Beispielsweise indem du ausreichend schläfst, mindestens zwei Liter Wasser trinkst, etwas Sport machst, dich gesund ernährst, Zeit in der Sonne und an der frischen Luft verbringst oder zehn Minuten pro Tag meditierst. Wenn dein Nervensystem überlastet ist, entsteht oftmals Angst, deshalb helfen diese Tipps wirklich. Die Hirnforscherin Jill Bolte Taylor fand heraus, dass wir 90 Sekunden in einer Emotion verharren. Diese wird von unseren Hormonen gesteuert. 90 Sekunden lang sind Gefühle demnach im Blut, danach sind sie restlos aus unserer Bahn verschwunden und wir entscheiden, wie es weitergeht.

Nimm deshalb eine Inventur deiner Gedanken, Antworten und Gefühle vor. Was genau fühlst du, wenn dein Kind die Welt entdeckt? Welche Gedanken und Erwartungen hast du an dich, an dein Kind, an die Welt? Sind diese Gefühle und Gedanken nützlich, oder hindern sie dich eher dabei zu vertrauen und schüren Ängste?

Das bedeutet, dass du in solchen »schwachen« Momenten, obwohl du zahlreiche Bücher gelesen hast und es eigentlich »besser« wissen solltest, dir vermutlich nicht folgende Antwort gibst: »*Entspanne dich, atme tief ein und aus, es wird schon nichts passieren, hab keine Angst*«, sondern eher sagst: »*Oh mein Gott, ich muss da nachlaufen, gleich passiert sicher wieder etwas und das Kind weint.*«

Dein Gehirn wird entsprechend der Erfahrungen und Denkgewohnheiten agieren. In Folge wirst du dich unruhig, nervös, unsicher und ängstlich fühlen und entsprechend handeln. Anschließend wirst du dir an den Kopf fassen und denken: »*Mist, schon wieder so ängstlich reagiert!*« Manche Eltern reden sich die Ängstlichkeit schön und sagen, dass sie ja nur fürsorglich wären und das eben der Job der Eltern sei, einige gestehen sich aber ehrlich ein, dass die Ängstlichkeit beengend und unangenehm ist und suchen nach Lösungen.

Im vorherigen Kapitel habe ich beschrieben, wie wir unsere Denkprozesse ändern und unser Gehirn trainieren können. Schlag an dieser Stelle gern zu den Fragen zurück, die wir uns stellen können und füge selbst welche hinzu, die dir in so einer Situation helfen können. Hab Vertrauen in dein Kind, das schon hundertmal das Klettergerüst hinauf- und hinuntergeklettert ist und versuch, dir nicht immer das Schlimmste auszumalen und die Situation realistisch einzuschätzen.

Du kannst Gefahren unterscheiden lernen, indem du dir die simple Frage stellst: *»Was würde schlimmstenfalls passieren, und wie realistisch ist das wirklich?«* Diese Vorgehensweise nennen wir »Selbstregulation«. Eine wichtige Fähigkeit, wenn es darum geht, unsere Kinder ins Leben zu begleiten. Wenn es dir gelingt, dich durch geschickte Fragen und Antworten weg von der Angst hin zum Vertrauen zu begleiten, wirst du nach und nach feststellen, wie du dich immer mehr entspannst.

Falls doch mal etwas passiert, lege ich dir ans Herz, folgende Übung aus der Schocktraumatherapie zu machen, um dich und dein Kind wieder zu beruhigen:

- Atme tief durch und sieh dich im Raum um. Sprich laut fünf Dinge aus, die du *siehst*.
- Atme tief durch und sieh dich im Raum um. Sprich laut fünf Dinge aus, die du *hörst*.
- Atme tief durch und sieh dich im Raum um. Sprich laut fünf Dinge aus, die du *in dir wahrnimmst* und *spürst*.
- Sag dir laut: *»Jetzt bist du in Sicherheit. Du hörst und siehst genau, was passiert und du fühlst dich wieder. Alles in Ordnung.«*
- Überkreuze deine Arme und rubble deine Schultern ab. Gern auch den Köper einmal sanft abklopfen, damit du wieder *»voll da«* bist und dein Inneres nicht in der Schock- oder Angstsituation hängen bleibst.

Du wirst schnell merken, dass du dich wieder sammelst und »zu dir« kommst. Uns muss bewusst sein: Unser Alltag ist ihre Kindheit und gleichzeitig liegt es außerhalb unserer

Kontrolle, zu wem unser Kind eines Tages wird. Denn ab einem gewissen Alter liegt unser Leben in unseren eigenen Händen.

Wenn wir Samen in die Erde legen und dafür sorgen, dass der Boden gut vorbereitet ist, die Pflanze ausreichend Wasser und Sonne hat, so stört sie sich nicht an dem einen oder anderen Unkraut in ihrer Nähe. Aus ihr wird dennoch eine starke Pflanze werden. Demnach wird sich auch unser Kind damit zurechtfinden, wenn du dich als Elternteil authentisch ihm gegenüber zeigst und nicht versuchst, Erziehungsratgeber in den Alltag zu transferieren oder permanent alles perfekt zu machen. Unkraut gehört zum Leben dazu. Die Frage ist im ersten Schritt nur: Wie viel davon gibt es in unserer Umgebung. Und im zweiten Schritt: Was machen wir damit? Angst kann ein wertvoller Hinweisgeber oder ein zermürbender Begleiter sein. Letzten Endes müssen wir Eltern lernen, einen Weg zu finden, sie als Freund anzusehen und wie einen Tanzpartner führen lernen.

Natürlich gibt es Kinder, die sehr sensibel auf ihr Umfeld reagieren, und schon das kleinste Zuviel an »Wasser, Sonne oder Unkraut« blockiert ihr Wachstum. Für sie reicht schon ein ängstlich ausgesprochenes: »*Lass das!*« und sie brechen in Tränen aus. Diese hypersensitiven Kinder hüllen liebevolle Eltern gern in extra viel Watte und meinen, sie wären nun dafür verantwortlich, sämtliche Störfaktoren aus ihrem Leben zu verbannen. Diesen Zugang halte ich für wenig sinnvoll. Zu Beginn ziehen wir Samen im Gewächshaus, später setzen wir sie raus und gewöhnen sie nach und nach an die Welt. Das ist unser Job als Eltern. Der Topf der Pflanze im Gewächshaus wird natürlicherweise irgendwann einmal zu klein, und wir müssen den Schritt wagen, ihr zuzutrauen, auch mit anderen Witterungen zurechtzukommen. Im Grunde ist es mit Kindern, die besonders viel Umsicht benötigen, nicht anders. Wenn wir sie in ihren Potenzialen und Ressourcen stärken, kann es auch ihnen gelingen, sich im

Leben gut zurechtzufinden. Und wie immer gilt auch hier: Beziehungsarbeit ist besser als Erziehungsarbeit, gerade bei zarten Pflänzchen.

Im Leben von uns selbst und im Leben unserer Kinder wird immer wieder so einiges schiefgehen. Es fließen nicht nur wegen Schürwunden am Knie Tränen, sondern auch wegen Ereignissen, die außerhalb unserer Kontrolle liegen und Dingen, die wir nicht hätten verhindern können.

>> **DAS EINZIGE, DAS WIR BEEINFLUSSEN KÖNNEN, IST, WIE WIR MIT DEN EREIGNISSEN IN UNSEREM ELTERNLEBEN UMGEHEN.**

Wie soll es gelingen, ein glückliches Leben zu führen, wenn wir uns als liebevolle Eltern schuldig fühlen, sobald etwas im Leben des Kindes aus dem Raster fällt oder schiefläuft? Das Leben an sich ist riskant. Erst wenn wir das als Tatsache akzeptieren, können wir es auch genießen lernen.

Ich bin manchmal zu hart mit mir und meinem Kind, obwohl ich doch nur das Beste will!

Feinfühligkeit und soziale Kompetenzen werden uns nicht einfach so in die Wiege gelegt, sondern müssen Stück für Stück erlernt werden.

Im ersten Schritt lernen wir, auf andere empathisch zuzugehen, indem auf uns selbst empathisch zugegangen wurde, als wir noch klein waren. Je feinfühliger unser Umfeld auf unsere Bedürfnisse einging, desto eher können wir auch die Bedürfnisse anderer wahrnehmen. Da Kinder ihr näheres Umfeld nachnahmen und durch den Umgang mit ihnen und ihren Bedürfnissen automatisch darauf rückschließen: »*So also funktioniert das Leben, die Welt und ein Miteinander*«, können wir Eltern Einfluss darauf nehmen, wie sich unsere Kinder als Teil dieser Welt wahrnehmen. Selbst wenn wir als Kind womöglich gelernt haben: »*Die Welt ist ein Ort, in dem jeder mehr auf seine eigenen Bedürfnisse als auf meine achtet, ich selbst folglich keine Rolle spiele und genau deshalb schauen muss, wie ich mich selbst und mein Überleben sichere*«, können wir uns zu einem späteren Zeitpunkt im Leben erarbeiten, sagen zu können: »*Ich weiß aus tiefstem Herzen, dass sowohl ich selbst als auch meine Bedürfnisse ein wertvoller und wichtiger Teil dieser Welt sind. Das Leben ist grundsätzlich für mich und es gibt genügend Menschen, die für mich da sind, wenn ich sie brauche.*«

Manchmal scheint der Graben zwischen dem ersten und dem zweiten Satz unüberwindbar groß und wir haben das Gefühl: »*Das schaffe ich nie.*«

Vor allem wenn wir Eltern werden, nehmen wir womöglich seine Tiefe und vielleicht auch seinen Schrecken zum ersten Mal wahr. Viele Eltern stammen selbst aus Familien, in denen sie entweder seelisch oder körperlich nicht optimal versorgt wurden. Vielleicht gab es unter den Eltern oft unnötigen Streit, oder der damals weit verbreitete »Klaps auf den Po« hielt zu Hause oder in der Schule Einkehr. Vielleicht hattest du selbst als Kind das Gefühl, weder richtig wertgeschätzt noch geliebt oder anerkannt zu werden. In Folge bist du an der einen oder anderen Stelle auch hart zu dir selbst und erinnerst dich in schweren Situationen daran: »*Sei nicht so zimperlich, es ist doch nicht so schlimm.*« Dann machst du weiter und »funktionierst dich« durch Lebenstäler, anstatt dir Unterstützung zu holen oder deinen Gefühlen den notwendigen Raum zu geben.

Trotzdem bist du zu einem gesunden Erwachsenen geworden, der sein Leben meistern kann und nun alles dafür tun möchte, es für die eigenen Kinder besser zu machen. Das ist grundsätzlich etwas sehr Sinnvolles, denn die Natur hat es so vorgesehen, dass Eltern einen inneren Antrieb haben, es den eigenen Kindern leichter zu machen. Einige Eltern wurden sogar vernachlässigt und kennen die grausamen Erziehungsstile alter Zeiten noch selbst. Und trotz alledem sind sie heute bei Freunden beliebt, gehen arbeiten, machen mit ihren Kindern zusammen Sport oder Musik und leben im Großen und Ganzen ein entspanntes Leben.

Selbst ich als Therapeutin mit jahrelanger Erfahrung kann sagen, dass der Großteil aller Eltern einen richtig tollen Job macht, selbst, wenn deren eigene Erziehung nicht immer optimal lief. Damit möchte ich ausdrücken, dass jede Elterngeneration, trotz womöglich »unglücklicher« Biografie, ein wundervolles Engagement zeigt, es für ihre Kinder »besser« zu machen.

Gleichzeitig bemerken Eltern, die selbst eine herausfordernde Kindheit hatten, in der einen oder anderen Situation mit ihren Kindern eine Überforderung oder Ohnmacht. Viele Eltern aus schwierigen Elternhäusern möchten ihren Kindern nicht das Gleiche zumuten, wie ihnen damals zugemutet wurde und ertappen sich letzten Endes jedoch dabei, wie sie ihr Kind ungerecht behandeln, anschreien oder dass es ihnen ab und an auf die Nerven geht, obwohl sie es über alles lieben. Umso größer sind dann die Schuldgefühle und Versagensängste. Dadurch wird ein Trigger freigesetzt, denn Eltern in diesen Situationen glauben dann, sie hätten sowohl damals als Kind als auch jetzt als Eltern versagt und könnten es niemandem wirklich recht machen. Dieser innere Rückschluss kann dann zur Folge haben, dass Eltern unsicher werden und das Gefühl haben, viel zu hart mit ihrem Kind zu sein, obwohl sie in Realität unglaublich liebevoll sind.

Damit will ich sagen: »*Lieber Elternteil, selbst wenn dir einmal in der Erziehung etwas passierte, für das du dich schämst oder wovon du im Grunde weißt, dass es falsch war, kann aus deinem Kind ein gesundes Kind werden!*« Kinder verzeihen dir deine Unzulänglichkeiten, Fehler, Hilflosigkeit und Umtauschgedanken, sofern sie dich ansonsten als liebevollen Elternteil erleben oder alternativ in einem liebevollen Umfeld mit Ersatz-Bezugspersonen aufwachsen.

>> **UNSERE KINDER HABEN DAS POTENZIAL, TROTZ UNSERER ERZIEHERISCHEN AUSRUTSCHER ZU GLÜCKLICHEN ERWACHSENEN HERANZUWACHSEN.**

Dennoch haben Kinder eine natürliche Grenze an Fassungsvermögen. Das bedeutet: Es gibt Kinder, deren Psychologie unangenehme Situationen oder Krisen leichter wegsteckt als andere. Ähnlich wie bei uns Erwachsenen. Es gibt Eltern, die aufwühlende Zeiten besser aushalten können und zugleich glücklich und gesund sind, und es gibt Eltern, die weniger resistent auf unangenehme Lebenslagen reagieren. Das Spannende ist: Je sicherer und zuverlässiger ein Kind seine Umgebung erlebt, desto sicherer und resistenter entwickelt es sich. Zeitgleich spielen das Erleben und die Interpretation des Umfeldes eine entscheidende Rolle. Natürlich macht es einen Unterschied, ob dein Kind erlebt, dass du es in den Arm nimmst, wenn es Trost braucht, oder ob es weggeschubst wird.

Was der Mensch aus den Begebenheiten macht, obliegt ihm ab einem gewissen Zeitpunkt im Leben selbst. Wenn du dich also im Anschluss entschuldigst und dein Verhalten nicht wiederholst, musst du lernen, dir deine Fehler zu verzeihen. Dein Kind wird es sicherlich tun. Merkst du tatsächlich, dass du zu hart zu deinem Kind bist, zeigt es enorme Größe und ist unerlässlich, wenn du dir Hilfe suchst und dein Verhalten ändern lernst.

>> *JEDER GESUNDE MENSCH HAT AB EINEM GEWISSEN ALTER DIE WAHL, WELCHEN WEG ER FÜR SICH WÄHLT.*

Ja, Eltern spielen eine große Rolle im Leben, aber auch zahlreiche andere Faktoren. Niemand ist perfekt. Auch wenn wir noch so sehr danach streben, das erdenklich Beste zu geben, das Leben mit Kindern sieht oft einfach anders aus als geplant. Es kann voll sein mit Freude und Liebe, aber auch mit Problemen, Alltagsstress und Momenten, in denen wir einfach nicht mehr weiterwissen. Je mehr wir uns dieser Tatsache öffnen können, desto mehr können wir annehmen, dass trotz allem das Leben auch wieder gut, wahrhaftig schön und glücklich werden kann.

Es liegt in unseren Händen, ob wir wollen oder nicht. Deshalb sei nicht zu hart mit dir, hol dir Unterstützung, wenn du es nicht lassen kannst und wisse:

>> *DU BIST, SO WIE DEIN KIND AUCH, GENAU RICHTIG UND WICHTIG*

IN VERBUNDENHEIT,
DEINE *KATHARINA*

ANHANG

Quellen- und Literaturempfehlungsliste

Amen, Daniel (2010): Das glückliche Gehirn. Ängste, Aggressionen und Depressionen überwinden – So nehmen Sie Einfluss auf die Gesundheit Ihres Gehirns. Goldmann

Birkenbihl, Vera F. (2019): Jungen und Mädchen: wie sie lernen. Welche Unterschiede im Lernstil Sie kennen müssen. Mit Lernmodul Lesen und Schreiben. mvg

Brisch, Karl Heinz (2017): Bindungsstörungen. Grundlagen, Diagnostik und Therapie vom Säuglingsalter bis zum alten Menschen Klett-Cotta

Charf, Dami (2018): Auch alte Wunden können heilen. Wie Verletzungen aus der Kindheit unser Leben bestimmen und - wir dennoch Frieden in uns selbst finden können. Kösel

Elschenbroich, Donata (2012): Weltwissen der Siebenjährigen. Wie Kinder die Welt entdecken können. Goldmann

Feierabend Sabine, Plankenhorn Theresa, Rathgeb Thomas (2016): JIM 2016 Jugend, Information, (Multi-) Media. Basisstudie zum Medienumgang 12- bis 19-Jähriger in Deutschland. Medienpädagogischer Forschungsverbund Südwest (mpfs)

Hannover, Bettina, Ollrogge, Karen (2021): Bildungsungleichheit zwischen den Geschlechtern, Bundeszentrale für politische Bildung. Bildungsungleichheiten zwischen den Geschlechtern | bpb – abgerufen am 11.10.2021

Institut des Bundes für Qualitätssicherung im österreichischen Schulwesen (2018): Pisa Studie 2018, Das schwächelnde Geschlecht

Jensen, Frances E. (2016): Teenager-Hirn: Was in der Pubertät im Kopf Ihres Kindes los ist – Survival-Guide für geplagte Eltern. Goldmann

Juul, Jesper (2020): Pubertät – wenn Erziehen nicht mehr geht: Gelassen durch stürmische Zeiten.

Kossmann, Lisa Maria (2013): Das Konzept der Entwicklungsaufgaben. Zu Havighurst, Hurrelmann und Quenzel. Ursprünge, Adaptionen und Kritik, Hausarbeit. Studienarbeit Pädagogik

Largo, Remo H. (2019): Babyjahre. Entwicklung und Erziehung in den ersten vier Jahren. Piper

March, Lisbeth (2010): Body Encyclopedia. A Guide to the Psychological Functions of the Muscular System. North Atlantic Books

Neuhaus, Cordula (2009): Neuropsychotherapie der ADHS: Das Elterntraining für Kinder und Jugendliche (ETKJ ADHS) unter Berücksichtigung des selbst betroffenen Elternteils. W. Kohlhammer GmbH. www.Menschen-mit-adhs.de

Pommer, Katharina (2019): Stop MomShaming. Goldegg Verlag

Pommer, Katharina, Müller, Norman: Mindshift Podcast. Kostenloses Elterncoaching unter: www.mindshift.family

Resch, Franz (2016): Der ganz normale Wahnsinn – Pubertät und Adoleszenz als Entwicklungslauf. Medizin am Abend

Rettig, Daniel (2010): Die Psychologie des Geldes. Alltagsforschung. Psychologie des Geldes | Alltagsforschung – abgerufen am 11.10.2021

Schinzilarz, Cornelia, Friedli, Charlotte (2018): Rituale für Veränderungsprozesse. 60 Impulskarten mit 20-seitigem Booklet und Donwloadmaterial. Beltz, Weinheim

Stahl, Stefanie (2017): Jeder ist beziehungsfähig, Kailash

Stollberg, Barbara, Rilinger, Barbara (2019): Rituale. Campus

Teml-Jetter, Mik Jeannine (2019): Mama, nicht schreien. Liebevollbleiben bei Stress, Wut und starken Gefühlen. Mit zahlreichen Übungen & Notfallhilfe. Kösel

Teml-Jetter, Mik Jeannine (2021): Keine Angst, Mama! Wie Eltern Ängste und Sorgen überwinden und Kinder selbstbewusst begleiten, mit Mit zahlreichen Übungen & Notfallhilfe. Kösel

Weimer, Sophia (2014): Die anstrengende Psyche der Pubertierenden. Welt online.19.05.2014 Warum Jugendliche in der Pubertät so anstrengend sind - WELT – abgerufen am 11.10.2021

Weiterführende Links, Leseempfehlungen und Beratungsangebote

corona-und-du.info
Familylab.de
https://www.stefanrieth.com
SK-welcomehome-Stiftung.com
www.psychologie-heute.de/service/literatur/

Kinder und Jugendtelefon: 0800 111 0333
Hilfe für Eltern: Psychotherapiesuche.de, 030/209166330
In Notfällen: 0800-111 0 111